Die Bestimmung von Produkt-Markt-Feldern als Kernproblem
bei der Bildung strategischer Geschäftseinheiten

Europäische Hochschulschriften
Publications Universitaires Européennes
European University Studies

Reihe V
Volks- und Betriebswirtschaft
Série V   Series V
Sciences économiques, gestion d'entreprise
Economics and Management

Bd./Vol. 755

PETER LANG
Frankfurt am Main · Bern · New York

Hans-Hermann Kremer

Die Bestimmung von Produkt-Markt-Feldern als Kernproblem bei der Bildung strategischer Geschäftseinheiten

PETER LANG
Frankfurt am Main · Bern · New York

CIP-Kurztitelaufnahme der Deutschen Bibliothek

Kremer, Hans-Hermann:
Die Bestimmung von Produkt-Markt-Feldern als Kernproblem bei der Bildung strate= gischer Geschäftseinheiten / Hans-Hermann Kremer. – Frankfurt am Main ; Bern ; New York : Lang, 1986.
  (Europäische Hochschulschriften : Reihe 5, Volks- und Betriebswirtschaft ; Bd. 755)
  ISBN 3-8204-0012-5
NE: Europäische Hochschulschriften / 05

ISSN 0531-7339
ISBN 3-8204-0012-5
© Verlag Peter Lang GmbH, Frankfurt am Main 1986
Alle Rechte vorbehalten.

Das Werk einschließlich aller seiner Teile ist urheberrechtlich geschützt. Jede Verwertung außerhalb der engen Grenzen des Urheberrechtsgesetzes ist ohne Zustimmung des Verlages unzulässig und strafbar. Das gilt insbesondere für Vervielfältigungen, Übersetzungen, Mikroverfilmungen und die Einspeicherung und Verarbeitung in elektronischen Systemen.

Druck und Bindung: Weihert-Druck GmbH, Darmstadt

Vorwort

Die vorliegende Arbeit wurde im Mai 1985 vom Fachbereich Wirtschaftswissenschaften der Johann Wolfgang Goethe - Universität, Frankfurt am Main, als Dissertation angenommen.

Meinem verehrten akademischen Lehrer, Herrn Professor Dr. Hartmut Kreikebaum danke ich für seine großzügige fachliche und menschliche Unterstützung beim Zustandekommen dieser Arbeit. Herrn Professor Dr. Joachim Niedereichholz schulde ich Dank für die Übernahme des Korreferates.

                                      Hans-Hermann Kremer

Inhaltsverzeichnis

	Seite
Gliederung	I
Abbildungsverzeichnis	VII
Abkürzungsverzeichnis	X

Gliederung

Erster Teil

Problemstellung und Gang der Untersuchung ... 1

Zweiter Teil

Problembereiche bei der Bildung strategischer Geschäftseinheiten und Möglichkeiten ihrer Lösung ... 5
- I. Die Ableitung der Problembereiche bei der Bildung strategischer Geschäftseinheiten ... 5
  - A. Strategische Unternehmensplanung im Rahmen der Unternehmensführung ... 6
  - B. Betrachtungsebenen und Aggregationsstufen der strategischen Unternehmensplanung ... 10
- II. Definition des Begriffes strategische Geschäftseinheit und Abgrenzung zu den Begriffen strategisches Geschäftsfeld, Produkt-Markt-Feld und Produkt-Markt-Einheit ... 16
- III. Die Bedeutung der Problembereiche: Bestimmung strategischer Geschäftsfelder versus organisatorische Konkretisierung ... 19
  - A. Strategische Geschäftsfelder als Bestandteil der Strategie ... 19
  - B. Organisation strategischer Planung ... 23
- IV. Die Bildung strategischer Geschäftseinheiten in der Literatur ... 25
  - A. Ausgangssituation: Der Fall General Electric ... 25
  - B. Allgemeine Anforderungen als Leitlinien ... 28
  - C. Produkt- und marktspezifische Kriterien ... 30
  - Thesenförmige Zusammenfassung ... 34

Dritter Teil

Elemente einer wettbewerbsorientierten Bestimmung von
Produkt-Markt-Feldern ... 36
  I. Dimensionen des Tätigkeitsbereiches einer Unternehmung - Ein Rahmen zur Beschreibung von Produkt-Markt-Feldern und strategischen Geschäftsfeldern ... 36
    A. Zweidimensionale Beschreibung des Tätigkeitsbereichs ... 37
      1. Produkt ... 37
      2. Markt ... 41
    B. Dreidimensionale Beschreibung des Tätigkeitsbereichs ... 43
      1. Anwenderproblem ... 44
      2. Problemlösung ... 46
      3. Anwendergruppe ... 48
  II. Strategische Orientierungsgrundlagen zur Bestimmung von Produkt-Markt-Feldern ... 53
    A. Die Auswahl strategischer Orientierungsgrundlagen aus dem aus dem Bereich der strategischen Faktoren ... 54
    B. Strategische Orientierungsgrundlagen im Zusammenhang mit dem Anwenderproblem ... 62
      1. Die horizontale Struktur des Anwenderproblems ... 63
      2. Die vertikale Struktur des Anwenderproblems ... 68
    C. Strategische Orientierungsgrundlagen im Zusammenhang mit der Erfahrungskurve ... 70
      1. Das Konzept der Erfahrungskurve als Zusammenfassung der internen strategischen Faktoren ... 71
        a) Grundaussage ... 71
        b) Teilkonzepte und Möglichkeiten zur Quantifizierung ihrer Anteile ... 72
          aa) Teilkonzepte ... 72
          bb) Möglichkeiten der Quantifizierung von Anteilen ... 74
        c) Ergebnisse empirischer Untersuchungen ... 78
          aa) Gegenstandsbereich der Untersuchungen ... 78
          bb) Höhe der Kostensenkungsrate ... 80
        d) Wesentliche Merkmale des Erfahrungskurvenkonzeptes und ihre Problematik ... 83

aa) Langfristige, wertschöpfungsbezogene
Kostenentwicklung 83
bb) Kumulierte Produktmenge als Indikator
für Erfahrung 87
cc) Erfahrungskurve als Summe von Teilerfahrungskurven 95
dd) Variationsmöglichkeiten der Datenbasis 98
ee) Formale Ermittlung der zur Anwendung notwendigen Variablen aus kumulierten
Gesamtausgaben 101
ff) Zusammenfassende Würdigung 105
2. Marktanteil 108
a) Der Einfluß des Marktanteils auf den Unternehmenserfolg - Darstellung der Untersuchungsergebnisse 109
aa) PIMS 109
bb) Hamermesh/Anderson/Harris 116
cc) Woo/Cooper 118
b) Der Einfluß der Marktabgrenzung auf die Beziehung zwischen Marktanteil und Erfolg
- Gesamtmarkt versus Marktsegment 119
3. Marktwachstum 126
a) Die Entwicklung des Marktwachstums, dargestellt
am Produktlebenszyklus 126
b) Die Marktabgrenzung im Produktlebenszyklus
- Gesamtmarkt versus Marktsegment 130
Thesenförmige Zusammenfassung 132

Vierter Teil

Analyse des Marktes zur Bestimmung von Produkt-Markt-Feldern 135
I. Komplexitätsreduktion durch Markttypen 137
A. Alternative Strategien der Marktbearbeitung 137
B. Alternative Marktentwicklungen als Ursachen für
die Entstehung von Markttypen 140
1. Markttyp 1: Anwenderproblem-, problemlösungs-
und anwendergruppenkonzentrierter Markt durch
Differenzierung von Anwenderproblemen 142
2. Markttyp 2: Anwenderproblemkonzentrierter, problemlösungskonzentrierter und anwendergruppendifferenzierter Markt durch Adoption 145

3. Markttyp 3: Anwenderproblemdifferenzierter, problemlösungskonzentrierter und anwendergruppenkonzentrierter Markt durch Erweiterung des Nachfrageverbundes ... 149
4. Markttyp 4: Anwenderproblemdifferenzierter, problemlösungskonzentrierter und anwendergruppendifferenzierter Markt durch Standardisierung ... 150
5. Markttyp 5: Anwenderproblemkonzentrierter, problemlösungskonzentrierter und anwendergruppendifferenzierter Markt versus anwenderproblemdifferenzierter, problemlösungskonzentrierter und anwendergruppendifferenzierter Markt durch Adoption und Erweiterung des Nachfrageverbundes ... 153
6. Markttyp 6: Anwenderproblemkonzentrierter, problemlösungsdifferenzierter und anwendergruppenkonzentrierter Markt durch technologische Substitution ... 154

II. Die Bestimmung von Produkt-Markt-Feldern ... 157
  A. Die Bestimmung von Produkt-Markt-Feldern unter Vernachlässigung des Marktwachstums ... 159
    1. Marktanteile im Erfahrungskurvenzusammenhang ... 159
      a) Marktanteil, relativer Marktanteil, Kostenposition und Gewinnspanne ... 159
      b) Bedingungen für die Aussagefähigkeit des Marktanteils ... 161
        aa) Entsprechung von Marktanteilen und kumulierten Mengen ... 161
        bb) Homogenität der Problemlösungen ... 163
        cc) Gleiche Erfahrungskurven der Wettbewerber ... 163
    2. Auswirkungen zunehmend differenzierter Strategien der Marktabdeckung ... 168
      a) Zunehmende anwenderproblemdifferenzierende Marktabdeckung ... 169

b) Zunehmende anwendergruppendifferenzierte Marktabdeckung	174
3. Bedingungen für die Auswahl von Produkt-Markt-Feldern in den Markttypen	178
a) Markttyp 1	179
b) Markttyp 2	180
c) Markttyp 3	181
d) Markttyp 4	182
e) Markttyp 5	183
f) Markttyp 6	185
B. Die Bestimmung von Produkt-Markt-Feldern unter Berücksichtigung des Marktwachstums	187
1. Der Einfluß des Wachstums auf die Entwicklung von Mengen, Kosten und Gewinn	188
a) Marktwachstum und Mengenentwicklung	188
aa) Marktanteilsentwicklung	188
bb) Unternehmenswachstum	190
b) Unternehmenswachstum, Kostensenkungs- und Gewinnzuwachsrate	196
aa) Kostensenkungsrate	197
bb) Gewinnzuwachsrate	204
2. Auswirkungen des Marktwachstums auf die Bedingungen für die Auswahl von Produkt-Markt-Feldern in den Markttypen	210
a) Markttypen 1 - 4	210
b) Markttyp 5	213
c) Markttyp 6	215
Thesenförmige Zusammenfassung	224

Fünfter Teil

Aggregation von Produkt-Markt-Feldern zu strategischen Geschäftsfeldern und ihre Integration in die Unternehmensorganisation - Der organisatorische Problembereich	226
I. Aggregation von Produkt-Markt-Feldern zu strategischen Geschäftsfeldern	228
A. Interdependenzbedingte Aggregation	228
B. Leitungsspannenbedingte Aggregation	232

II. Integration strategischer Geschäftseinheiten in die
Unternehmensorganisation - Das Konzept der dualen
Organisation 236
 A. Darstellung des Konzeptes 236
 B. Begründungen 239
  1. Hervorhebung strategischer Aufgaben 239
  2. Unterschiede zwischen strategischen und
operativen Aufgaben 240
  3. Negative Wirkungen von Reorganisationsmaßnahmen 241
  4. Verbindung strategischer und operativer Aufgaben
durch Personalunion der Leitung 243
 C. Zur Problematik von Begründungen organisatorischer Lösungen 244
Thesenförmige Zusammenfassung 246

Sechster Teil

Thesenförmige Zusammenfassung der Arbeit 248

Literaturverzeichnis 251

Abbildungsverzeichnis

Abb. 1: Entscheidungen im Rahmen der Unternehmensführung — 8

Abb. 2: Bezugspunkte bei der Bildung strategischer Geschäftseinheiten — 18

Abb. 3: Entwicklung von Umsatz, Gewinn pro Aktie und ROI bei General Electric in den Jahren 1962 - 1969 — 26

Abb. 4: Ebenen des Produktbegriffs — 38

Abb. 5: Strategische Faktoren und ihre Rahmenbedingungen — 56

Abb. 6: Wettbewerbsdeterminanten und ihre Einflußgrößen nach Porter — 60

Abb. 7: Erfahrungskurven bei linear und logarithmisch eingeteilten Ordinaten — 71

Abb. 8: Mittelwerte und Standardabweichungen der Preiserfahrungsraten einzelner Industriezweige — 81

Abb. 9: Die Ableitung der Erfahrungskurve aus den kumulierten Ausgaben — 86

Abb. 10: Zusammenhang zwischen "shared experience" und Teilerfahrungskurven — 96

Abb. 11: Die Beziehung zwischen Marktanteil und ROI im PIMS-Programm — 111

Abb. 12: Die Beziehung zwischen relativem Marktanteil und ROI im PIMS-Programm — 111

Abb. 13: Die Auswirkungen des relativen Marktanteils auf den Anteil erfolgreicher und erfolgloser Unternehmen, bezogen auf den ROI — 112

Abb. 14: Die Beziehung zwischen Marktanteil und ROI
bei Porter   121

Abb. 15: Produktlebenszyklus   127

Abb. 16: Markttyp 1: Anwenderproblemkonzentrierter,
problemlösungskonzentrierter und anwendergruppenkonzentrierter Markt   143

Abb. 17: Markttyp 2: Anwenderproblemkonzentrierter,
problemlösungskonzentrierter und anwendergruppendifferenzierter Markt   146

Abb. 18: Markttyp 3: Anwenderproblemdifferenzierter,
problemlösungskonzentrierter und anwendergruppenkonzentrierter Markt   149

Abb. 19: Markttyp 4: Anwenderproblemdifferenzierter,
problemlösungskonzentrierter und anwendergruppendifferenzierter Markt   151

Abb. 20: Markttyp 5: Anwenderproblemkonzentrierter,
problemlösungskonzentrierter und anwendergruppendifferenzierter Markt versus anwenderproblemdifferenzierter, problemlösungskonzentrierter und anwendergruppenkonzentrierter Markt   153

Abb. 21: Markttyp 6: Anwenderproblemkonzentrierter,
problemlösungsdifferenzierter und anwendergruppenkonzentrierter Markt   155

Abb. 22: Die Wirkung von Marktanteilen auf die Stückkosten und die Gewinnspanne   159

Abb. 23: Auswirkungen unterschiedlich hoher Kosten
der ersten Einheit von zwei Wettbewerbern auf
den Verlauf der Erfahrungskurven   164

Abb. 24: Auswirkungen unterschiedlicher Erfahrungsraten
von zwei Wettbewerbern auf den Verlauf der
Erfahrungskurve   167

Abb. 25: Beispielhafte Darstellung der Auswirkungen
konstanter Wachstumsraten auf die Struktur
der Marktanteile   188

Abb. 26: Jährliche Kostensenkungsraten in Prozent als
Funktion der Erfahrungszuwachsrate und der
Erfahrungsrate   201

Abb. 27: Graphische Darstellung der jährlichen Kostensenkungsrate in Prozent als Funktion des
Jahreszuwachses der kumulierten Menge und der
Erfahrungsrate   202

Abb. 28: Die Bedeutung von Kostenelementen und Wettbewerbern in unterschiedlichen Phasen   214

Abb. 29: Allgemeine Form der Substitutionszeitkurve   219

Abb. 30: Gegenüberstellung der Substitutionszeitkurve
mit empirischen Daten von 17 Substitutionsprozessen auf der Grundlage einer normierten
Zeitskala   220

Abb. 31: Gegenüberstellung von prognostizierten und
empirischen Substitutionsverläufen der Segel-
und Dampfschiffahrt   221

Abb. 32: Kategorie des Diversifizierungsgrades, Rangfolge des Umsatzes und Anzahl strategischer
Geschäftsfelder der von Bettis untersuchten
Unternehmen   234

Abb. 33: Organigramm der dualen Organisation einer
divisionalisierten Unternehmung   237

Abkürzungsverzeichnis

AER	American Economic Review
AoMR	Academy of Management Review
BFuP	Betriebswirtschaftliche Forschung und Praxis
BH	Business Horizons
BW	Business Week
DBW	Die Betriebswirtschaft
DU	Die Unternehmung
FAZ	Frankfurter Allgemeine Zeitung
HBR	Harvard Business Review
Hm	Harvard manager
JoM	Journal of Marketing
LRP	Long Range Planning
mm	manager magazin
QJE	Quarterly Journal of Economics
RoE&S	Review of Economics and Statistics
WiSt	Wirtschaftswissenschaftliches Studium
ZfB	Zeitschrift für Betriebswirtschaft
ZfbF	Zeitschrift für betriebswirtschaftliche Forschung
ZfhF, N.F.	Zeitschrift für handelswissenschaftliche Forschung, Neue Folge
ZfO	Zeitschrift für Organisation

Erster Teil

Problemstellung und Gang der Untersuchung

Der Begriff "strategische Geschäftseinheit" wird erstmals Anfang der siebziger Jahre in der Literatur verwendet.[1] Im allgemeinen wird dabei, wie auch in nachfolgenden Veröffentlichungen zur strategischen Planung, die Auffassung vertreten, daß strategische Geschäftseinheiten als Produkt-/Marktkombinationen die Ausgangspunkte für strategische Überlegungen darstellen. Die strategische Planung eines Unternehmens muß deshalb mit der Bildung strategischer Geschäftseinheiten beginnen. Dieser grundlegenden Bedeutung, die der Bildung strategischer Geschäftseinheiten allgemein zugemessen wird, widerspricht jedoch die diesem Problem in der Literatur bisher geschenkte, nur geringe Aufmerksamkeit. Neben der zentralen Stellung strategischer Geschäftseinheiten werden häufig zwar der kreative Charakter und die Schwierigkeiten bei der Bildung betont. Zur Lösung selbst werden aber nur allgemeine Anforderungen, die strategische Geschäftseinheiten nach Möglichkeit erfüllen sollen, oder Kriterien, die bei der Bildung herangezogen werden können, angeboten. Die Aussagen sind deshalb dann entweder zu allgemein oder durch die Wiedergabe praktischer Erfahrungen zu stark einzelfallbezogen, als daß für die praktische Anwendung konkrete Hinweise gewonnen werden können.

Ein theoretischer Bezugsrahmen für die Bildung strategischer Geschäftseinheiten existiert damit nicht. Zurückzuführen ist dies darauf, daß der Gedanke der strategischen Planung aus der Praxis stammt,[2] und in der wissenschaftlichen Diskussion in sehr unterschiedlichen

---

1) Vgl. z.B. Springer 1973; Forsyth 1973; o.V. 1972; o.V. 1972a.
2) Vgl. Ansoff 1978, S. 114; Hahn 1981, S. 73.

Forschungsansätzen[1] aufgegriffen wurde. Sowohl die Forschungsrichtung des "Administrative Behavior" als auch die der "Industrial Organization" und die Marketingwissenschaft können hier als Ausgangspunkt angesehen werden.[2] Dadurch wird aber ein anscheinend gleicher Untersuchungsgegenstand[3] aus sehr unterschiedlichen Perspektiven betrachtet. Die Folge davon ist nicht nur die Inkonsistenz der verwendeten Begriffe, sondern auch eine Behandlung unterschiedlicher Inhalte, ohne daß dieser "Perspektivenwechsel" deutlich gemacht wird. Inkonsistenzen, die für die strategische Planung insgesamt zutreffen, gelten insbesondere für strategische Geschäftseinheiten als ihre Bezugspunkte. Mit Hinweis auf die ersten Veröffentlichungen über strategische Geschäftseinheiten in der deutschsprachigen Literatur macht deshalb Gälweiler[4] auch darauf aufmerksam, daß über ihre spezifische Charakteristik leicht grundlegende und essentielle Unklarheiten und Mißverständnisse entstehen können. Wie die späteren Ausführungen zeigen werden, ist die bisher theoretisch unbefriedigende Behandlung der Bildung strategischer Geschäftseinheiten auch darauf zurückzuführen, daß die Anstrengungen in der Strategieforschung nicht explizite auf die Bestimmung des Tätigkeitsbereiches ausgerichtet sind. Der Tätigkeitsbereich wird zwar im allgemeinen als Bestandteil der Strategie angesehen. Er steht aber nicht in ihrem Mittelpunkt, so daß die in den einzelnen Konzeptionen zur strategischen Planung angestellten Überlegungen

---

1) Vgl. zu unterschiedlichen Forschungsansätzen die Zusammenstellung bei Zahn 1979, S. 28-110; Hofer 1976; Blum/Müller-Böling/Schmidt 1979.
2) Zum Beitrag dieser Forschungsrichtungen zur strategischen Planung vgl. Jemison 1981 für die Administrations- und Managementlehre; Porter 1981 für die Forschungsrichtung der Industrial Organization; Biggadike 1981, Day/Wensley 1983 und Wind/Robertson 1983 für die Marketingwissenschaft.
3) Vgl. Grimm 1983, S. 4.
4) Vgl. Gälweiler 1979b, S. 252; Vgl. auch Abell/Hammond 1979, S. 8.

deshalb auch nicht auf den Tätigkeitsbereich und die dort stattfindenden Veränderungen bezogen werden.

Damit stellt sich das Problem für die vorliegende Arbeit wie folgt: Bildung strategischer Geschäftseinheiten unter Verwendung der in den einzelnen Forschungsrichtungen innerhalb der strategischen Planung vorhandenen Ansätze auf der Grundlage einer Analyse der im Gesamtbereich "Bildung strategischer Geschäftseinheiten" enthaltenen Teilprobleme. Darin inbegriffen ist die Forderung nach einem theoretischen Bezugsrahmen zur Bildung strategischer Geschäftseinheiten, nicht nur im Sinne eines Vokabulars, mit dem man über einen bestimmten Gegenstandsbereich sprechen kann, sondern auch und gerade um das Denken über diesen komplexen, realen Sacherverhalt ordnen zu helfen[1] und um die Entscheidungen über den "Startpunkt der strategischen Planung"[2] fundieren zu können, damit konkrete Aussagen zur Bildung strategischer Geschäftseinheiten möglich werden.

Der Problemstellung entsprechend werden zunächst im zweiten Teil der vorliegenden Arbeit die in der Bildung strategischer Geschäftseinheiten insgesamt enthaltenen Problembereiche herausgearbeitet. Dadurch wird es auf der einen Seite möglich, zu einer einheitlichen Terminologie zu gelangen. Auf der anderen Seite können durch die Gewichtung des wettbewerblichen und des organisatorischen Problembereichs, als grundsätzlich voneinander verschiedene Teilprobleme, die Schwerpunkte für die folgenden Ausführungen gelegt werden. Darüber hinaus wird dadurch auch eine Beurteilung der bisher in der Literatur eingeschlagenen Vorgehensweise bei der Bildung strategischer Geschäftseinheiten ermöglicht.

---

1) Vgl. Kirsch/Esser/Gabele 1974, S. 334.
2) Abell 1980.

Im dritten Teil werden die Elemente behandelt, die zur wettbewerblichen Bestimmung von Produkt-Markt-Feldern, dem Kernproblem bei der Bildung strategischer Geschäftseinheiten, herangezogen werden sollen. Dazu zählt ein dreidimensionaler Rahmen, der zur Beschreibung des Tätigkeitsbereiches von Unternehmen auf unterschiedlichen Ebenen der Konkretisierung verwendet werden kann. Außerdem werden aus dem weiten Bereich der als wichtig anzusehenden strategischen Faktoren die zentralen Elemente Anwenderproblem, Erfahrungskurve, Marktanteil und Marktwachstum, die hier als strategische Orientierungsgrundlagen bezeichnet werden, herausgelöst und diskutiert.

Auf der Grundlage dieser Elemente werden im vierten Teil Aussagen über die Bestimmung von Produkt-Markt-Feldern getroffen, indem Bedingungen für ihre Auswahl aufgestellt werden. Zur Reduzierung der real sehr komplexen Entscheidungssituationen wird dabei von typischen Marktsituationen ausgegangen, die unter Zuhilfenahme des Beschreibungsrahmens erstellt werden können.

Erst nachdem die Aussagen zur inhaltlichen Bestimmung des Tätigkeitsbereiches eines Unternehmens getroffen sind, kann der organisatorische Problembereich im Rahmen der Bildung strategischer Geschäftseinheiten behandelt werden. Dies geschieht im fünften Teil, indem Möglichkeiten der Aggregation von Produkt-Markt-Feldern zu strategischen Geschäftsfeldern aufgezeigt werden und deren Integration in die bestehende Aufbauorganisation in Form strategischer Geschäftseinheiten diskutiert wird.

Im sechsten Teil der Arbeit erfolgt, wie auch am Ende des zweiten bis fünften Teils, eine thesenförmige Zusammenfassung.

Zweiter Teil

Problembereiche bei der Bildung strategischer Geschäftseinheiten und Möglichkeiten ihrer Lösung

I. Die Ableitung der Problembereiche bei der Bildung strategischer Geschäftseinheiten

Wenn auch strategische Geschäftseinheiten als "...eine Kombination von Produkt/Markt-Kombinationen, Produktlinien usw., die gemeinsam eine Funktion erfüllen, die sich klar von der anderer Produkt/Markt-Kombinationen abhebt..."[1] als Bezugspunkte für die fundierte und langfristig tragfähige Erarbeitung strategischer Ziele angesehen werden,[2] so ist damit über ihr Wesen und ihre Gestalt wenig gesagt. Die seit Mitte der 5oer Jahre entstandenen Konzeptionen strategischer Planung[3] unterscheiden sich z.T. erheblich in ihrer Auffassung, weil mit dem Begriff der strategischen Geschäftseinheit sowohl grundsätzlich als auch graduell voneinander verschiedene Sachverhalte bezeichnet werden. Um einen Ausgangspunkt für Aussagen über die Bildung strategischer Geschäftseinheiten zu erhalten, sollen im folgenden zunächst die voneinander verschiedenen Begriffsinhalte herausgearbeitet werden. Dazu wird einerseits die Aufgabe der strategischen Planung innerhalb des Rahmens der als umfassender anzusehenden Unternehmensführung betrachtet. Dadurch wird es möglich, die bei der Bildung strategischer Geschäftseinheiten grundsätzlich voneinander verschiedenen Problembereiche deutlich zu machen. Andererseits werden durch die sich daran anschließende Analyse möglicher Betrachtungsebenen und möglicher Aggregationsstufen auch graduell voneinander verschiedene Problembereiche sichtbar.

---

1) Hinterhuber, 1983, S. 266.
2) Vgl. Gälweiler 1979b, S. 253.
3) Zu dem Spektrum unterschiedlicher Strategiekonzeptionen vgl. die Gegenüberstellungen von Hofer/Schendel 1978, S. 25; Haas 1976, S. 91-150; Holloway/King 1979; Steffenhagen 1982, S. 36a f.; Suffel 1981, S. 107.

Einer Vorgehensweise, die zunächst eine explizite Herausstellung der bei der Bildung strategischer Geschäftseinheiten bestehenden Problembereiche vornimmt, wird in der Literatur im allgemeinen nicht gefolgt. Dort werden größtenteils Anforderungen erhoben, denen strategische Geschäftseinheiten entsprechen sollen.[1] Der in der vorliegenden Arbeit eingeschlagene Weg hat demgegenüber jedoch erhebliche Vorteile, weil über solche Anforderungen die unterschiedlichen Bedeutungsinhalte, die strategischen Geschäftseinheiten beigelegt werden, nur schwerlich voneinander zu unterscheiden sind. Der hier gewählte Ansatz kann nicht nur zu einer Vereinheitlichung der Begriffsbildung als Grundlage genereller Aussagen[2] beitragen. Es wird darüber hinaus außerdem möglich, über die Betrachtung der zwischen den Problembereichen bestehenden Zusammenhänge ihre sachlich-zeitliche und bedeutungsmäßige Rangfolge herauszustellen, um so einerseits das Vorgehen in der Literatur beurteilen und andererseits die Schwerpunkte der Ausführungen entsprechend setzen zu können.

A. Strategische Unternehmensplanung im Rahmen der Unternehmensführung

Unternehmensführung kann in Anlehnung an Wild[3] als die zielorientierte Gestaltung und Steuerung eines soziotechnischen Systems angesehen werden. Die im Rahmen dieses Prozesses wahrzunehmenden Funktionen unterscheiden sich in Personalfunktionen, "...die primär die persönliche Betreuung und soziale Integration der unterstellten

---

1) Vgl. dazu die auf S. 28 Fn 1 angegebene Literatur.
2) Vgl. Chmielewicz 1979, S. 1o.
3) Vgl. Wild 1974, S. 32.

Mitarbeiter zum Gegenstand haben"[1], und in die Fachfunktionen Zielfindung und -durchsetzung, Problemerkenntnis und -analyse, Suche, Beurteilung und Auswahl geeigneter Maßnahmen oder Programme zur Problemlösung, Durchsetzung von Entscheidungen, Kontrolle der Zielwirksamkeit von Maßnahmen und ihrer Realisierung, Abweichungsanalyse und Schlußfolgerungen hinsichtlich notwendiger Eingriffe. Die Fachfunktionen dienen primär der Sachaufgabenerfüllung und sind Bestandteil des Führungsprozesses.[2] Sie lassen sich zusammenfassen zu Unternehmenspolitik, Planung, Organisation, Koordinierung, Information und Kontrolle[3] oder wie von Gutenberg[4] zu Planung, Organisation und der Schicht des Irrationalen, aus der sich beide ableiten. Die von Gutenberg als echte Führungsentscheidungen bezeichneten Entscheidungen über

- die Festlegung der Unternehmenspolitik auf weite Sicht,
- die Koordinierung der großen betrieblichen Teilbereiche,
- die Beseitigung von Störungen im laufenden Betriebsprozeß,
- geschäftliche Maßnahmen von außergewöhnlicher Bedeutsamkeit und die
- Besetzung der Führungsstellen im Unternehmen [5]

können diesen Teilbereichen zugeordnet werden.

---

[1] Wild 1974, S. 33.
[2] Vgl. Wild 1974, S. 33 und S. 37.
[3] Vgl. Mellerowicz 1963, S. 62. Vgl. auch Rühli 1973, S. 34.
[4] Vgl. Gutenberg 1973, S. 132 und S. 148.
[5] Vgl. Gutenberg 1962, S. 61.

Eine sehr ähnliche Unterteilung der Aufgaben im Rahmen
der Unternehmensführung nimmt auch Ansoff[1] vor. Er
kennzeichnet die hier zu treffenden Entscheidungen als
strategisch, organisatorisch und operativ. Mit Hilfe
dieser Entscheidungen erfolgt die Festlegung des Real-
güterprozesses, der die Beschaffung, die Umsetzung und
den Absatz von Ressourcen umfaßt.

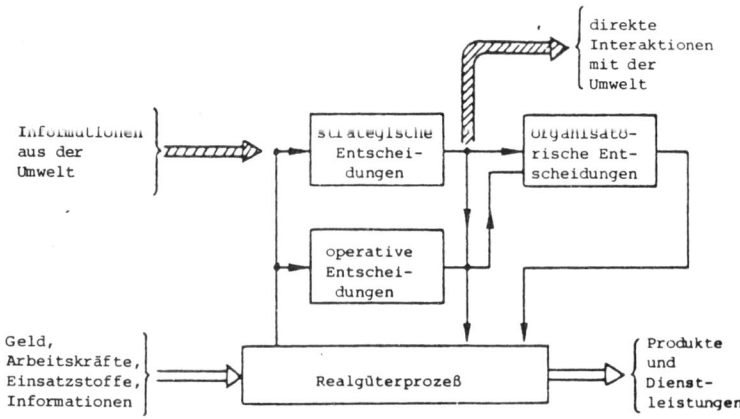

Abb. 1: Entscheidungen im Rahmen der Unternehmensführung

Strategische Entscheidungen beziehen sich "...in erster
Linie auf externe - und weniger auf interne - Probleme
des Unternehmens... (und) gelten besonders der Festlegung des Produkt-Sortiments, das das Unternehmen herzustellen gedenkt, und der Bestimmung der Absatzmärkte".[3]

---

1) Vgl. Ansoff 1966, S. 16-2o; Ansoff/Brandenburg 1968,
   S. 355; Gälweiler 197o, S. 286; Gälweiler 1974, S.
   134. Vgl. auch Ansoff 1981, S. 61 f. Hier sieht Ansoff
   zusätzlich die Aufgabe für ein "soziopolitisches Management", das Beziehungen zur nichtkommerziellen Umwelt
   enthält. Diese Aufgaben werden hier auch zur strategischen Planung gerechnet.
2) Quelle: In Anlehung an Ansoff 1981, S. 62.
3) Ansoff 1966, S. 18; vgl. auch Arbeitskreis langfristige Unternehmensplanung 1977, S. 2; Gälweiler 1974,
   S. 134 und die Ergebnisse der Untersuchung von
   Kreikebaum/Grimm 1978, S. 34 und S. 38.

Neben strategischen Entscheidungen dienen Verwaltungsentscheidungen, insbesondere auf dem Gebiet der Organisation "...dem Zweck, Autorität und Verantwortung zu definieren und die Wechselbeziehungen zwischen diesen darzustellen, den Ablauf der Arbeitsvorgänge und die Verteilung von Informationen zu regulieren..."[1]. Diesen Entscheidungen obliegt so die Aufgabe,"Normen, Kenntnisse, Fähigkeiten, Strukturen und Systeme für die Ausführung.."[2] sowohl strategischer Entscheidungen als auch für die der dritten Kategorie, der operativen oder Durchführungsentscheidungen, zur Verfügung zu stellen.

Diese Unterscheidung von Aufgaben im Rahmen der Unternehmensführung macht zwei voneinander grundsätzlich verschiedene Problembereiche bei der Bildung strategischer Geschäftseinheiten deutlich. Auf der einen Seite müssen die Arbeitsgebiete (Produkte/Märkte) eines Unternehmens inhaltlich durch strategische Entscheidungen bestimmt werden. Auf der anderen Seite sind organisatorische Entscheidungen notwendig, weil auch die Aufgabe der strategischen Planung, genau wie die der operativen Steuerung des Unternehmens nur arbeitsteilig bewältigt werden kann. Die Bildung strategischer Geschäftseinheiten kann so auch als "...ein spezifisches Problem bei der Organisation der strategischen Führungs- und Planungsaufgabe"[3] angesehen werden. Hier sind die Zuordnung von Aufgaben auf Planungsträger und die Festlegung der zur Erfüllung notwendigen Prozesse zu regeln. Zur weiterführenden Konkretisierung sowohl des inhaltlichen als auch des organisatorischen Problembereiches wird nun die Aufgabe der strategischen Planung näher betrachtet und im Hinblick auf unterschiedliche Betrachtungsebenen und Aggregationsstufen untersucht.

---

1) Ansoff 1966, S. 2o.
2) Ansoff 1981, S. 61.
3) Gälweiler 1979b, S. 252.

B. Betrachtungsebenen und Aggregationsstufen der strategischen Unternehmensplanung

Kreikebaum sieht in der strategischen Planung den "...Prozeß, in dem eine rationale Analyse der gegenwärtigen Situation und der zukünftigen Möglichkeiten und Gefahren zur Formulierung von Absichten, Strategien, Maßnahmen und Zielen führt. Absichten, Strategien, Maßnahmen und Ziele geben an, wie das Unternehmen unter bestmöglicher Ausnutzung der vorhandenen Ressourcen die durch die Umwelt bedingten Chancen wahrnimmt und die Bedrohungen abwehrt."[1] Die strategische Planung kann durch Merkmale gekennzeichnet werden, die auch zum Teil der Unternehmenspolitik zugeschrieben werden. Sie
- ist originär, global und langfristig wirksam,
- legt das oberste Zielsystem, das erforderliche Leistungspotential und die anzuwendenden Unternehmensstrategien fest,
- soll das Überleben der Unternehmung in einer sich verändernden Umwelt sichern und
- betrifft die in Zukunft zu bearbeitenden Märkte und anzubietenden Marktleistungen.[2]

Ob die hier zu treffenden Entscheidungen der strategischen Planung oder der Unternehmenspolitik zugeordnet werden, ist zum Teil nur eine terminologische Frage. Wichtig ist vor allem, daß diese grundsätzlichen Überlegungen überhaupt vorgenommen werden,[3] weil über die Schaffung und Erhaltung von Erfolgspotentialen[4] die

---

1) Kreikebaum 1981, S. 23.
2) Vgl. Ulrich 1978, S. 21. Zur Kennzeichnung der strategischen Planung mit gleichen Merkmalen vgl. u. a. Steiner 1971, S. 72-75; Forsyth 1973, S. 97; Szyperski/Winand 1979, S. 196; Kreikebaum/Grimm 1983, S. 8 f.; Pfohl 1981, S. 123; Wild 1974, S. 169; Bircher 1976, S. 63; Steiner/Miner 1977, S. 24; Schertler 1982, S. 98; Hahn 1981, S. 223 f.
3) Vgl. Ulrich 1978, S. 232; Glueck 1976, S. 3.
4) Vgl. Gälweiler 1974, S. 135.

langfristige Unternehmenssicherung[1] gewährleistet werden soll.[2] Unternehmenssicherung "...ist dabei nicht als Mindestziel zu verstehen, das gerade noch den Untergang vermeidet. Es ist die breit angelegte Sicherung seiner vollen Vitalität und Funktionsfähigkeit als einer gesellschaftlichen Institution..."[3].

Die Kennzeichnung der strategischen Planung als global im Sinne einer sachlich sehr umfassenden und wenig detaillierten Planung[4] ist bezogen auf den Vergleich zur operativen Planung sicher treffend, doch darf daraus nicht geschlossen werden, daß strategische Überlegungen insgesamt nur global sein können. Bezieht man die sachliche Dimension der Globalität auf den Planungsumfang, so sind die Planungsüberlegungen von um so größerer Spannbreite, je breiter die Bezugsgrößen, wie z. B. Produktgruppen im Gegensatz zu Einzelprodukten, gewählt werden; man kann hier auch wie Steffenhagen[5] von der Betrachtungsebene eines Plans sprechen. Werden die sich durch Objektzentralisation ergebenden Bereiche von Unternehmen zugrundegelegt, so kennzeichnen z.B. die Ebenen Unternehmung, Unternehmensbereich, Geschäftsbereich, Produktgruppe und Produkt einen unterschiedlich breiten, sich verengenden sachlichen Planungsumfang. Globalität im Sinne eines unterschiedlichen Grades der Detaillie-

---

1) Vgl. Gälweiler 1979, S. 7; Albach 1979, S. 12 f.; Gälweiler 1976, S. 366-371; Szyperski/Winand 1978, S. 123; vgl. auch schon Sandigs Ausführungen zum grundlegenden betriebswirtschaftlichen Ziel einer "Erhaltung und Mehrung der Wirtschaftskraft". Sandig 1966, S. 78-83.
2) Vgl. dazu u. a. Wild 1974, S. 15-18; Kreikebaum 1981, S. 26-27; Forsyth 1973, S. 97; Kuhn 1982, S. 8 f.
3) Gälweiler 1977, S. 7.
4) Vgl. auch Koch 1977, S. 42.
5) Vgl. Steffenhagen 1982, S. 9; vgl. auch Kirsch/Esser/Gabele 1978, S. 439 f.

rung bezieht sich dagegen auf den Grad der Strukturiertheit von Plangrößen.[1] Eine globale Planung im Sinne einer wenig strukturierten Planung wird auf einer höheren Aggregationsstufe durchgeführt. Dies läßt die sich daraus ergebenden Alternativen als noch nicht realisationsreif erscheinen, zumindest aber sind sie durch ein hohes Maß an Auslegungsbedürftigkeit gekennzeichnet.[2]

Der sachliche Umfang und der Grad der Detaillierung stehen in engem Zusammenhang: Planungen für eine bestimmte Betrachtungsebene (z. B. für einen Unternehmensbereich) können auf unterschiedlichen Aggregationsstufen (n. B. auf der Ebene der Produktgruppen oder der Produkte) vorgenommen werden. Dabei nehmen die Pläne auf einer hohen Betrachtungsebene an Komplexität zwangsläufig zu, je niedriger die niedrigste im Plan vertretene Aggregationsstufe einzelner Planinhalte gewählt wird. Auf der anderen Seite wird mit dem Übergang auf eine niedrigere Betrachtungsebene auch eine niedrigere Aggregationsebene möglich, "...ohne daß der betreffende Plan komplexer und damit unübersichtlicher wird als der Plan für die nächsthöhere Betrachtungsebene."[3] Strategische Planungen auf hohen hierarchischen Ebenen sind deshalb bei gleicher Komplexität weniger strukturiert als strategische Überlegungen auf niedrigen hierarchischen Ebenen.

Überprüft man nun die in der Literatur bestehenden Konzeptionen der strategischen Planung,[4] so ergeben sich auch Unterschiede im Hinblick auf die jeweils gewählte(n) Betrachtungsebene(n). Die Ebene, auf der geplant wird, wird von vielen Autoren sehr hoch angesetzt. Koch[5] beispielsweise bindet die Betrachtungsebene implizite an die

---
1) Vgl. Steffenhagen 1982, S. 9.
2) Vgl. Frese 1980, S. 74.
3) Steffenhagen 1982, S. 61.
4) Vgl. dazu auch Steffenhagen 1982, S. 5-37.
5) Vgl. Koch 1977, S. 49 f.

Gesamtunternehmensebene, "...weil erst die operative Planung bei Koch einen differenzierten Objektbezug aufweist".[1] Auch Kirsch/Esser/Gabele[2] und Hofer/Schendel[3] wählen sehr hohe Ebenen der Betrachtung. Hofer/Schendel unterscheiden dabei im Gegensatz zu Kirsch/Esser/Gabele explizite: (1) die Unternehmensebene, (2) die Ebene der Geschäftsbereiche und (3) die Ebene der Funktionsbereiche.[4] Konkretere Betrachtungsebenen, wie z. B. ein einzelnes Produkt oder ein bestimmtes regionales Gebiet, werden von ihnen aber nicht behandelt.

Auf der anderen Seite wird besonders in der Literatur zur strategischen Planung, deren Ausgangspunkt man im Bereich der Marketingwissenschaft ansiedeln kann, die Forderung erhoben, die Aggregationsstufe strategischer Überlegungen nicht zu hoch anzusetzen, weil "...measurability and the need to make actionable recommendations suggest defining the units of analysis narrowly."[5] Beide Forderungen sind offensichtlich nur miteinander in Einklang zu bringen, wenn die aus einer sehr niedrigen Aggregationsstufe resultierende Komplexität auf der höchsten Betrachtungsebene handhabbar bleibt. Diese Situation ist in vielen kleinen Unternehmen gegeben, die nur in einem Industriesektor tätig, funktional organisiert und durch ein schmales Produktionsprogramm gekennzeichnet sind. In großen diversifizierten Unternehmen jedoch ist die Unternehmensleitung kaum noch in der Lage, sich mit jedem einzelnen Bereich so eng vertraut zu machen, daß sie einen tiefen Einblick in dessen Belange gewinnt.[6] Diesen Unternehmen bleiben nur zwei Reaktionsweisen. Entweder sie reduzieren die Komplexität

---

1) Steffenhagen 1982, S. 1o; vgl. Koch 1981, S. 1-4; Koch 1983a, S. 91 f.
2) Vgl. Kirsch/Esser/Gabele 1978, S. 439-441.
3) Vgl. Hofer/Schendel 1978.
4) Vgl. Hofer/Schendel 1978, S. 27-29.
5) Abell/Hammond 1979, S. 383.
6) Vgl. Lorange/Vancil 1979, S. 78 f.; vgl. auch Bettis 1979, S. 119.

durch die Eingrenzung ihrer Aktivitäten, oder aber sie behandeln die einzelnen Aktivitäten als eigenständig. "Usually however, companies tackle the problem by developing a supra-administrative capability."[1] Die notwendige Aggregationsstufe wird um so tiefer gewählt werden müssen, je weiter das Produktionsprogramm des Unternehmens ist und je stärker sich die Marktbedingungen unterscheiden. Dadurch bedingt sind aber auch tiefere Betrachtungsebenen und damit die Delegation auch strategischer Entscheidungen, die grundsätzlich in den Verantwortungsbereich der Unternehmensleitung fallen.[2]

Für die in dieser Arbeit vertretene Auffassung, daß strategische Planung gerade auch für sehr niedrige Aggregationsstufen und damit auch auf niedrigen Betrachtungsebenen erfolgen kann und muß[3], spricht neben der Notwendigkeit des Konkurrenzbezugs auch die Tatsache, daß die strategische Entscheidungen kennzeichnende langfristige Wirksamkeit in erster Linie durch die Orientierung an Grundlagen und Größen erreicht wird, die eine langfristige Wirkung haben.[4] Die Verwendung dieser Orientierungsgrundlagen ist aber durchaus auf sehr niedrigen Aggregationsstufen möglich. Die Betrachtung heterogener Objektaggregate (Produktlinien, Unternehmensbereiche) anstelle homogener Objekte (Produkte, Märkte) und die Tatsache einer Synopse anstelle einer Einzelbetrachtung macht eine Planung so gesehen nicht strategischer.[5]

---

1) Haspeslagh 1982, S. 61.

2) Zur Verantwortung der Unternehmensleitung für die strategische Planung insbesondere der am Ende dieser Planung stehenden Entscheidungen vgl. Kreikebaum 1981, S. 85-87; Springer 1973, S. 1177 f.; Lorange 1975, S. 82; Hofer/Schendel 1978, S. 7o; Zahn 1979, S. 289; Szyperski/Winand 1979, S. 199; Gälweiler 1980, Sp. 1890; Koch 1983a, S. 92-95; Kreikebaum 1983, S. 1o6; vgl. auch die Ergebnisse der empirischen Untersuchungen über eine zentrale oder dezentrale Form strategischer Planungssysteme von Wrigly 197o, S. 1-32; Keppler 1975; Hoffmann 1984.

3) Vgl. Hofer/Schendel 1978, S. 59 f.; Wind/Mahajan 1984, S. 97-99.

4) Vgl. Gälweiler 198o, S. 17o.

5) Vgl. Steffenhagen 1982, S. 62.

Damit werden nun auch graduell voneinander verschiedene Problembereiche im Rahmen der Bildung strategischer Geschäftseinheiten deutlich. Inhaltlich gesehen ist der Tätigkeitsbereich eines Unternehmens auf unterschiedlichen Aggregationsstufen bis hin zur niedrigsten Stufe sehr konkreter Produkte und sehr konkreter Märkte festzulegen. Organisatorisch gesehen sind unterschiedlich hohe Betrachtungsebenen zu bestimmen, die darin enthaltenen Aufgaben, die notwendigen Kompetenzen und Verantwortungen zu übertragen.

In der Praxis wird dabei im allgemeinen "bottom up" vorgegangen,[1] indem die Elemente der niedrigsten Aggregationsstufe schrittweise zusammengefaßt werden. Die Notwendigkeit solch synthetischen Vorgehens wird auf der einen Seite damit begründet, daß das bisherige Produkt/Markt-Konzept als notwendiger Ausgangspunkt angesehen werden muß, um sich nicht in uferlose Spekulationen über die theoretisch fast unbeschränkten Möglichkeiten der Teilnahme am Prozeß der Befriedigung verschiedenartiger Bedürfnisse zu verlieren.[2] Auf der anderen Seite wird ein Ansetzen der strategischen Analyse "...an der Basis des Geschäfts, d. h. in den Produkten bzw. Märkten"[3] als notwendig angesehen, weil dadurch eine größere Detailkenntnis über die einzelnen Produkt/Markt-Kombinationen zum Tragen kommen kann.[4] "Top down" besteht die Gefahr, daß anhand der Organisationsstruktur vorgegangen und dann weder eine kritische Überprüfung des Istzustandes noch eine kreative Segmentierung vorgenommen wird. Die Folge einer synthetischen Vorgehensweise "bottom up" kann allerdings darin bestehen, daß aus der Sicht der Unternehmensleitung wenig aussagefähige Ein-

---

1) Vgl. Reichert/Stinner 1983, S. 2o9.
2) Vgl. Ulrich 1978, S. 113 f.
3) Andreae 1982, S. 9. Unterstrichenes im Original kursiv.
4) Vgl. Andrea 1982, S. 9 f.; vgl. zur Betonung einer an der konkreten Produkt/Markt-Kombination ansetzenden Segmentierung aus Sicht der Praxis auch Grünewald 1982, S. 4; Andrea 1981, S. 78; Reuter 1982.

heiten entstehen. Deshalb wird unter Umständen das Ergebnis mit dem einer analytischen Zerlegung des im Rahmen der Unternehmenspolitik aufgeführten Arbeitsgebietes verglichen, "...so daß sich in einer mehr dialektischen Annäherung in einem Gegenstromverfahren ...Ungereimtheiten eliminieren lassen."[1]

Die damit ermittelten grundsätzlichen und graduell voneinander verschiedenen Teilprobleme im Rahmen der Bildung strategischer Geschäftseinheiten kommen in der Begriffsbildung bisher nicht zum Ausdruck. Die Bezeichnung strategische Geschäftseinheit wird für unterschiedliche Aggregationsstufen und für unterschiedliche Betrachtungsebenen verwendet. Die in der Literatur darüber hinaus verwendeten Begriffe werden im folgenden dazu benutzt, ein konsistentes Begriffssystem zu schaffen, das sowohl die grundsätzlichen als auch die graduellen Unterschiede widerspiegelt.

II. Definition des Begriffes strategische Geschäftseinheit und Abgrenzung zu den Begriffen strategisches Geschäftsfeld, Produkt-Markt-Feld und Produkt-Markt-Einheit

In der Literatur wird der Terminus strategische Geschäftseinheit hauptsächlich zur Kennzeichnung von Aufgabenbereichen im organisatorischen Sinne benutzt.[2] Eine hohe Betrachtungsebene folgt aus der Definition Hinterhubers, für den eine strategische Geschäftseinheit "...ein Unternehmensbereich, Geschäftsbereich, Abteilung (oder eine Kombination davon) mit einer eigenständigen, einer Li-

---

1) Gerl/Roventa 1981, S. 852. Zu den unterschiedlichen Arten des Abstimmungsprozesses vgl. auch Kreikebaum 1981, S. 99-101.
2) Vgl. u.a. Lorange 1978, S. 3-3; Forsyth 1973, S. 98; o.V. 1974, S. 348 f.; Stalp 1978, S. 923; Henzler 1978, S. 913; Hax/Majluf 1978, S. 43 f.; Mann 1979, S. 114 f.; Abell/Hammond 1979, S. 7; Gaitanides 1980, S. 67; Hofer/Schendel 1978, S. 6o; Gälweiler 1979b, S. 26o; Hinterhuber 1983, S. 267 f.

nienkraft übertragenen kurz- und langfristigen Ergebnisverantwortung"[1] ist. Dieser allgemein vertretenen Auffassung entsprechend spiegeln strategische Geschäftseinheiten "...die Aufteilung der unternehmerischen Aktivitäten in der Unternehmensspitze oder direkt unter ihr.."[2] wider. Im Gegensatz dazu stellt Lorange fest, daß "..often the product/market elements within a division are called 'Strategic Business Units' or 'SBU's'"[3] und sieht eine offensichtlich niedrigere Betrachtungsebene, wenn er sie bezeichnet "...as the smallest management business task, i. e., the creation of a spezific and distinct product or service that serves a well-defined market, distinguishable from a relatively independent from other product/market combinations."[4]

Strategische Geschäftseinheiten werden aber auch gleichgesetzt mit den inhaltlichen Bezugspunkten Geschäftsgebiet und -feld:[5] Gälweiler sieht in strategischen Geschäftseinheiten "...unternehmerische Aktivitätsbereiche (Produkte/Märkte), die anhand der bei ihnen längerfristig gegebenen externen Bedingungen und der daraus resultierenden Erfolgspotentiale als Ganzes Gegenstand strategischer Entscheidungen (aufgeben, reduzieren, halten, forciert ausbauen usw.) sind und dementsprechend im langfristigen Aktivitäten-Portfolio der Unternehmung eine eigenständige Position einnehmen...".[6] Er verweist darauf, daß der Begriff "strategische Geschäftseinheit" in der Praxis immer häufiger durch die Ausdrücke Geschäftsgebiet oder Geschäftsfeld ersetzt worden ist, da diese Bezeichnungen erheblich weniger Anlaß bieten, eine Konkurrenzbeziehung mit den in der Aufbauorganisation be-

---

1) Hinterhuber 1978, S. 427; Hinterhuber sieht darüberhinaus wie auch Gerl/Roventa 1981, S. 847 die Begriffe Strategic Business Units, Strategic Business Area, Strategic Sector, Geschäftsfeld und ähnliche Bezeichnungen als synonym an.
2) Henzler 1978, S. 913.
3) Lorange 1978, S. 2-4.
4) Lorange 1978, S. 3-3.
5) Vgl. Gälweiler 1979b, S. 260.
6) Gälweiler 1980a, Sp. 1891 f.

stehenden operativen Einheiten zu vermuten.[1] Produkt-Markt-Felder einer niedrigen Aggregationsebene werden nur von wenigen Autoren angeführt. Während Day in diesem Zusammenhang in Anlehnung an Buzzell[2] von Marktzellen spricht, verwendet die Boston Consulting Group dafür die Bezeichnung "strategic sector".[3]

Einige Autoren verbinden schließlich auch terminologisch die inhaltliche Ebene des Tätigkeitsbereiches mit der organisatorischen. Die strategische Geschäftseinheit stellt dann die organisatorische Konkretisierung des Geschäftsfeldes dar.[1] In der vorliegenden Arbeit wird der Begriff des strategischen Geschäftsfeldes für das Tätigkeitsfeld eines Unternehmens auf der höchsten Aggregationsebene, der Begriff des Produkt-Markt-Feldes für die darin enthaltenen Teilfelder auf der niedrigsten Stufe der Aggregation gewählt. Die strategische Geschäftseinheit und die Produkt-Markt-Einheit stellen die organisatorische Konkretisierung im Sinne eines Bereiches strategischer Planungsaufgaben und damit unterschiedliche Betrachtungsebenen dar. Dazwischen sind Ebenen sowohl im inhaltlichen als auch im organisatorischen Bereich denkbar. Die folgende Abbildung verdeutlicht diese Zusammenhänge:

Aggregations-ebene	Inhaltlicher Problembereich	Organisatorischer Problembereich	Betrachtungs-ebene
höchste Aggregations-	strategisches Geschäftsfeld	strategische Geschäftseinheit	höchste Betrachtungsebene
⋮	⋮	⋮	⋮
niedrigste Aggregations-ebene	Produkt-Markt-Feld	Produkt-Markt-Einheit	niedrigste Betrachtungs-ebene

Abb. 2: Bezugspunkte bei der Bildung strategischer Geschäftseinheiten

---

1) Vgl. Gälweiler 1979b, S. 260.
2) Vgl. Buzzell 1979, zitiert nach Day 1981, S. 284.
3) Vgl. Boston Consulting Group 1975.
4) Vgl. u.a. Szyperski/Winand 1979, S. 200; Winand 1982, S. 154; vgl. auch Albach 1978, S. 712 f.; Köhler 1981, S. 32.

Nachdem die einzelnen Problembereiche im Rahmen der Bildung strategischer Geschäftseinheiten in Form der inhaltlichen Festlegung des Tätigkeitsbereiches einer Unternehmung auf unterschiedlichen Ebenen und der Organisation der damit verbundenen Aufgaben herausgestellt worden sind und eine diese Unterschiede berücksichtigende Terminologie vorliegt, wird im folgenden diskutiert, welches Gewicht den inhaltlichen und den organisatorischen Aspekten zuzumessen ist. Dadurch wird es möglich, die Vorgehensweise bei der Bildung strategischer Geschäftseinheiten, so wie sie im allgemeinen in der Literatur beschrieben wird, zu beurteilen. Darüber hinaus werden dadurch auch die Schwerpunkte der weiteren Ausführungen deutlich.

III. Die Bedeutung der Problembereiche: Bestimmung strategischer Geschäftsfelder versus organisatorische Konkretisierung

A. Strategische Geschäftsfelder als Bestandteil der Strategie

Strategische Geschäftsfelder oder allgemeiner der (die) Tätigkeitsbereich(e) eines Unternehmens sind in den meisten Strategiekonzepten als ein Element enthalten.[1] Der ihnen eingeräumte Stellenwert unterscheidet sich jedoch. Für Hofer/Schendel[2] beispielsweise hat die Strategie eines Unternehmens vier Komponenten:

1.) Den Tätigkeitsbereich eines Unternehmens, den die Autoren als scope oder domain bezeichnen, der das Ausmaß der gegenwärtigen und zukünftigen Beziehungen des Unternehmens zur Umwelt repräsentiert.

---
1) Vgl. z.B. die von Steffenhagen 1982, S. 36a angeführten Konzeptionen der strategischen Planung.
2) Vgl. Hofer/Schendel 1978, S. 25.

2.) Die Ressourcen (ressource deployments) des Unternehmens und seine Fähigkeiten, Ziele zu erreichen.

3.) Den Wettbewerbsvorteil in Form einer herausragenden Stellung gegenüber den Wettbewerbern durch die Konstellation der Ressourcen und/oder die Entscheidungen über den Tätigkeitsbereich.

4.) Die Synergie, die durch Verbundeffekte der Ressourcen und/oder Entscheidungen über den Tätigkeitsbereich entsteht.

Hofer/Schendel[1] betonen die Bedeutung der Ressourcen und des Wettbewerbsvorteils. Auf der einen Seite können keine Maßnahmen ergriffen und keine Ziele erreicht werden, wenn das Unternehmen keine Ressourcen und keine Fähigkeiten entwickelt, die von anderen Unternehmen schwer nachgeahmt werden können. Auf der anderen Seite sehen sie diese Komponenten möglicherweise sogar für wichtiger an als den Tätigkeitsbereich, weil dieser durch unzureichende Ressourcen oder durch eine unvorteilhafte Verwendung von Ressourcen begrenzt werden kann. Als Beispiel verweisen sie auf die Luftfahrt- und Stahlindustrie, deren wesentliche Ressourcen und Qualifikationen nicht auf andere Bereiche übertragbar seien. Ein Wettbewerbsvorteil kann aber auch für Hofer/Schendel entweder aus der Wahl des Produkt-Markt-Feldes (product/market positioning) oder aus den Ressourcen des Unternehmens entstehen.

Abell[2] sieht die explizite Bestimmung des Tätigkeitsbereiches eines Unternehmens als den Anfangsschritt der strategischen Planung in der Fachdiskussion und in der Praxis vernachlässigt. Die daraus resultierenden Konse-

---

1) Vgl. Hofer/Schendel 1978, S. 25 f.
2) Vgl. Abell 1980, S. VIII und S. 218.

quenzen können für ihn beispielsweise darin bestehen, daß über Aquisitionen nicht aus dem Gesamtzusammenhang heraus entschieden wird, Änderungen des Käuferverhaltens sich nicht in Änderungen des Tätigkeitsbereiches niederschlagen und letztlich der Unternehmenszweck nicht klar zutage tritt. Deshalb ist der Tätigkeitsbereich in dem Konzept von Abell das zentrale Element. "Business strategy pivots on <u>defining</u> the business in the customer's eyes."[1] Den Aspekt der Ressourcen scheint er zu vernachlässigen, wenn er feststellt, daß der Marktanteil als Indikator des Wettbewerbsvorteils "...is the result of a good definition of the business, not strategy itself."[2] Daß darin nur eine Verlagerung des Betrachtungsschwerpunktes liegt, wird deutlich, wenn Abell diejenigen Faktoren beschreibt, die den Erfolg einer Wahl des Bereiches bestimmen. Hier finden sich dann neben dem Kaufverhalten die Unterschiede in den Anforderungen an betriebliche Funktionen wie Marketing, Produktion und Forschung und Entwicklung, das Kostenverhalten und die Ressourcen und Fähigkeiten des Unternehmens.[3] Damit werden wie in der Konzeption von Hofer/Schendel die Anforderungen, die die Käufer in einzelnen Produkt-Markt-Feldern stellen, den Ressourcen und Fähigkeiten des Unternehmens gegenübergestellt.

Der Vergleich der beiden Konzeptionen macht deutlich, daß der Stellenwert, der einzelnen Komponenten zugewiesen wird, abhängig ist von der verfolgten Intention. Bei der Behandlung der Bildung strategischer Geschäftseinheiten muß deshalb der Tätigkeitsbereich eines Unternehmens auch im Mittelpunkt der Betrachtung stehen. Die Bestimmung von Produkt-Markt-Feldern, deren Rolle als Ausgangspunkt der strategischen Planung auch von Tilles, Drucker und Levitt betont wird,[4] ist dann nicht wie üblich als ein ein-

---

1) Abell 1980, S. 4. Unterstrichenes im Original kursiv.
2) Abell 1980, S. 6.
3) Vgl. Abell 1980, S. 21.
4) Vgl. dazu Tilles 1978, S. 184.

maliger, nur zu Beginn stattfindender Vorgang anzusehen. Die Bestimmung von Produkt-Markt-Feldern und die Berücksichtigung ihrer Veränderungen wird, wie die strategische Planung insgesamt, zur Daueraufgabe.

Die Hervorhebung des Tätigkeitsbereiches des Unternehmens im Rahmen der Strategie stellt aber sehr viel höhere Ansprüche an eine ausführliche Beschreibung und die seiner Veränderungen auf den unterschiedlichen Aggregationsstufen. Während bei der konventionellen Vorgehensweise, die dem Konzept von Hofer/Schendel entspricht, Strategien wie Halten, Wachsen oder Schrumpfen im Vordergrund stehen, werden nun die Auswirkungen solcher Strategien auf die inhaltliche Veränderung von Produkten und/oder Märkten diskutiert. Dafür ist dann ein Beschreibungsrahmen notwendig, der diese Aufgabe leisten kann. In der Literatur fand dieser Aspekt bisher nur wenig Beachtung, aber nicht nur wie Köhler[1] vermutet, weil sich ein Großteil der Erörterungen und Veröffentlichungen auf Techniken zur Beurteilung des Erfolgspotentials in bestehenden Geschäftsfeldern konzentriert, sondern weil der Schwerpunkt der Betrachtung gar nicht auf den Tätigkeitsbereich gerichtet war.

Andererseits hat diese Sichtweise auch Folgen für die Bedeutung der Organisation bei der Bildung strategischer Geschäftseinheiten. Die Aufgabe der Organisation besteht in der Aggregation von Produkt-Markt-Feldern für unterschiedliche Betrachtungsebenen, der Übertragung der damit verbundenen Aufgaben, Kompetenzen und Verantwortung und der Integration dieser Aufgabenbereiche in die bestehende Unternehmensorganisation. Sie kann auf diese Weise deutlicher herausgestellt und gegenüber der eigentlichen Aufgabe im Rahmen der strategischen Planung, die in der inhaltlichen Bestimmung von Produkt-Markt-Feldern liegt, relativiert werden.

---

1) Vgl. Köhler 1980, S. 13.

B. Organisation strategischer Planung

Bedingt durch die nur untergeordnete Bedeutung, die der Strategiekomponente Tätigkeitsbereich im allgemeinen zukommt, wird die Bildung strategischer Geschäftseinheiten in der Regel als vornehmlich organisatorisches Problem angesehen.[1] Ziel dieser Bemühungen ist es, die Produkte, über die ein Unternehmen verfügt, und die Märkte, auf denen es tätig ist, insbesondere zu Beginn einer strategischen Planung so zusammenzufassen, daß voneinander unabhängige Bereiche entstehen. Damit ist jedoch die Gefahr verbunden, daß bei der erstmaligen Einrichtung strategischer Geschäftsfelder die sie bildenden Produkt-Markt-Felder nicht auf ihre ökonomische Vorteilhaftigkeit überprüft werden und so zunächst unberechtigt im Portfolio des Unternehmens verbleiben.[2] Die Bereinigung von Geschäftsfeldern und Produkt-Markt-Feldern[3] und die Suche nach neuen Möglichkeiten auch unabhängig von bereits bestehenden Produkten und/oder Märkten[4] stellt eine Daueraufgabe dar, mit der bereits bei der Einrichtung strategischer Geschäftseinheiten begonnen werden muß. Gälweiler[5] verweist darauf, daß durchaus der Fall eintreten kann, in dem das als grundlegende Entscheidungsbasis definierte strategische Geschäftsfeld z. B. nur 7o-8o% des Geschäftsvolumens einer Sparte umfaßt, ohne daß der Rest ein eigenständiges strategisches Geschäftsfeld darstellt oder einem anderen zugerechnet werden kann. Die untergeordnete Berücksichtigung des Tätigkeitsbereiches als Strategieelement und die damit verbundene Hervorhebung der Organisation lenkt so gesehen vom eigentlichen Kern bei der Bildung strategischer Geschäftseinheiten ab.

---

1) Vgl. u. a. Rogers 1975, S. 98-1oo; Hinterhuber 1983, S. 264-326; Hinterhuber 1978, S. 427 f.; Henzler 1978; Galbraith/Nathanson 1978, S. 127-133; Stalp 1978; Szyperski/Winand 1979; Gabele 1981, S. 54 f.; Eick 1982.
2) Vgl. Strüven 1982, S. 5; Andrae 1982, S. 1o.
3) Vgl. ähnlich Müller 1984, S. 464.
4) Vgl. Köhler 198o, S. 33.
5) Vgl. Gälweiler 1979b, S. 259.

Deshalb wird der Organisation im Rahmen der vorliegenden Arbeit ein nicht so hoher Stellenwert zuerkannt. Die Auffassung einer untergeordneten Bedeutung der Organisation ist aber keineswegs neu. Gutenberg beispielsweise sieht in der Organisation einen besonderen Faktor, der dem Irrationalen und der Planung nur zur Seite gestellt ist, weil Organisation "...nicht die letzthin entscheidende und gestaltende Kraft des betrieblichen Geschehens"[1] ist. Diese bewußt enge Auffassung von der Aufgabe der Organisation soll davor bewahren, "...Leistungen zu verlangen, die man von ihr nicht erwarten kann. Organisation ist nicht in dem Sinne produktiv, daß sie neue Zielsetzungen, Verhaltensmöglichkeiten oder gar neue Werte (immanenter oder transzendenter Art) aus sich selbst hervorzubringen vermag"[2].

Gegen eine zu geringe Bedeutung der Organisation könnte man einwenden, daß die Bestimmung der Sachaufgaben durch die Unternehmensleitung in großen Unternehmen nicht mehr in der notwendigen detaillierten Form möglich ist. Dadurch erhalten organisatorische Maßnahmen eine wichtige Aufgabe. Einerseits ist die "richtige" Zusammenfassung von Produkt-Markt-Feldern zu strategischen Geschäftsfeldern bedeutsam, weil sonst vielleicht wichtige Chancen verpaßt werden, die durch die Kombination einzelner Produkt-Markt-Felder gewinnbringend gewesen wären. Andererseits kommt den fachlichen, menschlichen und geschäftsspezifischen Qualifikationen der Leiter strategischer Geschäftseinheiten und damit der Stellenbesetzung eine große Bedeutung zu. Auch verlangen die zum Teil sehr unterschiedlichen Aufgaben, die in einzelnen strategischen Geschäftseinheiten wahrzunehmen sind, sehr unterschiedlich Qualifikationen.[3] Der Erfolg der

---

1) Gutenberg 1973, S. 236; vgl. auch Ellinger/Haupt 1980, Sp. 23.
2) Gutenberg 1973, S. 236.
3) Vgl. dazu Hinterhuber 1983, S. 286-326; Wright o.J., S. 1o.

Führung wird letztlich durch den "Minimumfaktor" bestimmt, wobei Mängel in der Qualifikation der Führung mit Strategie-Methoden nicht nur nicht kompensiert werden können, sondern in der Regel verstärkt werden." Es entsteht eine ähnliche Wirkung, wie wenn man einem ohnedies unfähigen Chirurgen noch schärfere Messer in die Hand gibt."[1] Wenn hier dennoch das Hauptaugenmerk auf die strategischen, wettbewerblichen Aspekte gerichtet wird, so deshalb, weil die Bildung strategischer Geschäftseinheiten in ihrem Kern als die vornehmlich inhaltliche Aufgabe der Bestimmung von Produkt-Markt-Feldern angesehen wird, deren Lösung auch Hinweise auf die Lösung der darin enthaltenen organisatorischen Aufgaben liefern kann.

Nachdem nun die Bedeutung der grundsätzlichen Teilaspekte im Rahmen der Bildung strategischer Geschäftseinheiten dargelegt worden ist, soll im folgenden die Bildung strategischer Geschäftseinheiten betrachtet werden, wie sie im allgemeinen in der Literatur beschrieben wird. Daraus und aus den vorausgegangenen Ausführungen erschließt sich dann das weitere Vorgehen.

IV. Die Bildung strategischer Geschäftseinheiten in der Literatur

A. Ausgangssituation: Der Fall General Electric

Das Konzept strategischer Geschäftseinheiten wurde erstmals in einem Unternehmen Anfang der 70er Jahre bei General Electric eingeführt.[2] An die dort gewählte Vor-

---

1) Gälweiler 1983a, S. 58.
2) Ursprünglich stammt die Idee der Einteilung der Umwelt unabhängig von der internen Struktur einer Organisation aus dem amerikanischen Verteidigungsministerium, um die Beiträge der einzelnen Waffengattungen im Hinblick auf die Teilziele der Verteidigung zu koordinieren. Vgl. Ansoff/Leontiades 1976, S. 14; Eick 1982, S. 74.

gehensweise wird bei der Behandlung der Thematik in der Literatur fast ausschließlich angeknüpft. Der divisional organisierte Konzern war in 1o Gruppen, 45 Divisionen und 175 Departments in Form von Profit-Centern aufgeteilt, mit der Aussicht auf weitergehende Zergliederung mit fortschreitendem Wachstum.[1] Eine hohe Entscheidungsautonomie der Bereichsleiter[2] auch im Hinblick auf die Erweiterung der Produktprogramme[3] führte zur Überschneidung von Produktlinien und Märkten.[4] Die Planungen der einzelnen Profit-Center konnten deshalb von der Unternehmensleitung nicht mehr in ihrer Gesamtheit beurteilt werden, um eine gemeinsame Stoßrichtung zu entwickeln.[5] Die Auswirkungen, die dieser Entwicklung zugeschrieben werden, verdeutlicht das folgende Schaubild:

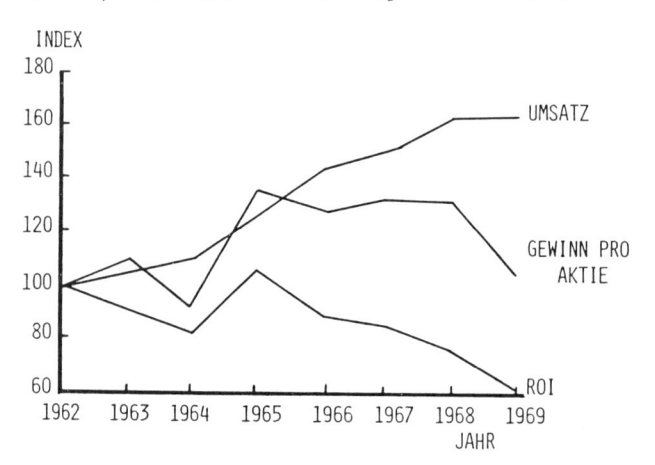

Abb. 3: Entwicklung von Umsatz, Gewinn pro Aktie und ROI bei General Electric in den Jahren 1962 - 1969[6]

---

1) Vgl. Allan 1978, S. 4.
2) Vgl. Morrison 1978, S. 11.
3) Vgl. Ansoff 1981, S. 59.
4) Vgl. Rogers 1975, S. 98; Allan 1979, S. 2; Ansoff 1981, S. 68; Ansoff 1981a, S. 251.
5) Vgl. o.V. 1979, S. 48.
6) Quelle: Allan 1978, S. 3.

Obwohl die Umsätze bis 1969 im Vergleich zu 1962 um ca. 60% gestiegen waren, sank der damit erzielte ROI um 40%. Diese Entwicklung wurde zum Anlaß genommen, Planung und Ressourcenallokation stärker auf den Wettbewerb auszurichten.[1] Die dazu bei General Electric ergriffenen Maßnahmen können durch vier Zielrichtungen charakterisiert werden:[2]

- Organisation im Hinblick auf den Wettbewerb
- Entwicklung wettbewerbsorientierter Strategien
- Betonung des Wettbewerbs bei Berichten auf der Gesamtunternehmensebene
- Betonung einer klaren wettbewerblichen Herausforderung für das Management.

Der Grundgedanke bestand darin, die Umwelt des Unternehmens in Form analytisch aussagefähiger Segmente zu definieren und nicht als Abbild der internen Struktur. "An 'outside in' rather than an 'inside out' approach is used."[3] Dazu wurden Anforderungen formuliert, die von strategischen Geschäftseinheiten erfüllt werden sollten. Diese in fast allen Publikationen aufgegriffenen "Hilfskriterien für die Abgrenzung strategischer Geschäftseinheiten"[4] sollen im folgenden betrachtet werden, um den Beitrag, den sie im Rahmen der Bildung strategischer Geschäftseinheiten leisten, beurteilen zu können. Darüberhinaus werden vereinzelt neben den allgemein gehaltenen Anforderungen auch konkrete produkt- und marktspezifische Kriterien angeführt, die zur Bildung strategischer Geschäftseinheiten herangezogen werden können.[5] Diese Kriterien werden im Anschluß unter dem gleichen Gesichtspunkt diskutiert.

---

1) Vgl. Springer 1973. S. 1177.
2) Vgl. Allan 1978, S. 4-13.
3) Ansoff/Leontiades 1976, S. 24; vgl. dazu auch Kastens 1974; Welge 1975, S. 58; Paine/Naumes 1978, S. 64; Szyperski/Winand 1979, S. 195.
4) Vgl. Gälweiler 1980a, Sp. 1892.
5) Vgl. die auf S. 30 Fn 2 angeführte Literatur.

B. Allgemeine Anforderungen als Leitlinien

Um sowohl die Stellung des Unternehmens im Wettbewerb zu verbessern als auch die dafür mit maßgebliche organisatorische Struktur, sollten strategische Geschäftseinheiten

(1) eigenständige Ziele unabhängig von anderen strategischen Geschäftseinheiten verfolgen können,
(2) klar identifizierbare Wettbewerber aufweisen,
(3) auf dem externen Markt tätig sein und nicht überwiegend als interner Zulieferer,
(4) es erlauben, daß strategische Planung für Produkte, Märkte, Anlagen und Organisation unabhängig von anderen strategischen Geschäftseinheiten betrieben werden kann und
(5) den Leiter einer strategischen Geschäftseinheit im Rahmen der genehmigten Pläne diejenigen Bereiche beeinflussen lassen, die den Erfolg wesentlich bestimmen, wie Technologie, Produktion und Marketing.[1]

Aus diesen Anforderungen geht noch hervor, daß mit Hilfe strategischer Geschäftseinheiten sowohl ein wettbewerbliches als auch ein organisatorisches Problem gelöst werden sollte, weil neben der allgemeinen Forderung nach Unabhängigkeit der einzelnen Bereiche zur Reduktion der Umweltkomplexität (Anforderung 4) auch der organisatorische Aspekt der Aufgabenübertragung, Kompetenz und Verantwortung (Anforderung 5) betont wird. In der Folgezeit wurden die Anforderungen in der Literatur aufgegriffen und teilweise sehr stark zusammengefaßt. Gälweiler[2] beispielsweise reduziert sie auf

---

1) Vgl. Forsyth 1973, S. 98; vgl. u. a. auch o.V. 1972, S. 3 f., zitiert nach Rogers 1975, S. 99; o.V. 1972a; o.V. 1974, S. 349; Salveson 1974; Rumelt 1974, S. 13 f.; Dunst 1979, S. 62; Drexel 1981, S. 271 f.

2) Vgl. Gälweiler 1980a, Sp. 1892; vgl. zu ähnlichem Vorgehen Szyperski/Winand 1979, S. 197.

(1) ein ausreichendes Marktpotential zur
    Verfolgung eigenständiger Ziele,
(2) eindeutig identifizierbare Konstellation
    von Konkurrenten und
(3) Unabhängigkeit zwischen den einzelnen
    strategischen Geschäftseinheiten.

Lange[1] und Picot[2] fassen darüberhinaus die Forderungen nach einem ausreichenden Marktpotential und nach identifizierbaren Konkurrenten zur Anforderung eines unternehmensexternen Marktes zusammen.

Lange ist zwar darin zuzustimmen, daß auch die zusätzlich noch von Hinterhuber[3] genannte Gesellschaftsrelevanz der Marktaufgabe und die Erreichbarkeit von Wettbewerbsvorteilen wie die anderen Leitlinien auch den Forderungen nach einem unternehmensexternen Markt und nach Unabhängigkeit zugeordnet bzw. aus ihnen abgeleitet werden können.[4] Durch die Zusammenfassung geht aber der Bezug zu den darin enthaltenen unterschiedlichen Inhalten verloren, so daß die Gefahr besteht, daß die Bildung strategischer Geschäftseinheiten insgesamt auf ein organisatorisches Vorgehen beschränkt bleibt. Darüber hinaus geben die Anforderungen auch nur Hinweise auf sehr allgemeine Eigenschaften, über die strategische Geschäftseinheiten verfügen sollen. Auf die sehr wichtige Frage, wie dabei vorzugehen ist und welche produkt- und/oder marktspezifischen Kriterien dazu herangezogen werden können, gehen sie nicht ein. Der Beitrag, den sie zur Lösung des Problems Bildung strategischer Geschäftseinheiten insgesamt leisten, muß deshalb als sehr begrenzt angesehen werden. Sie stellten zwar lange Zeit eine nicht zu unterschätzende Anfangshilfe dar, doch wurde mit zunehmender Kenntnis strategischer Orientierungsgundlagen und der dort bestehenden Zusammenhänge klar, "...daß eine allzu schema-

---

1) Vgl. Lange 1981, S. 86.
2) Vgl. Picot 1981, S. 564.
3) Vgl. z.B. Hinterhuber 1983, S. 274 f.
4) Vgl. Lange 1981, S. 86.

tische Anwendung dieser Kriterien - ohne eine präzise Kenntnis der jeweiligen produkt- und marktspezifischen Wirkungspotentiale dieser Gesetzmäßigkeiten - auch leicht in die falsche Richtung führen kann."[1)

C. Produkt- und marktspezifische Kriterien

Über die in den Berichten, die das Vorgehen bei General Electric beschreiben, angeführten allgemeinen Anforderungen hinaus, denen auch weiterhin die Funktion von Leitlinien zukommt, wird auch auf produkt- und marktspezifische Kriterien verwiesen, die für die Bildung strategischer Geschäftseinheiten relevant sein können. Bezogen auf Produkte werden die Anwendungsmöglichkeiten eines Produktes, seine Gestaltung, Bedarfstypen, Leistungsklassen, die Preispolitik, Fertigungsverfahren und Kostenstrukturen genannt. Steht der mehr marktbezogene Aspekt im Vordergrund, können Marktcharakteristika wie Kundengrößenklassen, Kaufkriterien, das Kaufverhalten, geografische Regionen, Absatzkanäle, Serviceansprüche und Substitutionsbeziehungen Hinweise zur Bildung strategischer Geschäftseinheiten liefern.[2) Die Kriterien werden aber fast ausschließlich zur Lösung des Aggregationsproblems, zur Zusammenfassung von Produkt-Markt-Feldern auf der niedrigsten Aggregationsebene zu stragegischen Geschäftsfeldern verwendet.[3) Damit steht auch hier das organisatorische Problem im Vordergrund, gegenseitige Abhängigkeiten zwischen Teilbereichen zu vermeiden, die auf die drei Ursachen

- innerbetriebliche Leistungsverflechtung
- gemeinsame Nutzung von Ressourcen und
- Marktüberschneidungen

---

1) Gälweiler 1979b, S. 257.
2) Vgl. dazu u.a. Bales 1977, S. 22f.; Hofer/Schendel 1978, S. 60; Patel/Younger 1978, S. 8; Andrea/Bondiat 1980, S. 23; Little 1980; Wittek 1980, S. 113; Gabele 1981, S. 54; Gerl/Roventa 1981, S. 850; Scheel 1981, S. 258 f.
3) Vgl. z.B. Gabele 1981, S. 52 f.

zurückgeführt werden können.[1] Die Berücksichtigung gemeinsamer Kapazitäten, die von Gerl/Roventa[2] als zentrales Abgrenzungsmittel angesehen werden, dient beispielsweise dazu, die Nutzung gleicher Ressourcen durch mehrere Teilbereiche zu verhindern. Die Identifikation von Konkurrenten eignet sich auch als ein Prüfstein für die Frage, ob zwei Produkt-Markt-Felder so eng miteinander verbunden sind, daß sie zur gleichen strategischen Geschäftseinheit gehören. "Gibt es nämlich ernstzunehmende Konkurrenten auf dem Markt, die nur das eine bzw. andere Produkt herstellen, so spricht dieser Umstand dafür, daß es sich um zwei getrennte SGEs (strategische Geschäftseinheiten) handelt und vice versa."[3]

Die Betonung des organisatorischen Aspektes zur Vermeidung gegenseitiger Abhängigkeiten wird besonders im Rahmen des PIMS-Projektes in den "General-Guidelines for Defining a 'Business'" deutlich.[4] Hier werden den Mitgliedsunternehmen zur Abgrenzung von Geschäften vier "Daumenregeln" aufgezeigt:[5]

(1) 60% Regel bei der Schlüsselung von Gemeinkosten: Wenn 60% der Kosten einer Geschäftseinheit aus willkürlich zugeteilten Gemeinkosten bestehen, die mit verwandten Geschäften geteilt werden, dann ist dies keine für das PIMS-Programm geeignete Geschäftseinheit. Nach Möglichkeit sollen über Gemeinkosten verbundene Geschäfte zusammengefaßt werden.

(2) 60% Regel der vertikalen Integration von Geschäftseinheiten: Wenn 60% oder mehr des "Marktes" einer Geschäftseinheit aus Liefe-

---

1) Vgl. Frese 1980, S. 8of.
2) Vgl. Gerl/Roventa 1981, S. 849.
3) Gerl/Roventa 1981, S. 849. Ergänzung in Klammern durch den Verfasser; vgl. auch Andrae 1981, S. 78.
4) Zur Darstellung des PIMS-Projektes und der dort erzielten Ergebnisse vgl. S. 109-115.
5) Vgl. Abell/Hammond 1979, S. 325.

rungen zu vorgelagerten Einheiten des eigenen Unternehmens bestehen, dann ist es gut, beide Einheiten zusammenzufassen und sie für die PIMS-Analyse als ein Geschäft anzusehen.

(3) Homogenität des bedienten Marktes: Viele Geschäfte bedienen viele Märkte über unterschiedliche Strategien, mit unterschiedlichen Produktlinien durch einige Vertriebskanäle. Sollen solche Geschäfte für die PIMS-Analyse weiter aufgeteilt werden? Im PIMS-Programm wird das befürwortet, wenn zwei der folgenden Feststellungen zutreffen:

(a) jedes Segment oder jeder Vertriebskanal enthält merklich verschiedene Wettbewerber,
(b) jedes Segment hat merklich verschiedene Marktwachstumsraten,
(c) das Unternehmen hat merklich unterschiedliche Marktanteile in jedem Segment,

und wenn außerdem die Bedingungen (1) und (2) nicht erfüllt sind.

(4) Strategische Geschäftseinheiten für organisatorische Zwecke: In vielen Fällen ist das Problem "Was ist ein Geschäft?" durch den organisatorischen Rahmen gelöst worden, in dem Strategien in jedem Unternehmen analysiert werden. Aus offensichtlichen Gründen neigen die am PIMS-Programm beteiligten Unternehmen dazu, Geschäfte in Übereinstimmung mit bestehenden Management-Einheiten zu bestimmen.

Gegen die Verwendung anscheinend willkürlich ausgewählter produkt- und marktspezifischer Kriterien zur ausschließlichen Lösung des organisatorischen Problems, wobei die bestehenden Produkt-Markt-Felder keiner Überprüfung unterzogen werden, kann der weitere wesentliche Einwand vorgebracht werden, daß eine Liste situationsspezifischer Kriterien beliebig verlängerbar ist. Dies geschieht insbesondere dann, wenn versucht wird, möglichst keine wichtige Variable zu übersehen. Die Bedeutung einzelner Variablen für die Bestimmung von Produkt-Markt-Feldern und deren Zusammenfassung kann aber nur im speziellen Fall beurteilt werden. Eine solche Vorgehensweise führt deshalb dazu, daß kein gundlegendes Konzept verwendet wird, das auf langfristig wirkenden Größen beruht. Entstehen aufgrund der Vielzahl möglicher Variablen Segmentierungs- und/oder Aggregationsalternativen, so bleibt die Frage offen, in welchen Produkt-Markt-Feldern ein Unternehmen tätig werden soll und/oder wie diese zusammenzufassen sind.[1] Aus diesem Grunde müssen bei der Bestimmung von Produkt-Markt-Feldern langfristig wirkende, allgemeingültige Variablen verwendet werden. Dazu werden später im Rahmen dieser Arbeit die sogenannten "strategischen Orientierungsgrundlagen" verwendet. Die Diskussion dieser Größen und der zuvor dargestellte Rahmen zur Beschreibung des Tätigkeitsfeldes eines Unternehmens auf unterschiedlichen Ebenen wird dann zeigen, daß sich damit auch die bisher angeführten Kriterien systematisieren lassen bzw. in ihrer Bedeutung erkennbar werden.

---

1) Vgl. ähnlich Wittek 1980, S. 113.

Thesenförmige Zusammenfassung

1. Obwohl die Bildung strategischer Geschäftseinheiten im Rahmen der strategischen Planung eine zentrale Stellung einnimmt, muß die Behandlung in der Literatur als unbefriedigend angesehen werden, weil die darin enthaltenen voneinander grundsätzlich und graduell verschiedenen Problembereiche nicht deutlich herausgestellt werden und so unterschiedliche Sachverhalte identisch, identische Sachverhalte unterschiedlich erscheinen.

2. Durch die Einordnung der Aufgabe der strategischen Planung in die der Unternehmensführung insgesamt wird deutlich, daß mit einem inhaltlich-wettbewerblichen und einem organisatorischen zwei voneinander grundsätzlich verschiedene Problemkreise in der Bildung strategischer Geschäftseinheiten enthalten sind.

3. Die Diskussion der strategischen Planung im Hinblick auf mögliche Betrachtungsebenen und Aggregationsstufen zeigt darüber hinaus innerhalb der grundsätzlich verschiedenen Problembereiche auch graduelle Unterschiede, weil sich strategische Überlegungen auf unterschiedlich weite Bezugsobjekte (Aggregationsstufen) und damit auch auf unterschiedliche Betrachtungsebenen beziehen können.

4) Den Unterschieden wird durch eine einheitliche Terminologie Rechnung getragen, indem im folgenden die Bezeichnung strategisches Geschäftsfeld für den Tätigkeitsbereich eines Unternehmens auf der höchsten Aggregationsstufe und der Ausdruck der strategischen Geschäftseinheit für die organisatorische Konkretisierung auf der höchsten Betrachtungsebene unterhalb der Unternehmensleitung verwendet wird. Die einzelnen Teilbereiche im Tätigkeitsfeld auf der untersten Aggregationsstufe werden als Produkt-Markt-Felder, ihre organisatorische Konkretisierung als Produkt-Markt-Einheiten bezeichnet.

5. Um einerseits die Vorgehensweise in der Literatur bei der Bildung strategischer Geschäftseinheiten beurteilen zu können und um andererseits die eigene Vorgehensweise zu begründen, wird die Bedeutung der grundsätzlich unterschiedlichen Problembereiche diskutiert. Das starke Gewicht, das der Organisation in der Literatur zugemessen wird, ist insbesondere darauf zurückzuführen, daß der Tätigkeitsbereich, obwohl Bestandteil in zahlreichen Strategiekonzepten, nicht als das zentrale Element angesehen wird. In dieser Arbeit wird aber davon ausgegangen, daß bei der Bildung strategischer Geschäftseinheiten zunächst die wettbewerblichen Aspekte zu diskutieren und inhaltliche Aussagen über den Tätigkeitsbereich zu treffen sind, bevor organisatorische Lösungen diskutiert werden können.

6. Die in der Literatur angeführten allgemeinen Anforderungen und situationsspezifischen Kriterien können der zentralen Bedeutung, die der Bildung strategischer Geschäftseinheiten in der vorliegenden Arbeit zugemessen wird, dann auch nicht gerecht werden. Sie dienen fast ausschließlich zur Lösung des organisatorischen Problems. Es wird die Notwendigkeit langfristig wirkender Orientierungsgrundlagen herausgestellt, die sowohl die Suche nach neuen Abgrenzungsmöglichkeiten des Tätigkeitsfeldes leiten können, als auch die ökonomischen Auswirkungen dieser im Grunde sehr kreativen Entscheidungen deutlich machen. Wird aber der Tätigkeitsbereich zum Mittelpunkt der Betrachtung, so erfordert dies zunächst einen allgemein anwendbaren Rahmen zu seiner Beschreibung auf unterschiedlichen Aggregationsstufen. Erst wenn der Beschreibungsrahmen vorhanden ist und die inhaltlichen Zusammenhänge bekannt sind, können die organisatorischen Aspekte behandelt werden.

Dritter Teil

Elemente einer wettbewerbsorientierten Bestimmung
von Produkt-Markt-Feldern

I. Dimensionen des Tätigkeitsbereiches einer Unternehmung - Ein Rahmen zur Beschreibung von Produkt-Markt-Feldern und strategischen Geschäftseinheiten

Als Voraussetzung für eine wettbewerbsorientierte Bestimmung von Produkt-Markt-Feldern wurde ein Beschreibungsrahmen angesehen, der ein Vokabular zur Verfügung stellt, mit dem man sich über einen bestimmten Gegenstandsbereich verständigen kann. Ein Beschreibungsrahmen ist im allgemeinen Bestandteil eines theoretischen Bezugsrahmens, der darüber hinaus auch einige sehr allgemeine Gesetzeshypothesen umfaßt und in erster Linie dazu dient, das Denken über komplexe reale Systeme zu ordnen und zu exploratorischen Beobachtungen anzuleiten.[1] Das Ziel dieser Arbeit besteht nicht darin, durch eine empirische Untersuchung zu konkreten Modellen und Gesetzeshypothesen zu gelangen. Vielmehr werden bestehende Modelle und weitgehend bestätigte Hypothesen zu einem Bezugsrahmen zusammengefügt, der einerseits zur Grundlage empirischer Untersuchungen gemacht, andererseits aber in der vorliegenden Form bereits zur Lösung praktischer Entscheidungsprobleme herangezogen werden kann. Der im folgenden dargestellte Beschreibungsrahmen beruht auf dem Ansatz von Abell[2], der den Tätigkeitsbereich von Unternehmen, im Gegensatz zur traditionellen zweidimensionalen Darstellung in Form von Produkten und Märkten, dreidimensional durch das Anwenderproblem, die Problemlösung und die Anwendergruppe beschreibt. Abells Ansatz ist zwar in jüngster Zeit in vielen Veröffentlichungen aufgegriffen,[3] aber

---

1) Vgl. Kirsch/Esser/Gabele 1974, S. 334; vgl. auch Zörgiebel 1983, S. 29 f.
2) Vgl. Abell 1980.
3) Vgl. u.a. Abell/Hammond 1979, S. 389-407; Day 1981, S. 283; Köhler 1980; Borrmann 1983; Hinterhuber 1982, S. 40-60.

bisher nicht in einen Bezugsrahmen für strategische Entscheidungen integriert worden. Um einerseits zu zeigen, daß es sich bei diesem Ansatz nicht um ein völlig neues Konzept handelt,[1] weil die Dimensionen Anwenderproblem, Problemlösung und Anwendergruppe implizit bereits in der traditionellen Betrachtungsweise enthalten sind, wird zunächst die traditionelle Vorgehensweise diskutiert. Die Gegenüberstellung macht andererseits auch deutlich, daß die explizite Berücksichtigung von drei Dimensionen eine sehr viel differenziertere Betrachtung des Tätigkeitsbereichs einer Unternehmung ermöglicht als die herkömmliche Vorgehensweise.

A. Zweidimensionale Beschreibung des Tätigkeitsbereichs

1. Produkt

Brockhoff versteht unter einem Produkt "... eine im Hinblick auf eine erwartete Bedürfnisbefriedigung beim bekannten oder unbekannten Verwender von einem Anbieter gebündelte Menge von Eigenschaften, die zum Gegenstand eines Tauschs werden soll, um mit der im Tausch erlangten Gegenleistung zur Erfüllung der Anbieterziele beizutragen".[2] Je nach Wahl der Komponenten, die ein Produkt mit Eigenschaften versehen, kann "Produkt" unterschiedlich weit abgegrenzt werden. Schrello[3] unterscheidet beispielsweise Hardware (z.B. Modell, Zubehör), Software (z.B. Gebrauchsanweisung) und Servicebestandteile (Reparatur, Beratung) eines Produktes. Ähnlich sieht

---

1) Zu ähnlichen Ansätzen, den Tätigkeitsbereich eines Unternehmens durch mehr als zwei Dimensionen darzustellen, vgl. u.a. Bennet/Cooper 1979, S. 81; Garda 1981, S. 21-29; Patel 1982, S. 7; Reichert/Kirsch/Esser 1984, S. 399. Die in diesen Ansätzen verwendeten Dimensionen lassen sich jedoch zum Zweck der Beschreibung auf die Dimensionen Anwenderproblem, Problemlösung und Anwendergruppe reduzieren.
2) Brockhoff 1981, S. 3. Im Original kursiv.
3) Vgl. Schrello 1974, S. 5.

Kotler[1] drei Ebenen des Produktbegriffes: Die unterste Ebene stellt das Kernprodukt dar, die Verpackung eines Problemlösungsdienstes. Die nächste Ebene bildet das formale Produkt, womit die konkrete physische Einheit bezeichnet wird, die unmittelbar als Kaufobjekt erkannt wird. Das erweiterte Produkt umfaßt schließlich die Gesamtheit der Vorteile, die mit dem Erwerb des formalen Produktes verbunden sind.

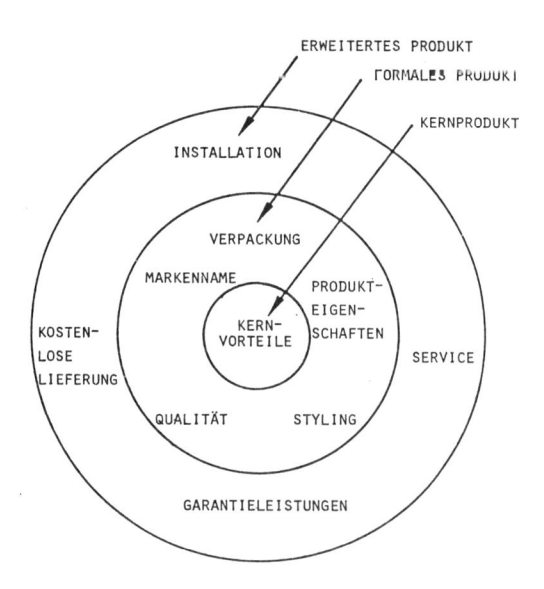

Abb. 4: Ebenen des Produktbegriffs[2]

Die Notwendigkeit eines umfassenden Verständnisses[3] resultiert daraus, daß ein Produkt als ein Leistungsbündel anzusehen ist, das zur Erfüllung von Grund- und Zusatznutzenerwartungen im Hinblick auf die Bedürfnisse bei den Produktanwendern beiträgt.[4] Während der Grundnutzen aus der reinen Funktion des Produktes entsteht, ist ein

---

1) Vgl. Kotler 1982, S. 363-365.
2) Quelle: Kotler 1982, S. 364.
3) Vgl. bereits Chamberlin 1953, S. 3.
4) Vgl. Kern 1979, Sp. 1434.

Zusatznutzen auf solche Eigenschaften zurückzuführen, die mit der eigentlichen Funktionserfüllung kaum in Beziehung stehen, sondern über Form, Farbe, Marke etc. zusätzlichen Nutzen beim Käufer schaffen.[1]

An den Bedürfnissen der Produktanwender knüpfte auch Levitt an. Er forderte aber eine insgesamt von Erzeugnissen losgelöste Denkweise, die grundlegend für die Formulierung sogenannter "Marketingphilosophien" geworden ist.[2] Die Anstrengungen eines Unternehmens müssen für ihn im Rahmen der grundsätzlichen Probleme der Käufer gesehen werden. Ein Mineralölunternehmen beispielsweise wird dann seinen Unternehmensgegenstand nicht in der Produktion von Benzin, sondern in der Bereitstellung von Energie sehen,[3] Unternehmen anstelle der Produktion von Lastkraftwagen oder des Betreibens einer Eisenbahn die Lösung logistischer Probleme zu erfüllen suchen.[4] Die Betrachtung der grundsätzlichen Bedürfnisse der Anwender soll auf der einen Seite dem Unternehmen Möglichkeiten zusätzlicher Betätigung aufzeigen. Auf der anderen Seite wird dadurch aber auch deutlich, wenn andere Produkte für das gleiche Bedürfnis anwendbar sind und deshalb die Gefahr der Substitution besteht.

Eine Verbindung zwischen den unterschiedlichen Ebenen ist notwendig, weil neben den Nachteilen eines zu engen Produktbegriffes die ausschließliche Betrachtung menschlicher Grundbedürfnisse die Gefahr einer zu großen Allgemeinheit in sich birgt und zu viele Möglichkeiten offen läßt, um zu einer umsetzbaren strategischen Grundlage werden zu können. Tilles[5] führt dazu das Beispiel der Eisenbahn an, wo auf der einen Seite die Beförderung von Passagieren oder Frachtgut, auf der anderen Seite die

---

1) Vgl. dazu Vershofen 1940, S. 69-86.
2) Vgl. Köhler 1980, S. 8.
3) Vgl. Levitt 1971, S. 38 und S. 50.
4) Vgl. Köhler 1980, S. 8; zu weiteren Beispielen vgl. Kotler 1982, S. 71.
5) Vgl. Tilles 1978, S. 186; Ansoff 1966, S. 126 f.

Beförderung über kurze oder lange Distanzen sehr unterschiedliche Anwenderprobleme darstellen, denen auch unabhängig voneinander eine strategische Bedeutung zukommen kann. Eine Verbindung zwischen unterschiedlichen Ebenen zeigt Kotler. Er gelangt dabei zu einer siebenstufigen Produkthierarchie.[1)]

1. Bedürfnisfamilie: Steht in Beziehung zu einem Kernbedürfnis

2. Produktfamilie: Umfaßt alle Produktklassen, die das Kernbedürfnis befriedigen

3. Produktklasse: Zeichnet sich durch eine funktionale Zusammengehörigkeit aus

4. Produktlinie: Produkte, die verwandt sind, weil sie ähnlich funktionieren, an dieselben Kundengruppe oder im gleichen Ladentyp verkauft werden

5. Produkttyp: Gemeinsame Form

6. Marke: Kennzeichnung durch gemeinsamen Namen, um Herkunft oder Charakter hervorzuheben

7. Artikel: Einheit in der Marken- oder Produktlinie, die sich von den übrigen Bestandteilen durch mindestens eine Eigenschaft abhebt

Damit wird zwar deutlich, daß der Produktbegriff auf unterschiedlichen Ebenen konkretisiert werden kann; der darin enthaltene Nachfrageaspekt "Bedürfnis des Käufers" und der Angebotsaspekt "Bündel von Eigenschaften" gehen aber ineinander über. Die Verwendung von "Produkt" in einem Beschreibungsrahmen ist deshalb nicht als geeignet anzusehen, wenn durch die explizite Verwendung beider

---

1) Vgl. Kotler 1982, S. 365.

Aspekte zusätzliche Einsichten und Erkenntnisse erlangt werden können, es sei denn, daß diese beiden Seiten ein und derselben Medaille durch die Verwendung des Terminus Markt deutlich zum Ausdruck kommen.

2. Markt

Als Markt wird in der Nationalökonomie "... die ökonomische Institution der Preisbildung und des Ausgleichs zwischen angebotenen und nachgefragten Gütermengen"[1] gesehen, oder der "... Prozeß, durch den in der ... arbeitsteiligen Wirtschaft (Marktwirtschaft) die Erzeugung in die Wege gelenkt wird, auf denen sie der Befriedigung der dringendsten Bedürfnisse der Verbraucher am besten dient".[2] Eine Konkretisierung eines so allgemeinen Marktverständnisses wird durch eine sachliche, räumliche und zeitliche Eingrenzung erreicht.[3] Bezeichnungen wie "Kaffeemarkt" oder der "amerikanische Markt" bringen dies zum Ausdruck. Darüber hinaus können Merkmale wie Abnehmerbranchen, Abnehmergrößenklassen, Qualitätsklassen oder Vertriebswege zur näheren Kennzeichnung eines Marktes verwendet werden.[4]

Die Definitionen des Marktes enthalten wie die des Produktes die Seite der Nachfrager und die der Anbieter, wobei je nach Forschungszweck der eine oder der andere Bestandteil in den Vordergrund tritt. Während in der Forschungsrichtung der Industrial Organization der Markt weitgehend mit der Industrie gleichgesetzt wird, weil hier die Anbieterseite im Mittelpunkt der Aufmerksamkeit steht,[5] stellt die Marketingwissenschaft vor allem auf

---

1) Willecke 1960, Sp. 538.
2) Mises 1961, S. 131.
3) Vgl. z.B. Möller 1975, Sp. 2604 f.; Tietz 1978, S. 62.
4) Vgl. Cannon 1968, S. 143-149; Dunst 1979, S. 58.
5) Vgl. Kaufer 1980, S. 18-24; Porter 1983, S. 60 f.

die Nachfragerseite des Marktes ab.[1] Kotler[2] schließt an einer Stelle die Anbieterseite explizite aus der Betrachtung aus und verweist sie in den Bereich der Volkswirtschaftslehre. Für ihn besteht ein Markt dann aus "... allen Personen und Organisationen, die tatsächliche oder potentielle Käufer eines Produktes oder einer Dienstleistung sind".[3] Die Hervorhebung nur einer Seite ist im Rahmen der strategischen Planung jedoch nicht ausreichend. In dieser Arbeit wird, wie auch von Schneider,[4] die Ansicht vertreten, daß bei strategischen Entscheidungen neben anderen Daten die Nachfrager, die Unternehmensziele und insbesondere die Konkurrenten berücksichtigt werden müssen.

Einige Autoren unterscheiden zwischen dem totalen und dem bedienten oder dem direkten und dem relevanten Markt. Dadurch wird dem Tatbestand Rechnung getragen, daß einzelne Marktbereiche die Marktstrategien unterschiedlich stark beeinflussen, weil das Problem der Marktabgrenzung nach wie vor nicht gelöst ist.[5] Die Unterscheidung zwischen dem totalen Markt und dem bedienten Markt berücksichtigt, daß von einem Unternehmen i.d.R. nur ein Teil des durch sachliche und räumliche Kriterien beschreibbaren Bereichs abgedeckt,[6] bzw. weiter eingegrenzt durch die Marketinganstrengungen des Unternehmens erreicht wird.[7] Dunst[8] stellt auf die räumliche Dimen-

---

1) Vgl. Meffert 1977, S. 54.
2) Vgl. Kotler 1982, S. 136.
3) Kotler 1982, S. 136.
4) Vgl. Schneider 1983, S. 201; Gümbel 1976, Sp. 3564; Müller 1981, S. 295.
5) Vgl. Schneider 1981, S. 278.
6) Vgl. Day 1981, S. 283 f.
7) Vgl. The Strategic Planning Institute 1977, S. 26.
8) Vgl. Dunst 1979, S. 58; der Begriff des relevanten Marktes stammt aus dem Bereich der Wettbewerbspolitik. Der relevante Markt bildet dort die Grundlage zur Beurteilung der mißbräuchlichen Ausnutzung einer marktbeherrschenden Stellung. Vgl. u.a. Oberender 1975, S. 575; Willecke 1980, S. 24-26.

sion des Marktes ab, wenn er den "direkten Markt" als das geografische Absatzgebiet, in dem ein Unternehmen gegenwärtig seine Produkte und Dienstleistungen offeriert, vom "relevanten Markt" als der geografischen Region, in der ein Unternehmen und/oder wesentliche derzeitige und künftige potentielle Wettbewerber ihre Produkte anbieten, unterscheidet.

Die Ausführungen zeigen, daß auch der Terminus Markt durch nachfrage- und angebotsbezogene Merkmale konkretisiert werden muß, um die darin enthaltenen Aspekte herauszustellen. Die sachliche Kennzeichnung wird dabei entweder durch das Bedürfnis der Nachfrager oder durch das von Anbietern dafür erstellte Bündel von Eigenschaften vorgenommen. So wird beispielsweise vom "Freizeitmarkt" oder vom Markt für "Sportartikel" gesprochen. Die Verwendung von Produkt und Markt in einem Beschreibungsrahmen ist damit zum Teil redundant. Abell benutzt deshalb die in Produkt und Markt enthaltenen wesentlichen Merkmale für eine dreidimensionale Beschreibung. Auch er verweist darauf, daß die Verbindung zur herkömmlichen Terminologie dadurch deutlich wird, daß Produkte in aller Regel durch die zugrundeliegende Technologie und das Anwenderproblem, zu dessen Lösung sie bestimmt sind, beschrieben, während Märkte durch das Anwenderproblem und die Anwendergruppe gekennzeichnet werden. Die Verwendung von Produkt oder Markt allein zur Kennzeichnung des Tätigkeitsbereichs umfaßt deshalb auch nur einen Teil der relevanten Aspekte.[1]

B. Dreidimensionale Beschreibung des Tätigkeitsbereichs

Abell[2] verwendet zur Kennzeichnung des Tätigkeitsbereichs die Dimensionen "customer function","alternative techno-

---

1) Vgl. Abell 1980, S. 169 f.
2) Vgl. Abell 1980, S. 170-173.

logies" und "customer groups". Bei der folgenden Diskussion werden dafür die Bezeichnungen Anwenderproblem, Problemlösung und Anwendergruppe benutzt. Die Begründungen für diese Übersetzungen der von Abell verwendeten Begriffe erfolgen bei der Behandlung der einzelnen Dimensionen. Der dreidimensionale Beschreibungsrahmen bliebe aber ohne Wert, würde es nicht gelingen, die einzelnen Dimensionen stufenweise zu konkretisieren und so den Tätigkeitsbereich eines Unternehmens auf unterschiedlichen Ebenen darstellen zu können. Gegen den von Ansoff[1] vorgelegten zweidimensionalen Rahmen in Form einer Produkt/Markt-Matrix wendet Köhler zu Recht ein, daß er "... ein verhältnismäßig allgemeingehaltenes Grobraster (bleibt), der mit seinen Dimensionen 'Produkt' und 'Markt' nicht hinreichend dazu auffordert, Erfolgspotentiale aus der Beschreibung von Problemlösungsbereichen - und zwar in konkreterer Abgrenzung als bei Levitt - abzuleiten".[2] Um zu zeigen, daß dieser Einwand gegen den hier verwendeten Ansatz nicht vorgebracht werden kann, wird für jede Dimension auch auf Möglichkeiten der Konkretisierung verwiesen.

1. Anwenderproblem

Produkte werden geschaffen, um zur Lösung von Problemen bzw. zur Befriedigung von Bedürfnissen beizutragen. Für diese, die Existenz von Produkten hervorrufenden Ursachen wird hier die Bezeichnung Anwenderproblem gewählt, da sie gegenüber anderen Bezeichnungen wie customer function[3], Kundenproblem[4] und customer needs[5] prägnanter ist. Einerseits ist der Anwender nicht immer Kunde im Sinne von Käufer. Andererseits werden aber die Bedürf-

---

1) Vgl. Ansoff 1966, S. 150-153.
2) Köhler 1980, S. 9.
3) Vgl. Abell 1980, S. 169-172.
4) Vgl. Grünewald 1983, S. 89.
5) Vgl. Abell 1980, S. 186 f.

nisse des Anwenders in der Regel durch den Käufer berücksichtigt. So wird die Schreibmaschine der Sekretärin in den seltensten Fällen von ihr selbst, sondern von der Einkaufsabteilung beschafft, die aber beim Kauf dem Problem der Sekretärin Rechnung trägt.[1] Der Begriff des Anwenders kann somit als weitreichender als der des Kunden angesehen werden, weil damit implizite auch alle Zwischenstufen erfaßt werden. Diese Tatsache erhält insbesondere dann Gewicht, wenn man bedenkt, daß durch den arbeitsteiligen Herstellungsprozeß viele Unternehmen durch mehrere Zwischenstufen von Teile- und Komponentenherstellern von den eigentlichen Anwendern entfernt sind und deshalb die Gefahr besteht, daß sie deren Bedürfnisse nicht mehr wahrnehmen. Gerade für die Unternehmen, die auf den Vorstufen produzieren, reicht deshalb die Betrachtung des Kundenproblems in dem engen Sinne nicht aus.[2] Auf der anderen Seite bringt auch der Begriff Problem stärker als der der Funktion zum Ausdruck, daß es um den Verwender insgesamt geht und nicht nur um die Anwendung.[3]

Ein Ansatz, der zur Beschreibung von Anwenderproblemen auf unterschiedlichen Ebenen herangezogen werden kann, findet sich bei Koppelmann[4]. Er bezieht sich auf grundsätzliche Anspruchskreise und die dort von Personen und/oder Institutionen vorgebrachten möglichen Ansprüche an ein Produkt. Das Anspruchsgerüst umfaßt neben dem Anspruchskreis des Verwenders auch den der Transposition, dem alle diejenigen zugerechnet werden, die zwischen der Produktion und der Verwendung aktiv werden.[5] Je nach

---

1) Vgl. zu weiteren Beispielen Koppelmann 1978, S. 24; Meffert 1977, S. 214.
2) Vgl. Borrmann 1983, S. 210 f.
3) Vgl. dazu auch Koppelmann 1978, S. 28; Scheuch 1974, S. 214; Meffert 1977, S. 214.
4) Vgl. Koppelmann 1978, S. 24-53.
5) Vgl. Koppelmann 1978, S. 24. Weiterhin sieht Koppelmann den Hersteller als Anspruchssteller. Dieser Anspruchskreis wird hier nicht behandelt, da diese Aspekte insgesamt Gegenstand der vorliegenden Arbeit sind.

Art des Anwenderproblems und Stufe der Aggregation werden unterschiedliche Ansprüche in den Mittelpunkt gelangen und unterschiedlich viele verwendet werden. Während beispielsweise bei Investitionsgütern von den Verwendungsansprüchen insbesondere Sach-, Service- und Informationsansprüche von tragender Bedeutung sein dürften, treten bei sehr vielen Konsumgütern Anmutsansprüche in den Vordergrund. Auf einer sehr hohen Stufe der Aggregation werden Anwenderprobleme häufig nur durch allgemeine funktionale Ansprüche beschrieben, während auf einer konkreteren Ebene auch nichtfunktionale Ansprüche, vor allem Ansprüche im Hinblick auf die Anwendung, Bereitstellung und Erhaltung, ein wesentliches Gewicht erlangen können.[1] Weil im Konzept von Koppelmann Ansatzpunkte zur Konkretisierung der unterschiedlichsten Ansprüche enthalten sind, kann es als brauchbares Instrumentarium für die Dimension Anwenderproblem angesehen werden.

2. Problemlösung

Das neben dem Anwenderproblem zweite Element, das aus Sicht des Anbieters ein Produkt ausmacht, ist die Problemlösung. Abell verwendet den Begriff der Technologie und definiert: "A technology in this sense is a form of solution to the customers problem. If the function is transportation, the technologies might be regarded as road, rail and/or sea travel. Further subdivision into private car, rented car, bicycle, or mass transportation might also be possible."[2] In der vorliegenden Arbeit wird dieser Sachverhalt mit Problemlösung bezeichnet,

---

1) Vgl. für die Ebene strategischer Geschäftsfelder die Beispiele von Abell 1980; Köhler 1980; Borrmann 1983, S. 209. Je tiefer die Aggregationsebene ist, desto schwieriger wird die Trennung zwischen den Funktionen und weiteren Attributen oder Nutzen, die für die Anwender wichtige Kriterien darstellen. Vgl. dazu das Beispiel bei Abell 1980, S. 171.

2) Abell 1980, S. 172.

weil auch von Abell offensichtlich nicht nur das Wissen über die Eigenschaften und Einsatzbedingungen einer Technik[1], sondern die Lösung von Anwenderproblemen insgesamt angesprochen wird. Eine Technologie findet im allgemeinen in einer Vielzahl unterschiedlicher Problemlösungen Verwendung. Andererseits steigen auch mit zunehmender Komplexität der Problemlösung die darin enthaltenen Technologien,[2] denen letztlich die Aufgabe zukommt, den funktionalen Bestandteilen des Anwenderproblems zu entsprechen. Dies läßt sich auch am angeführten Transportbeispiel verdeutlichen. Straßenbahn und Bus sind Lösungen für das gleiche Problem des Massentransports durch z.T. wesentlich unterschiedliche technologische Bestandteile. Für den individuellen Transport sind private Pkw und Leihwagen Lösungen verschiedener Anwenderprobleme auf identischen technologischen Grundlagen, weil sie sich durch die nicht-technischen Bestandteile, die mit ihrem Erwerb verbunden sind, unterscheiden.

Ebenso wie die lösungsinvariante Beschreibung von Anwenderproblemen steht auch die Beschreibung von Problemlösungen unabhängig von der Technik in Form eines abstrakten Sprachsystems erst in ihren Anfängen.[3]

---

1) Vgl. Steffens 1976, Sp. 3853. Der Technologiebegriff wird in der Literatur nicht einheitlich verwendet. Neben der hier angeführten Definition subsumieren einige Autoren ganz allgemein technisches Wissen, sehen darin die Lehre von der Technik oder verstehen darunter die Gesamtheit des verfügbaren Wissens, soweit es zur Lösung von Problemen Anwendung finden kann. Vgl. dazu Henfling 1981, S. 20-22 und die dort angeführte Literatur. Für die hier zu behandelnde Problematik ist die o.a. Definition jedoch ausreichend.

2) Vgl. hierzu auch Kern, der diese weite Auslegung für prinzipiell jedes "Produkt" nicht als üblich ansieht, sondern den Begriff der Problemlösung auf besonders anspruchsvolle oder komplexe immaterielle Produkte beschränkt sieht. Vgl. Kern 1979a, Sp. 1436.

3) Vgl. dazu den Verweis in Pfeiffer u.a. 1982, S. 82, auf die in der Vorbereitung befindliche Dissertation von M. Schneider: Methodische Grundlagen einer prognostischen Analyse von Art, Umfang und zeitlichem Verlauf neuer Technologien auf der Basis eines abstrakten Bedarfs- und Technikbeschreibungssystems, Diss. Nürnberg, in Vorbereitung.

Pfeiffer u.a. greifen auf die Systemtheorie von Ropohl[1]
zurück, um zu einer Sprach- und Denkstruktur zu gelangen,
die die Gleichartigkeit von technischen Problemen
und technischen Lösungen offenlegt. Ohne auf die Ausgestaltung
des Ansatzes näher einzugehen, liegt die Möglichkeit
eines allgemeinen Sprachsystems der Technik
darin begründet, daß technologische Wirkgrößen grundsätzlich
den Klassen Materie, Energie und Information
zurechenbar sind. Dabei ist Information entweder in Materie
oder Energie enthalten. Da auf der anderen Seite
der Transport, die Speicherung oder die Art-Wandlung
von technologischen Wirkgrößen die grundsätzlichen technologischen
Funktionskategorien darstellen, kann jedes
technische System durch ein solches, bei Bedarf tiefer
zu gliederndes Sprachsystem abgebildet werden.[2] Auf
diese Weise können an konkreten Produkten anknüpfend
schon auf der ersten Analyseebene der Subsysteme
abstrakte Funktionen zur Ordnung eingesetzt werden,[3]
so daß auch für Problemlösungen prinzipiell von der
Möglichkeit einer stufenweisen Konkretisierbarkeit
ausgegangen werden kann.

3. Anwendergruppe

Die dreidimensionale Sichtweise des Tätigkeitsbereiches
wird durch die Anwendergruppe vervollständigt. Die hier
vorgenommene Bezeichnung zielt, wie bereits beim Anwenderproblem
ausgeführt, auf eine möglichst weitreichende
Sichtweise ab, um die Aspekte aller Stufen bis hin zum
Letztanwender berücksichtigen zu können. Im Falle mehr-

---

1) Vgl. Ropohl 1979.
2) Vgl. Pfeiffer u.a. 1982, S. 109-113.
3) Vgl. Pfeiffer u.a. 1982, S. 82.

stufiger Absatzwege[1] sind neben den Letztanwendern auch alle Zwischenstufen in die Betrachtung einzubeziehen, wobei Situationen, in denen den "Zwischenanwendern" eine höhere Bedeutung zukommt als den Letztanwendern, nicht ungewöhnlich sind.

Mit der Literatur zur Marktsegmentierung innerhalb des Marketing liegen zur Beschreibung von Anwendergruppen sehr ausgereifte Aufsätze vor.[2] Die dazu verwendbaren Kriterien lassen sich unterscheiden in sozio-ökonomische, psychografische und in Kriterien des beobachtbaren Kaufverhaltens.[3] Je mehr Kriterien herangezogen werden, desto mehr und desto homogenere und kleinere Segmente entstehen, so daß hierdurch die Dimension Anwendergruppe auf unterschiedlichen Abstraktionsstufen gekennzeichnet werden kann.[4] Während alle Kriterien zur ausschließlichen Beschreibung von Anwendergruppen verwendet werden können, wenn diese bereits voneinander abgegrenzt sind, unterscheidet sich die Eignung der Kriterien zur Abgrenzung selbst auf unterschiedlich hohen Aggregationsebenen jedoch erheblich. Sollen Kriterien als "aktive Variablen" zur Abgrenzung verwendet werden im Gegensatz

---

1) Kotler unterscheidet den Nullstufen-, Einstufen-, Zweistufen- und Dreistufenabsatzweg und stellt fest, daß längere Absatzwege weniger häufig anzutreffen sind. Vgl. Kotler 1982, S.429. Er vernachlässigt bei dieser Betrachtung allerdings die Stufe der Zulieferer, so daß für sie durchaus längere Absatzwege denkbar sind.

2) Zu den Ansätzen, die sich in einen verhaltenswissenschaftlichen, einen management-, entscheidungsorientierten oder normativen und einen statistisch-methodischen der taxonomischen einteilen lassen, vgl. u.a. Freter 1983, S. 14 f.; Gröne 1977, S. 30 f.; Wölm 1981, S. 99; Groh 1974, Sp. 1412; Böhler 1977, S. 9; Kuhlmann 1981, S. 1. Zu einem guten Überblick über die Entwicklung der Diskussion zur Marktsegmentierung vgl. Frank/Massy/Wind 1972.

3) Übersichten über mögliche Kriterien, deren Klassifikationen z.T. voneinander abweichen, finden sich bei Engel/Fiorillo/Caley 1972, S. 11; Frank/Massy/Wind 1972, S. 26 f.; Bauer 1977, S. 58 f.; Scheuch 1974, S. 218-227; Böhler 1977, S. 63; Freter 1983, S. 46; Meffert 1977, S. 213-223; Kotler 1982, S. 206 f.

4) Vgl. auch Gerl/Roventa 1983; S. 844; zu Beispielen vgl. Meffert 1977, S. 217; Kotler 1982, S. 203 und S. 220.

zu "passiven Variablen", die die Segmente nur - nachträglich - beschreiben,[1] so müssen sie

(1) kaufverhaltensrelevant sein, d.h., die Segmente sollen bezogen auf das Kaufverhalten in sich homogen, untereinander aber heterogen sein. Dadurch wird der gezielte Einsatz der Instrumente und eine Verhaltensprognose der Segmente erleichtert;

(2) Ansatzpunkte für den Einsatz der Marketinginstrumente liefern,

(3) die Zugänglichkeit der Segmente insbesondere über Kommunikations- und Distributionskanäle gewährleisten,

(4) die Anwendung der Marktforschungsmethoden zur Messung der Konsumenteneigenschaften und zur Identifizierung der Segmente erlauben,

(5) über einen längeren Zeitraum aussagefähig sein,

(6) Segmente abgrenzen können, die eine Marktbearbeitung lohnend erscheinen lassen.[2]

Eine wesentliche Schwierigkeit besteht nun darin, daß die angeführten Anforderungen in Antinomie zueinander stehen. Merkmale mit hoher Verhaltensrelevanz lassen sich im allgemeinen nicht gut beobachten und bilden keine operationale Basis für eine gezielte Ansprache der Segmente und vice versa.[3] Deshalb sind die einzelnen Kriterien nicht für alle Ebenen als gleich gut geeignet anzusehen.

Die Segmentierung von Märkten auf der Grundlage sozioökonomischer Kriterien war bereits den Vertretern der

---

1) Vgl. Freter 1983, S. 98 f.
2) Vgl. Freter 1983, S. 43 f., und die dort angegebene Literatur. Vgl. zur Diskussion der Anforderungskataloge von Bell 1972; Kotler 1974; Meffert 1977 und Böhler 1977 die Ausführungen von Kuhlmann 1980.
3) Vgl. Simon 1982, S. 33; vgl. dazu auch die Übersicht bei Freter 1983, S. 97.

klassischen Wettbewerbstheorien geläufig.[1] Die Kriterien, zu denen häufig neben Geschlecht, Alter, Familienstand, Einkommen, Beruf, Ausbildung, Religion, sozialem Status und Haushaltsgröße auch geografische Kriterien gezählt werden,[2] finden insbesondere in einer ersten Stufe der Segmentierung Verwendung,[3] wenn es sich um die Trennung von Käufern und Nichtkäufern handelt und es nicht darum geht, welche Marke von wem gekauft wird. Sozio-ökonomische Kriterien sind leicht zu erfassen und ergeben Segmente, die über Medien erreichbar sind. Außerdem erlauben sie die Abschätzung des Marktpotentials für ein Produkt und besitzen hohe zeitliche Stabilität.[4] Sie können so insbesondere auf hohen Aggregationsebenen benutzt werden.[5] Böhler[6] spricht diesen Merkmalen für viele Produktgattungen auch eine beträchtliche Erklärungs- und Prognosefähigkeit zu, weil dahinter eine Reihe weiterer Einflußfaktoren wie rechtliche Bestimmungen, Kultur- und Lebensgewohnheiten stehen. Für niedrige Aggregationsebenen sind diese Kriterien sehr viel weniger geeignet, weil demografisch identische oder unterschiedliche Gruppen ähnliches oder völlig verschiedenes produktbezogenes Verhalten an den Tag legen können.[7]

Die Verwendung psychografischer Segmentierungskriterien, zu denen allgemeine Persönlichkeitsmerkmale wie Aktivitäten, Interessen und Meinungen und produktspezifische

---

1) Vgl. Dichtl 1974, S. 55.
2) Vgl. Meffert 1977, S. 215-218; vgl. auch Kotler 1983, S. 206, der geografische Kriterien neben demografische stellt.
3) Vgl. Freter 1983, S. 20; Meffert 1977, S. 215.
4) Vgl. Freter 1983, S. 58; Meffert 1977, S. 218.
5) Vgl. ähnlich Köhler 1980, S. 13.
6) Vgl. Böhler 1977, S. 64.
7) Vgl. Dichtl 1974, S. 55.

Kriterien wie Wahrnehmungen, Motive, Einstellungen und Präferenzen zählen[1], hat zur Folge, daß sich die Größe der daraus resultierenden Segmente in der Regel kaum bestimmen läßt. Dies ist vor allem dadurch begründet, daß psychografisch abgegrenzte Märkte erst dadurch Gestalt annehmen, daß sie gezielt angesprochen werden. Weil sich Motive, Einstellungen und Rollenverhalten ändern können und nicht selten auch einem raschen Wandel unterliegen,[2] wird man sich auf einer hohen Aggregationsebene häufig mit allgemeinen Persönlichkeitsmerkmalen begnügen müssen.[3]

Bei den Kriterien des beobachtbaren Kaufverhaltens handelt es sich nicht wie bei den soziografischen und psychografischen Kriterien um Bestimmungsgründe des Kaufverhaltens, sondern um Ergebnisse von Kaufentscheidungsprozessen. Während Freter für diese Kriterien zu einer vergleichsweise positiven Beurteilung im Hinblick auf die Anforderungen kommt[4], sieht Dichtl[5] in der Klassifizierung der Marktteilnehmer nach Maßgabe ihrer überaus vielfältigen ökonomisch relevanten Daseinsäußerungen ein nur bedingt taugliches Verfahren, da so das Verbraucherverhalten beschrieben, aber nicht erklärt wird und zudem die Gefahr besteht, daß die sonstigen Kenntnisse über die entstehenden Zielgruppen ungenutzt bleiben. Die Notwendigkeit, das Kaufverhalten beobachten zu müssen, läßt diese Kriterien insbesondere für niedrigere Aggregationsebenen geeignet erscheinen.

---

1) Vgl. Freter 1983, S. 46; vgl. auch Böhler 1977, S. 84.
2) Vgl. Dichtl 1974, S. 56; zu einer ausführlichen Beurteilung von Motiven, Einstellungen und Lebensstilkriterien vgl. Freter 1983, S. 60-63, S. 73-82, S. 84-87.
3) Vgl. auch Köhler 1980, S. 13.
4) Vgl. Freter 1983, S. 93-97.
5) Vgl. Dichtl 1974, S. 55.

Die Diskussion der drei Dimensionen zur Beschreibung des Tätigkeitsbereiches eines Unternehmens hat gezeigt, daß für jede Dimension Möglichkeiten der Konkretisierung gegeben sind. Der Rahmen zur Beschreibung als eine Voraussetzung für die explizite Bestimmung und Abgrenzung von Produkt-Markt-Feldern ist damit geschaffen. Darüber hinaus sind nun Größen notwendig, mit deren Hilfe Hinweise zur Suche nach neuen Feldern der Betätigung erlangt und vor allem die Auswirkungen dieser strategischen Entscheidungen für das Unternehmen verdeutlicht werden können. Die zur Fundierung strategischer Entscheidungen heranziehbaren Größen werden im folgenden betrachtet.

II. Strategische Orientierungsgrundlagen zur Bestimmung von Produkt-Markt-Feldern

Mit der Bestimmung des Tätigkeitsbereiches bezieht man sich auf die zentrale Frage der Absatzpolitik. Hier nehmen Entscheidungen über das Sortiment, im Sinne der gedanklichen Zusammenfassung der für einen bestimmten Zeitpunkt getroffenen Auswahl verschiedenartiger selbständiger Sachgüter und/oder Dienstleistungen zum Zweck der Verwertung im Absatzmarkt,[1] neben preispolitischen Entscheidungen eine besondere Stellung ein: Beide wirken als primäre Bestimmungsfaktoren der Absatzmenge. Im industriellen Bereich spricht man anstelle von Sortiment auch von Produktionssortiment bei Entscheidungen über die Produktionsrichtung. Vom Produktionsprogramm wird bei Entscheidungen über die Art und Menge der innerhalb einer Periode herzustellenden Produkte im Rahmen der durch die Produktionsrichtung vorgegebenen Erzeugnissen gesprochen.[2] In der Literatur

---

1) Vgl. Gümbel 1976, Sp. 3564.
2) Vgl. Grosche 1967, S. 49-52; Beste 1966, S. 121-127; Gutenberg 1973, S. 444. Zur Unterscheidung zwischen Produktions- und Verkaufsprogramm vgl. Grosche 1967, S. 52-54.

wird eine Vielzahl von Größen angeführt, denen eine
Bedeutung für diese stratetischen Entscheidungen zuzumessen
ist. In der vorliegenden Arbeit sollen nur wenige
Größen davon berücksichtigt werden, die aber aufgrund
ihrer allgemeinen Bedeutung als strategische Orientierungsgrundlagen[1]
bezeichnet werden können. Diesen
Größen kommt im Gegensatz zu den bisher behandelten
Dimensionen, die nur der Beschreibung des Tätigkeitsbereichs
dienten, eine konzeptionelle Bedeutung bei der
Bestimmung des Tätigkeitsbereichs zu. Sie sollen nun
zunächst aus dem weiten Bereich strategisch relevanter
Faktoren herausgelöst werden.

A. Die Auswahl strategischer Orientierungsgrundlagen
   aus dem Bereich der strategischen Faktoren

Als strategische Faktoren werden Elemente, Determinanten
oder Bedingungen angesehen, die in der Umwelt des Unternehmens,
aber auch im Unternehmen selbst wirksam sind
und den Erfolg oder Mißerfolg unternehmerischen Handelns
entscheidend beeinflussen.[2] Das wesentliche Merkmal
dieser Größen besteht darin, daß sie für jedes Unternehmen
wichtig sind, wobei sich die Bedeutung einzelner
Faktoren durchaus branchen- und/oder unternehmensspezifisch
ändern kann, weniger aber ihre Struktur.[3]
Darüber hinaus eröffnen sie auch einen zeitlich weiterreichenden
Horizont als er mit konventionellen Erfolgsdaten
erreichbar ist.[4] Kreikebaum/Grimm verweisen auf
die Schwierigkeiten bei der Identifikation und Beurteilung
strategischer Faktoren, "... da erst begonnen
wird, die theoretischen Grundlagen der strategischen

---

1) Vgl. zu diesem Begriff Gälweiler 1980, S. 175.
2) Vgl. Grimm 1983, S. 26, in Anlehnung an Steiner 1969, S. 2.
3) Vgl. Grimm 1983, S. 27; vgl. auch Kreikebaum/Grimm 1983, S. 7.
4) Vgl. Gälweiler 1980, S. 175.

Planung zu diskutieren, und demzufolge auch die entsprechenden empirischen Untersuchungen noch weitgehend fehlen".[1]

Eine von Grimm vorgenommene Analyse strategischer Faktoren bezieht sich im wesentlichen auf eine Untersuchung von Steiner und auf die des PIMS-Projektes (Profit-Impact of Market Strategy).[2] Während die Untersuchung von Steiner[3] nur "... als eine unsystematische Zusammenstellung von 'Plausibilitätsüberlegungen, die durch Umfrageergebnisse erhärtet' wurden",[4] gekennzeichnet werden kann, wird im PIMS-Projekt[5] auf der Grundlage von originär gewonnenen Unternehmensdaten der Einfluß von 37 Variablen auf den ROI und den Cash flow untersucht. Es ist die bei weitem umfangreichste empirische Untersuchung, die sich mit strategisch relevanten Einflußgrößen befaßt. Grimm unterscheidet die Variablen in der Umwelt von denen des Ressourcenbereichs eines Unternehmens. Während die externen Faktoren vornehmlich aus der PIMS-Untersuchung stammen, beziehen sich die internen Faktoren insbesondere auf die Studie von Steiner.[6]

---

1) Kreikebaum/Grimm 1983, S. 7.
2) Daneben verwendet Grimm die Untersuchung von Catto 1980 und Kirchhoff 1975; vgl. dazu Grimm 1983, S. 41-43 und S. 58 f.
3) Vgl. Steiner 1969.
4) Kreikebaum/Grimm 1983, S. 7. Steiner erstellte eine Liste mit 71 strategischen Variablen, die an circa 700 Manager amerikanischer Unternehmen, vom corporate planner bis zum chief executive, verschickt wurden. 259 Manager aus 212 Unternehmen beteiligten sich an der Untersuchung und bewerteten die Faktoren anhand ordinaler Skalen im Hinblick auf die bisherige Ausprägung und die zukünftige Bedeutung. Diese Liste wurde später auch in der Bundesrepublik Deutschland verwendet, vgl. Borrmann 1972; Knight/Gladience & Smith, Inc. 1971, zitiert nach Bircher 1976, S. 140.
5) Zur Darstellung des PIMS Projektes und der dort erzielten Ergebnisse vgl. S. 109-115.
6) Vgl. Kreikebaum/Grimm 1983, S. 8; zur Ermittlung der einzelnen Faktoren aus den Untersuchungen vgl. Grimm 1983, S. 26-61.

Die nachfolgende Abbildung stellt die ausgewählten internen und externen Faktoren und ihre Rahmenbedingungen im Zusammenhang dar.

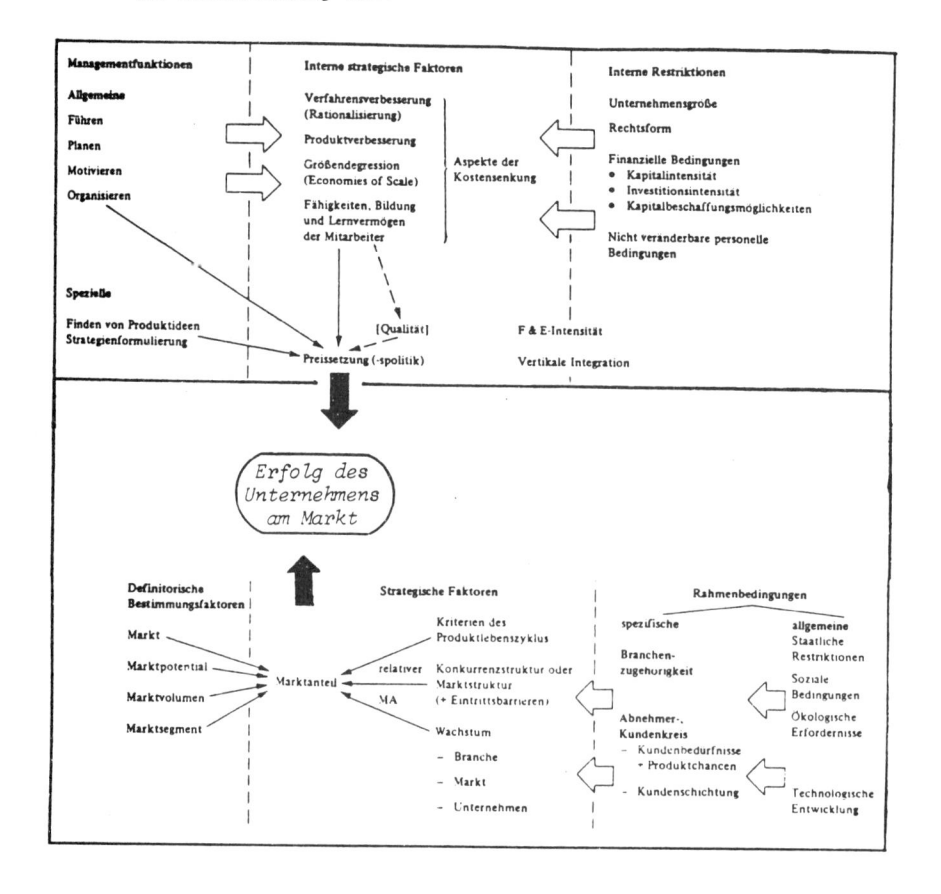

Abb. 5: Strategische Faktoren und ihre Rahmenbedingungen

---

1) Quelle: In Anlehnung an Kreikebaum/Grimm 1983, S. 9.

Als wichtige interne strategische Faktoren werden Verfahrensverbesserungen (Rationalisierung), Produktverbesserungen, Größendegression (Economies of Scale) und Fähigkeiten, Bildung und Lernvermögen der Mitarbeiter angesehen. Sie betreffen allesamt Aspekte der Kostensenkung und beeinflussen dadurch die Preissetzungsmöglichkeiten des Managements. Deshalb und aufgrund der Bedeutung des Preises und seiner zeit- und marktbezogenen Flexibilität[1] bilden diese Faktoren den eigentlichen Bereich der internen strategischen Faktoren. Aufgrund der Tatsache, daß sie miteinander verbunden sind, wobei Produkt- und Verfahrensverbesserungen unter den technischen Fortschritt subsumiert und die Fähigkeiten, die Bildung und das Lernvermögen der Mitarbeiter durch die Lernkurve abgebildet werden, "... liegt der Gedanke nahe, alle Faktoren durch ein umfassendes Konzept gemeinsam und gleichzeitig zu beschreiben. Diese Idee wird durch die Erfahrungskurve verwirklicht".[2] Das Konzept der Erfahrungskurve, das aus der Beratungspraxis stammt, spielt deshalb für den Aufbau und die Erhaltung von Erfolgspotentialen eine grundlegende Rolle.[3]

Ein solch umfassendes Konzept wie zur Abbildung der internen strategischen Faktoren besteht für externe Faktoren nicht. Die bei Grimm angeführten Kriterien des Produktlebenszyklus, die Konkurrenz- und Marktstruktur, die Eintrittsbarrieren, das Wachstum und der Marktanteil stimmen im wesentlichen mit den Kriterien, die im Rahmen der Industrial Organization der Marktstruktur zugeordnet werden, überein.

---

1) Vgl. Grimm 1983, S. 54.
2) Grimm 1983, S. 115.
3) Vgl. Gälweiler 1980, S. 175.

Die Entwicklung von Kriterien der Marktstruktur wurde insbesondere von Mason,[1] dem Begründer der "Theory of Industrial Organization", sowie von seinen Schülern Bain, Heflebower, Sosnik, Caves und Weston getragen.[2] Nach Masons Ansicht muß die Marktstruktur eines Unternehmens so definiert werden, daß sie diejenigen Bedingungen einschließt, die der Unternehmer berücksichtigt, wenn er seine Geschäftspolitik und die daraus resultierenden Maßnahmen festlegt. Zu diesen Bedingungen zählte Mason:[3]

1. die ökonomischen Eigenschaften des Produktes,

2. Kosten- und Produktionseigenschaften einer Unternehmung,

3. Anzahl und relative Größe von Anbietern und Nachfragern sowie die Leichtigkeit des Markteintritts,

4. die Nachfragebedingungen und

5. Unterschiede im Vertriebssystem.

Der Hinweis, diejenigen Bedingungen bedenken zu müssen, die das Vorgehen eines Unternehmens bestimmen, deutet die im Rahmen dieser Forschungsrichtung grundlegende Hypothese an, daß die Marktstruktur das Marktverhalten und letzteres wiederum die Marktergebnisse determiniert.[4] Sehr viel weniger Aufmerksamkeit wird dem Einfluß des

---

1) Vgl. Mason 1957.
2) Vgl. Bain 1968; Heflebower 1954; Sosnik 1958; Caves 1972; Weston 1969.
3) Vgl. Mason 1957, S. 65 f. Dieser Katalog wurde in der Folgezeit von unterschiedlichen Autoren modifiziert. (Vgl. dazu den Überblick bei Sosnik 1958 und Dirrheimer 1981, S. 32.) So reduzierte Bain die Elemente der Marktstruktur auf 1. die Marktkonzentration der Anbieter, 2. die Marktkonzentration der Nachfrager, 3. den Grad der Produktdifferenzierung und 4. Markteintrittsbedingungen (vgl. Bain 1968, S. 7-9). Caves zog zusätzlich 5. die Wachstumsrate der Marktnachfrage und 6. die Preiselastizität der Marktnachfrage in Betracht (vgl. Caves 1972, S. 16).
4) Vgl. Hoffmann 1982, S. 21.

Marktverhaltens auf die Marktstruktur zugeschrieben, der nur in Form von Rückkoppelungseffekten berücksichtigt wird.[1]

Aus der Sicht eines Unternehmens stellt sich diese Beziehung jedoch anders dar. Mit der Entscheidung für eine Strategie, in deren Mittelpunkt die Abgrenzung des Tätigkeitsbereichs steht, bestimmt das Unternehmen die für sich wirksame Marktstruktur. Der Markt ist so gesehen keine von vornherein vorgegebene Größe, kein Datum, sondern er muß vom Unternehmen gesucht und bestimmt werden. Die Änderung der Betrachtungsrichtung bedingt aber auch eine Veränderung der Schwerpunkte der Betrachtung. Aus der Sicht der Forschungsrichtung der Industrial Organization werden die internen Strukturmerkmale eines Marktes betont, dessen Grenzen in der Regel mit denen einer gesamten Industrie gleichgesetzt werden.[2] Die unternehmensbezogene Sichtweise rückt dagegen die Festlegung von Marktgrenzen innerhalb einer Branche in den Vordergrund. "It emphasizes contrasts in the overall 'shape' or configuration of market boundaries rather than the internal structure of such markets."[3] Die Folge einer unternehmensbezogenen Sichtweise ist eine von der Forschungsrichtung der Industrial Organization abweichende Typologie von Märkten, die nicht mehr alle angeführten Strukturkriterien einbezieht. Aus der unternehmensbezogenen Sichtweise treten die Dimensionen Anwenderproblem, Problemlösung und Anwendergruppe in den Vordergrund, um deutlich zu machen, wo das Unternehmen mit seinen Konkurrenten zusammentrifft. Die anderen Kriterien der Marktstruktur müssen aber zur Abgrenzung des Tätigkeitsbereichs eines Unternehmens in einem Markt herangezogen werden, weil sie die Aktionen der Wettbewerber erklären und die Erfolgs-

---

1) Vgl. Hoffmann 1982, S. 25.
2) Vgl. u.a. Kaufer 1980, S. 18-31.
3) Abell 1980, S. 192.

aussichten eines jeden Unternehmens wesentlich beeinflussen. Das in jüngster Zeit von Porter vorgelegte Konzept enthält eine Vielzahl struktureller Merkmale, die die Stärke der Wettbewerbskräfte und folglich die Rentabilität bestimmen. Die von Porter als "Triebkräfte des Branchenwettbewerbs" bezeichneten Merkmale

1. Rivalität unter den bestehenden Unternehmen,

2. Bedrohung durch neue Konkurrenten,

3. Verhandlungsmacht der Abnehmer,

4. Verhandlungsstärke der Lieferanten und

5. Bedrohung durch Ersatzprodukte und Dienste,[1)]

werden ihrerseits wieder durch eine Vielzahl von Größen beeinflußt, die in der folgenden Abbildung zusammengestellt sind:

BEDROHUNG DURCH NEUE KONKURRENTEN	GRAD DER RIVALITÄT UNTER BESTEHENDEN WETTBEWERBERN	BEDROHUNG DURCH ERSATZPRODUKTE UND DIENSTE	VERHANDLUNGSSTÄRKE DER ABNEHMER	VERHANDLUNGSSTÄRKE DER LIEFERANTEN
1. EINTRITTSBARRIEREN - BETRIEBSGRÖSSENERSPARNIS - PRODUKTDIFFERENZIERUNG - KAPITALBEDARF - UMSTELLKOSTEN - ZUGANG ZU VERTRIEBSKANÄLEN - GRÖSSENUNABHÄNGIGE KOSTENNACHTEILE -- BESITZ VON PRODUKTIONSTECHNOLOGIEN -- GÜNSTIGER ZUGANG ZU ROHSTOFFEN -- GÜNSTIGE STANDORTE -- STAATLICHE SUBVENTIONEN -- LERN- UND ERFAHRUNGSKURVE - STAATLICHE POLITIK 2. ERWARTETE VERGELTUNG	1. ZAHLREICHE ODER GLEICH AUSGESTATTETE WETTBEWERBER 2. LANGSAMES BRANCHENWACHSTUM 3. HOHE FIX- ODER LAGERKOSTEN 4. FEHLENDE DIFFERENZIERUNG ODER UMSTELLKOSTEN 5. GROSSE KAPAZITÄTSERWEITERUNGEN 6. HETEROGENE WETTBEWERBER 7. HOHE STRATEGISCHE EINSÄTZE 8. HOHE AUSTRITTSBARRIEREN - SPEZIALISIERTE AKTIVA - FIXKOSTEN DES AUSTRITTS - STRATEGISCHE WECHSELBEZIEHUNGEN - EMOTIONALE BARRIEREN - ADMINISTRATIVE UND SOZIALE RESTRIKTIONEN		1. KONZENTRATION DER ABNEHMERGRUPPE AN DEN GESAMTUMSÄTZEN DER VERKÄUFER 2. SIGNIFIKANTER ANTEIL DER BEZOGENEN PRODUKTE AN DEN GESAMTKOSTEN 3. STANDARDISIERTE ODER NICHT DIFFERENZIERTE PRODUKTE 4. GERINGE UMSTELLKOSTEN 5. GERINGE GEWINNE 6. GEFAHR DER RÜCKWÄRTSINTEGRATION 7. UNERHEBLICHKEIT DES PRODUKTES FÜR QUALITÄT UND LEISTUNG 8. INFORMATION DER KÄUFER	1. KONZENTRATION DER LIEFERANTEN 2. KEINE SUBSTITUTIONSMÖGLICHKEITEN 3. GERINGER ANTEIL AN DER BRANCHENPRODUKTION 4. HOHE BEDEUTUNG DES PRODUKTES 5. DIFFERENZIERTE PRODUKTE ODER HOHE UMSTELLKOSTEN 6. GEFAHR DER VORWÄRTSINTEGRATION

Abb. 6 : Wettbewerbsdeterminanten und ihre Einflußgrößen nach Porter[2)]

Die Verwendung einer so großen Zahl von Einflußgrößen wird hier nicht als sinnvoll angesehen. Es werden vielmehr nur wenige wesentliche Kriterien explizite berück-

---

1) Vgl. Porter 1983, S. 26.
2) Quelle: Porter 1983, S. 29-55

sichtigt. Diese Kriterien zeichnen sich aber nicht nur
dadurch aus, daß ihnen eine grundlegende Bedeutung zukommt.
Darüber hinaus stehen sie auch in einer sehr engen
Beziehung zu den internen strategischen Faktoren, die
durch die Erfahrungskurve abgebildet werden. Die entscheidende
Rolle kommt dabei dem Marktanteil zu. Die
anderen Elemente erhalten ihre Bedeutung erst durch ihren
Einfluß auf den Marktanteil.[1] Herausragend aus den
nachgeordneten Elementen ist allerdings das Marktwachstum,
als die "... wohl umfassendste, strukturellen Wandel
herbeiführende Kraft ...",[2] deren Bedeutung in den
dadurch hervorgerufenen Entwicklungsmöglichkeiten insbesondere
der Marktanteile liegt.

Der von Grimm aus Gründen der Übersichtlichkeit[3] vorgenommenen
Unterscheidung in interne und externe strategische
Faktoren wird hier nicht gefolgt. Sie ist nicht
unproblematisch, da einige Faktoren eine Zwitterstellung
einnehmen. Der Preis beispielsweise wird zwar intern
bestimmt, seine Wirk- und Zielrichtung ist aber auf den
Markt gerichtet.[4] Auf der anderen Seite dürfen auch
die externen strategischen Faktoren und die definitorischen
Bestimmungsfaktoren Markt, Marktpotential, Marktvolumen
und Marktsegment nicht als unbeeinflußbar angesehen
werden, weil sie durch die Entscheidung des
Unternehmens über seinen Tätigkeitsbereich bestimmt
werden. In der vorliegenden Arbeit werden deshalb in Anlehnung
an Gälweiler[5] zwei Gruppen strategischer Orientierungsgrundlagen
voneinander unterschieden, deren
Elemente in den von Grimm aufgezeigten strategischen
Faktoren und ihren Rahmenbedingungen auch zu finden sind.

---

1) Vgl. Grimm 1983, S. 46.
2) Porter 1983, S. 217.
3) Vgl. Grimm 1983, S. 29.
4) Vgl. Kreikebaum/Grimm 1983, S. 8.
5) Vgl. Gälweiler 1980, S. 175-177.

Zunächst werden die Orientierungsgrundlagen im Zusammenhang mit dem Anwenderproblem diskutiert. Diese sachlich und zeitlich am weitesten reichende Orientierungsgrundlage für strategische Entscheidungen kann auch als Rahmenbedingung für die Bestimmung von Produkt-Markt-Feldern angesehen werden. Die Struktur dieser Größen und mögliche Veränderungen werden hier aber zum Teil zusätzlich in die Analyse einbezogen, weil die damit erzielbaren Erkenntnisse über die mit der zweiten Gruppe der hier verwendeten Orientierungsgrundlagen erzielbaren Erkenntnisse hinausreichen. Zu dieser zweiten Gruppe strategischer Orientierungsgrundlagen werden die Erfahrungskurve, der Marktanteil und das Marktwachstum gerechnet. Diese Größen werden hier zusammengefaßt, weil sie durch ihren gemeinsamen Bezug auf Produktmengen einen inneren Verbund aufweisen. Darüber hinaus sind damit weitgehend quantifizierbare Aussagen über wettbewerbliche Zusammenhänge möglich.

B. Strategische Orientierungsgrundlagen im Zusammenhang mit dem Anwenderproblem

Die über die Verwendung im Rahmen zur Beschreibung des Tätigkeitsfelds hinausgehende, konzeptionelle Bedeutung des Anwenderproblems liegt darin begründet, daß durch die Umschreibung und Strukturierung der konkreten Ausprägungen eines Anwenderproblems eine sowohl sachliche als auch zeitliche Ausdehnung des Betrachtungsfeldes erreichbar wird.[1] Die Strukturierung eines Anwenderproblems kann auf der einen Seite horizontal erfolgen. Damit werden die Zusammenhänge mit anderen Anwenderproblemen und den entsprechenden Problemlösungen deutlich. Die Strukturierung des Anwenderproblems kann auf der anderen Seite auch vertikal vorgenommen werden. Dadurch ist es möglich, ein Anwenderproblem im Verhältnis zum

---

1) Vgl. Gälweiler 1979, S. 32; Gälweiler 1980, S. 169 f.; Grünewald 1983, S. 87-96.

entsprechenden Grundbedürfnis zu betrachten und so die Problemlösung in das gesamte Lösungssystem einzuordnen.

1. Die horizontale Struktur des Anwenderproblems

Gälweiler bezeichnet die Beschreibung und Strukturierung eines Anwenderproblems völlig losgelöst von der gerade verwendeten Lösungstechnik als eine Kunst, die noch wenig entwickelt ist. Sie gestaltet sich um so schwieriger, je technisch differenzierter und spezialisierter sich die Anwenderprobleme stellen.[1] Die mit dieser Kunst erzielbaren Erkenntnisse werden deutlich, wenn man bedenkt, daß dadurch einerseits die Beziehungen zu anderen Anwenderproblemen gleicher und anderer Anwendergruppen herausgestellt werden können. Andererseits ist es so außerdem möglich, durch die Zuordnung der dafür in Frage kommenden Problemlösungen und der darin enthaltenen Technologien sowohl die Gefahr der Substitution der eigenen Problemlösung als auch das Spektrum ihrer Verwendung zu erkennen. Technologiebezogene Beschreibungen von Anwenderproblemen behindern diese Möglichkeiten weitgehend.

Dies stellen Pfeiffer u.a.[2] für die Ermittlung der Anwendungsbreite von Problemlösungen heraus. Sie sehen die Identifizierung der isomorphen Bedarfsstrukturen oft ganzer Industriezweige dadurch behindert, daß

- es innerhalb der Technik zahllose Disziplinen mit eigenen Fachsprachen gibt, wobei selbst das physikalische Benennungssystem nicht durchgängig einheitlich angewendet wird,

- meist phänomenologisch beschrieben wird und die Dinge nach ihrer äußeren Wirkung oder nach einzelnen Strukturmerkmalen benannt werden,

---

1) Vgl. Gälweiler 1977b.
2) Vgl. Pfeiffer u.a. 1982, S. 80 und S. 108.

- bestimmte Objekte nur die Namen ihrer Erfinder tragen und
- die Beschreibungssysteme unvollständig sind, meist nur dominante oder offensichtliche Funktionen nennen.

Die für ein Unternehmen wichtigen Beziehungen zwischen den Anwenderproblemen innerhalb einer Anwendergruppe äußern sich, wenn der Kaufakt als Bestandteil des Anwenderproblems angesehen wird, im Nachfrageverbund. Davon wird im allgemeinen dann gesprochen, wenn Beschaffungsentscheidungen nicht isoliert getroffen werden, sondern miteinander in Verbindung stehen.[1] Kenntnisse über die Verbundenheit von Anwenderproblemen sind deshalb ein wichtiger Bestimmungsfaktor für die Wahl absatzpolitischer Möglichkeiten[2] und haben große Bedeutung nicht nur für die Sortimentsgestaltung,[3] sondern darüber hinaus auch für die Wahl der Anwendergruppen. Trotz einer zentralen Bedeutung von Verbundbeziehungen im Rahmen der Absatzpolitik ist man von ihrer theoretisch befriedigenden Erfassung und Umsetzung weit entfernt.[4] Allein die bei der Erfassung bestehenden Schwierigkeiten zeigen sich in einer sehr uneinheitlichen Terminologie[5] und in einer Anzahl unterschiedlicher Ansätze zur Systematisierung.[6] Der hier bestehenden Problemstellung entsprechend wird die Aufgabe im folgenden jedoch nicht darin gesehen, eine möglichst vollständige Diskussion der einzelnen Ansätze zu führen. Vielmehr werden die für die Ausführungen im vierten Teil der Arbeit wichtigen Aspekte der Verbundproblematik in den Vordergrund gestellt.

---

1) Vgl. Engelhardt 1976, S. 81; Männel 1979, S. 261.
2) Vgl. Müller-Hagedorn 1978, S. 181.
3) Vgl. Riebel 1972, S. 52.
4) Vgl. Engelhardt 1976, S. 78.
5) Vgl. Männel 1979, S. 262. Männel betont dies in bezug auf die produktionswirtschaftliche Leistungsverbundenheit. Vgl. auch Riebel 1972, S. 48; Böcker 1975, S. 293, im Hinblick auf die nachfragebedingte Verbundenheit.
6) Vgl. z.B. Krömmelbein 1967; Engelhardt 1976.

Anwenderbezogene Verbundbeziehungen bestehen einerseits, weil Güter gemeinsam eingesetzt werden, um den angestrebten Zweck zu erzielen. Solche Güter werden auch als verwendungsverbundene Güter oder Komplementärgüter bezeichnet.[1] Nach Art und Grad der Verwendungsverbundenheit sind nach Riebel[2] verschiedene Typen zu unterscheiden, die wie folgt zusammengefaßt werden können:

1) (a) zwingend
   (b) wahlweise
2) (a) technisch
   (b) rechtlich-institutionell
   (c) sozialpsychologisch
3) (a) gegenseitig
   (b) einseitig
   (c) vielseitig
4) (a) unmittelbar
   (b) mittelbar
5) (a) spezifisch
   (b) unspezifisch

} verwendungsverbundene Güter

Auf der anderen Seite kann eine verbundene Nachfrage auch dadurch begründet sein, daß dem Käufer Kosten, Zeit oder Mühe erspart bleiben, kauft er bei einem Lieferanten und zum gleichen Zeitpunkt mehrere verschiedene Güter. Diese Form des Nachfrageverbundes wird als Einkaufsverbund[3], die erstandenen Güter werden als einkaufsverbundene Güter[4] bezeichnet. Einkaufsverbund kann dabei sowohl bei verwendungsverbundenen Produkten auftreten, obwohl "... keinerlei Zwang (besteht), den Bedarf an verwendungsverbundenen Produkten auch im Rahmen eines verbundenen Beschaffungsaktes zu decken und damit gegenüber dem einzelnen Anbieter mit einer verbundenen Nachfrage aufzutreten"[5], als auch und gerade bei solchen Gütern, die in vollständiger oder teilweiser

---

1) Vgl. Riebel 1972, S. 48.
2) Vgl. Riebel 1972, S. 48-51.
3) Vgl. Gümbel 1963, S. 176.
4) Vgl. Riebel 1972, S. 51 f.
5) Riebel 1972, S. 51.

- 66 -

Substitutionskonkurrenz stehen oder ein verwendungsneutrales Verhältnis zueinander aufweisen. Auf diese Weise können Problemlösungen für Anwenderprobleme, die bezogen auf Ihre Verwendung völlig unabhängig voneinander sind, Verbundbeziehungen aufweisen. In der Regel wird man auch davon ausgehen müssen, daß die Anwender eine größere Auswahl ähnlicher Problemlösungen (Modelle, Typen, Größen, Formen, Farben usw.) erwarten, bevor sie ihre Kaufentscheidung treffen. Ein Extremfall von Einkaufsverbundenheit i.S. des Auswahlverbundes[1] ist dann gegeben, wenn die Anwender aufgrund ihrer Sortimentsvorstellungen nur bereit sind, einzelne Problemlösungen abzunehmen, wenn gleichzeitig bestimmte andere mitbezogen werden können.[2]

Über diese zeitpunktbezogene Betrachtung von Verbundbeziehungen hinaus existieren auch zeitraumbezogene Verbundwirkungen, "... weil die getätigten Käufe auf zeitlich nachgelagerte Beschaffungen einwirken und die letzteren von den ersteren in gewisser Weise abhängig sind."[3] Markentreue, Lieferantentreue und Preisklassenwechsel sind dann als weitere Formen des Nachfrageverbundes anzusehen, die in Verbindung mit den zeitpunktbezogenen Formen isoliert, sich ergänzend oder zusammen auftreten können.[4]

Die Berücksichtigung der Verbundbeziehungen auf seiten der Anwender in der Strategie der Unternehmung ist unerläßlich, soweit die einzelnen Anwendergruppen diese zur zwingenden Grundlage ihrer Entscheidung machen. Darüber hinaus liegt aber auch in denjenigen Verbunden,

---

1) Vgl. Engelhardt 1976, S. 81.
2) Vgl. Riebel 1972, S. 52, in Anlehnung an Sundhof 1968a, S. 305.
3) Engelhardt 1976, S. 81.
4) Vgl. Engelhardt 1976, S. 82; zu Beispielen von Mischtypen verwendungsverbundener Güter Riebel 1972, S. 48-51.

die von einer Unternehmung realisiert werden, ohne daß dies für die Herstellung der Absatzleistung unerläßlich ist, "... eine wesentliche akquisitorische Komponente, die häufig über Existenz, Größe und Entwicklungschancen des Anbieters entscheidet".[1] Weil die zwingend erwünschten und die darüber hinausgehenden akquisitorischen Verbunde in den meisten Fällen von Abnehmergruppe zu Abnehmergruppe verschieden sind, muß die Berücksichtigung des Nachfrageverbundes unmittelbar auf jeweils eine konkrete Abnehmergruppe bezogen werden.[2] Eine Unternehmung wird so u.a. für jede Abnehmergruppe feststellen müssen,

- welche Erscheinungsformen des Nachfrageverbundes auftreten,

- welche Stärke bzw. Bedeutung die Verbunde besitzen,

- welche Geschäftsabschlüsse wegfallen würden, wenn anstelle der jetzt vorhandenen Verbunde andere oder keine angeboten werden. Weiterhin wird festzustellen sein,

- welche Kosten-, Erlös- und Finanzbedarfswirkungen sich aus den realisierten Verbunden ergeben.[3]

Die zur Beantwortung dieser Fragen entstehenden Informationsprobleme können mit den bisher entwickelten Instrumenten und Methoden der Betriebswirtschaftslehre nicht gelöst werden.[4] Man kann aber wohl davon ausgehen, daß in konkreten Situationen der zeitpunktbezogene Nachfrageverbund verschiedener Anwendergruppen beurteilt werden kann. Nur insoweit soll auch der Nachfrageverbund in der im vierten Teil der vorliegenden Arbeit vorgenommenen Analyse berücksichtigt werden.

---

1) Engelhardt 1976, S. 88.
2) Vgl. Engelhardt 1976, S. 88.
3) Vgl. Engelhardt 1976, S. 85.
4) Vgl. Engelhardt 1976, S. 85.

2. Die vertikale Struktur des Anwenderproblems

Die Erkenntnisse, die durch die Betrachtung der horizontalen Struktur von Anwenderproblemen erzielbar sind, können durch die Analyse ihrer vertikalen Struktur erweitert werden. Der Schwerpunkt der damit erzielbaren Hinweise liegt in der Beurteilung der Substituierbarkeit der angebotenen Problemlösungen. Gälweiler[1] unterscheidet zu dem Zweck originäre von abgeleiteten Anwenderproblemen. Zu den originären Anwenderproblemen zählen auch die grundlegenden technischen Gegebenheiten, für die nicht einmal theoretisch eine realistische Substitution erkennbar ist.[2] Beiden ist gemeinsam, daß sie nach derzeitigem Wissensstand auch längerfristig nicht völlig verschwinden können. Die zur Lösung originärer Anwenderprobleme eingesetzten Technologien und die nicht substituierbar erscheinenden technischen Gegebenheiten bedingen die Existenz der abgeleiteten Anwenderprobleme und bestimmen ihre Lebensdauer. Je tiefer das Anwenderproblem in der Hierarchie angesiedelt ist, um so stärker ist es selbst, sind seine bestehenden Lösungen und sind mögliche Innovationen von den Innovationen auf den übergeordneten Ebenen bedroht, weil sich normalerweise die Innovationen auf den jeweils oberen Ebenen durchsetzen.[3] Die Anzahl der hierarchischen Ebenen eines Lösungssystems für originäre Anwenderprobleme, z.B. einer Maschine oder einer Fabrikationsanlage, wird von Gälweiler[4] auf sechs oder sieben veranschlagt.

---

1) Vgl. Gälweiler 1977b.
2) Vgl. Gälweiler 1979, S. 34.
3) Vgl. Gälweiler 1977b.
4) Vgl. Gälweiler 1977b.

Über eine hierarchische Einordnung des Anwenderproblems, das Gegenstand der Unternehmenstätigkeit ist, wird erkennbar, welche Gefahr besteht, daß die angebotene Lösung durch Bestrebungen auf übergeordnete Problemlösungsebenen wegrationalisiert, wegintegriert oder weginnoviert wird, wie es beispielsweise das Ziel der Wertanalyse ist und wie sich auch zahlreiche Beispiele aus den Bereichen anführen lassen, in denen die Mikroelektronik ihren Einzug gehalten hat.[1] Bei der Substitution mechanischer Rechenmaschinen durch elektronische zeigte sich dies beispielsweise für die Zulieferer und Ausrüstungslieferanten.[2] Nach erfolgter Substitution wurde die technische Entwicklung auf einer niedrigeren Problemlösungsebene ausgehend vom Typenhebel über den Kugelkopf hin zum Typenrad vorangetrieben. Mit thermoreaktiven Druckverfahren ist nun ein völlig neues, auf anderen naturwissenschaftlichen Prinzipien beruhendes Verfahren zur Anwendung gelangt, das es erlaubt, die Übertragung von Informationen auf Schriftstücke ohne festgelegten Zeichenvorrat frei konfigurierbar vorzunehmen.[3] Setzt sich diese Schlüsseltechnologie durch, so sind alle Problemlösungen und Substitutionsprozesse auf den darunterliegenden Ebenen bedeutungslos.

Nur die durch Analyse der vertikalen Struktur eines Anwenderproblems erzielbaren Erkenntnisse sollen im vierten Teil dieser Arbeit als Rahmenbedingungen betrachtet, deren Veränderungen nicht in die Untersuchung einbezogen werden. Die dann getroffenen Aussagen über Substitutionsvorgänge lassen sich aber auch auf hierarchisch übergeordnete Problemlösungsebenen beziehen.

---

1) Vgl. zum Einsatz der Mikroelektronik allgemein Bohle 1981, S. 14-18; in Konsumprodukten Jack 1982; in medizinischen Geräten Dinnis 1982 und im Rahmen der industriellen Prozeßsteuerung Mackie 1982.
2) Vgl. Gälweiler 1977b.
3) Vgl. Müller 1984a, S. 219.

C. Strategische Orientierungsgrundlagen im Zusammenhang
mit der Erfahrungskurve

Unter die strategischen Orientierungsgrundlagen im Zusammenhang mit der Erfahrungskurve werden neben der Erfahrungskurve selbst der Marktanteil und das Marktwachstum subsumiert. Diese Elemente werden im folgenden zunächst isoliert voneinander diskutiert. Bei dem Konzept der Erfahrungskurve geschieht dies, weil die Erfahrungskurve im Rahmen dieser Arbeit eine zentrale Stellung einnimmt. Dieses Konzept, das sich seit dem Ende der sechziger Jahre zu einem Quasi-Gesetz entwickelt hat und wie kaum ein anderes Instrument das Denken in der strategischen Planung in den letzten Jahren beeinflußte,[1] wird in seinen Grundzügen skizziert. Das Hauptaugenmerk wird dabei auf die noch vielfach in der Literatur herrschenden Unklarheiten über Teilaspekte und auf diejenigen Eigenschaften und Tatbestände gerichtet, die neben der generellen Anwendbarkeit für die Bestimmung von Produkt-Markt-Feldern von herausragender Bedeutung sind. Die separate Diskussion des Marktanteils und des Marktwachstums erfolgt einerseits, weil durch die empirischen Untersuchungen über den Einfluß des Marktanteils auf den Erfolg eines Unternehmens die Folgerungen aus der Erfahrungskurvenaussage bestätigt werden können. Andererseits wird es sowohl durch die Gegenüberstellung der wichtigsten Untersuchungen als auch durch die nähere Betrachtung des Marktwachstums möglich, grundlegende Hinweise auf den zur Bestimmung von Produkt-Markt-Feldern zugrunde zu legenden Marktbereich zu gewinnen.

---

1) Vgl. Simon 1982, S. 196.

1. Das Konzept der Erfahrungskurve als Zusammenfassung der internen strategischen Faktoren

a) Grundaussage

Die Aussage des Erfahrungskurvenkonzeptes geht auf Henderson[1] zurück. Sie wurde im Laufe der Zeit weiter konkretisiert und besagt, daß mit jeder Verdoppelung der kumulierten Produktmenge die auf die Wertschöpfung bezogenen, preisbereinigten Stückkosten sowohl im Industriezweig als Ganzes als auch bei einzelnen Anbietern, tendenziell um einen konstanten Prozentsatz, z.B. 20 bis 30 %, zurückgehen.[2] Zur Veranschaulichung des Effekts dienen Darstellungen sowohl mit linear als auch mit logarithmisch eingeteilten Ordinaten. Zweitere hat den Vorteil, daß sich die aus den Wechselbeziehungen ergebenden Wirkungen und Folgerungen anschaulicher zeigen lassen, da eine konstante Veränderung der kumulierten Menge auch zu einer konstanten Veränderung der Kostenvariablen führt. Außerdem geht aus der Neigung der Geraden die Höhe der jeweiligen Erfahrungsrate deutlich hervor.

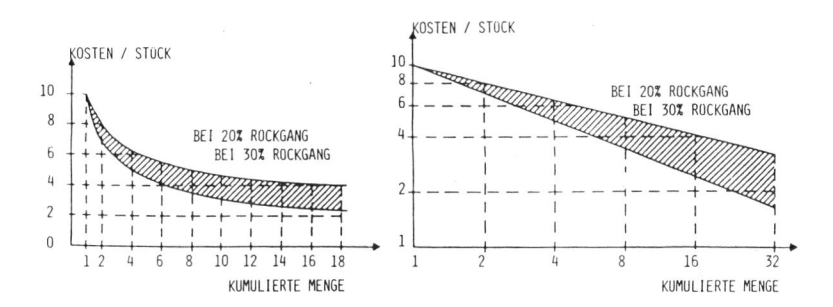

Abb. : Erfahrungskurven bei linear und logarithmisch eingeteilten Ordinaten[3]

---

1) Vgl. Henderson 1974, S. 19.
2) Vgl. Kreikebaum 1981, S. 64; Gälweiler 1974, S. 241; Lange 1984, S. 229.
3) Quelle: Gälweiler 1975, S. 197.

b) Teilkonzepte und Möglichkeiten zur Quantifizierung ihrer Anteile

aa) Teilkonzepte

Die für diese Beobachtung in der Literatur angeführten Begründungen sind mannigfaltig.[1] Sie lassen sich jedoch den vier Teilkonzepten Lernkurve, Größendegression, Rationalisierung und technischem Fortschritt zuordnen,[2] die von der Boston Consulting Group ex post als Begründung angegeben wurden. Bei der zusammenfassenden Darstellung dieser Teilkonzepte soll hier wie u.a. auch bei Grimm und Day/Montgomery[3] Rationalisierung nicht als eigenständige Begründung, sondern als Ergebnis des technischen Fortschritts und des Lernens angesehen werden.[4]

Die bereits 1936 bei Wright[5] betonte Bedeutung der Lernkurven besteht in der steigenden Effizienz des Arbeitsaufwands, die durch die Wiederholung von Arbeitsvorgängen erzielt werden kann.[6] Auf der Grundlage empirischer Untersuchungen gelangte man zu dem Ergebnis, daß sich die direkten Fertigungsstunden je Erzeugniseinheit gemäß der Gleichung

$$y_n = y_1 \cdot n^{-b}$$

verhalten.[7]

---

1) Vgl. dazu z.B. Scheel 1981, S. 128-130; Abell/Hammond 1979, S. 112-114.
2) Vgl. Henderson 1974, S. 26; Sallenave 1976, S. 12; Wacker 1980, S. 57-100; Kreikebaum 1981, S. 64 f.; Lange 1984, S. 230-232. Vgl. auch Abell/Hammond 1979, S. 104-114, die den "scale effect" als eigenständig ansehen.
3) Vgl. Grimm 1983, S. 115; Day/Montgomery 1983, S. 46 f.
4) Zur ausführlichen Diskussion der Teilkonzepte vgl. Grimm 1983, S. 97-117; Wacker 1980, S. 58-100.
5) Vgl. Wright 1936.
6) Vgl. Day/Montgomery 1983, S. 46.
7) Vgl. dazu z.B. Schneider 1965, S. 505 f.; Bauer 1967, S. 61.

Dabei bedeuten:

y = Arbeitsaufwand

1 ... n = Produktionseinheit

n = bisher produzierte, kumulierte Produktionseinheit(en) n = 1 ... m

b = Degressionsfaktor

Wie Grimm[1] betont, werden die unterschiedlichen empirischen Ergebnisse auch darauf zurückzuführen sein, daß den einzelnen Untersuchungen unterschiedliche Prämissen im Hinblick auf die Randbedingungen für das Lernen zugrunde liegen. Einerseits können bei stark mechanisierten Tätigkeiten weniger Übungsgewinne erzielt werden als bei weniger mechanisierten, andererseits ergeben sich stetige Lernzuwächse gleichsam zwangsläufig, wenn veränderte Arbeitsbedingungen in Form verbesserter Maschinen, Verfahren, Materialien und/oder Arbeitsabläufe einbezogen werden.

Ein Teil der Kostensenkungen in den Untersuchungen, die diesen erweiterten Lernbegriff zur Grundlage haben, ist damit dem technischen Fortschritt zuzuschreiben. Technischer Fortschritt kann sich sowohl in Form neuer und/oder verbesserter Produkte (Produktinnovationen) als auch in Form neuer und/oder verbesserter Verfahren (Prozeßinnovationen) äußern.[2] Durch die Veränderung der Faktorproduktivitäten und die damit verbundene Realisierung einer effizienten Produktionsfunktion führt technischer Fortschritt zu Kostensenkungen.[3]

Den dritten Grund für das Auftreten des Erfahrungskurvenphänomens bilden die "economies of scale". Damit wird

---
1) Vgl. Grimm 1983, S. 113.
2) Vgl. u.a. Blaug 1963, S. 13; Mansfield 1968, S. 10 f.; Ott 1959, S. 302; Milling 1974, S. 11.
3) Vgl. Schätzle 1965, S. 122.

die Tatsache umschrieben, daß ein Unternehmen mit zunehmender Größe die Möglichkeit hat, Kostensenkungen zu erzielen.[1] Diese ist zurückzuführen auf die mangelnde Teilbarkeit kostengünstiger, stärker mechanisierter Verfahren, die bei großen Ausbringungsmengen, nicht aber bei kleinen einsetzbar sind, und auf eine mit der Ausbringungsmenge zunehmende Spezialisierung.[2] Die Wirkungen werden noch verstärkt, wenn man die Möglichkeit des technischen Fortschritts einbezieht. Obwohl dieser Tatbestand insbesondere für den Produktionsbereich gilt, finden sich auch in anderen Funktionen wie Forschung und Entwicklung, Verwaltung und Vertrieb nicht unwesentliche Größenwirkungen.[3] Kostensenkenden Größeneffekten stehen aber auch Wirkungen entgegen, die Kostensteigerungen zur Folge haben. In der Literatur[4] werden insbesondere steigende Verwaltungs- und Vertriebskosten sowie Kosten genannt, die durch die begrenzten Koordinationsmöglichkeiten des Managements entstehen.

bb) Möglichkeiten der Quantifizierung von Anteilen

Die hier vorgenommene kurze Charakterisierung der einzelnen Teilkonzepte zeigt bereits, wie eng diese miteinander verbunden sind. So findet die Wirkung technischen Fortschritts sowohl Berücksichtigung im Rahmen der Lernkurven als auch im Rahmen der Größeneffekte. Weiterhin führen Lernprozesse im Verlauf der Produktion zu konstruktiven Veränderungen und/oder Materialsubstitutionen und erhöhen den technischen Stand des Wissens. Kenntnisse über den Beitrag der einzelnen Teilkonzepte

---

1) Vgl. Abell/Hammond 1979, S. 104.
2) Vgl. Gutenberg 1973, S. 430 f., und die dort angeführte Literatur.
3) Vgl. Porter 1983, S. 30.
4) Vgl. Grimm 1983, S. 105, und die dort angegebene Literatur. Zur Diskussion um den Verlauf der langfristigen Kostenkurve vgl. Grimm 1983, S. 102-106.

sind aber für die Realisierung der Erfahrungskurve von wesentlicher Bedeutung, da hierdurch dem Management Ansatzpunkte geliefert werden, das Kostensenkungspotential dort zu nutzen, wo die größtmöglichen Erfolgsaussichten bestehen. In einigen empirischen Untersuchungen finden sich auch Hinweise auf die Bedeutung der einzelnen Teilkonzepte.[1]

Niedereichholz führt eine Untersuchung von Lundberg[2] im Fertigungsbereich der Horndal-Stahlwerke in Schweden an, deren Ergebnisse eine hohe Bedeutung des Lernens vermuten lassen, weil hier ein Anstieg der Arbeitsproduktivität von etwa zwei Prozent pro Jahr verzeichnet wurde, obwohl 15 Jahre lang keine Neuinvestitionen vorgenommen wurden. Auch Bodde[3] stellt für die Luftfahrtindustrie zwischen 1936 und 1950 eine 50 %-ige Senkung der Beförderungskosten fest, obwohl in dieser Zeit keine wesentlichen Innovationen zu verzeichnen waren. Eine unterschiedlich hohe Bedeutung von Lerneffekten zeigen die Ergebnisse von Hollander und Sultan. Hollander[4] ermittelte in einer Untersuchung über die

---

1) Ein nicht auf die Teilkonzepte bezogener Ansatz zur Quantifizierung des Einflusses auf die Erfahrungskurve findet sich bei Hinterhuber 1983, S. 228. Hinterhuber nimmt in Anlehnung an Bucy eine auf den Wirkungsgrad technisch-organisatorischer Maßnahmen bezogene Prioritätsordnung vor. Demnach genießen Produkt- und Verfahrensinnovationen und Standortanpassungen erste Priorität, da sie ein 30 %-iges Kostensenkungspotential enthalten. Eine 20 %-ige Kostensenkung kann durch Automatisierung/Mechanisierung, Ausbeuteerhöhung und Prozeßverbesserungen und -vereinfachungen erzielt werden, während eine Erhöhung der Arbeitsproduktivität durch Verbesserung der Arbeitsorganisation und eine Intensivierung der Projektierung zu 10 %-iger Kostensenkung führt. Vgl. Bucy 1974, zitiert nach Hinterhuber 1983, S. 228.

2) Vgl. Lundberg 1961, zitiert nach Niedereichholz 1970, S. 115.

3) Vgl. Bodde 1976, S. 56.

4) Vgl. Hollander 1965, zitiert nach Day/Montgomery 1983, S. 47. Zu den Ergebnissen von zwei Untersuchungen, die sich auf Preise beziehen vgl. Liebermann 1981, zitiert nach Day/Montgomery 1983, S. 47; Stobaugh/Townsend 1975.

Gründe von Effizienzsteigerungen bei Du Pont einen Anteil zwischen 32 % und 75 %, der auf Lerneffekte zurückgeführt werden konnte. Sultan[1] stellte für Dampfturbinengeneratoren eine 70 %-ige Erfahrungskurve fest. Der auf Lerneffekte entfallende Anteil war eher gering, da die Lernrate nur 23 % betrug.

Die Ergebnisse müssen auch vor dem Hintergrund gesehen werden, daß der Beitrag des technischen Fortschritts zur Kostensenkung leicht übersehen werden kann, weil eine sehr große Wirkung von den vielen kleinen Schritten ausgeht, die bei weitem nicht so klar zutage treten wie große technische Neuerungen. In der bereits erwähnten Du Pont Studie war der größte Anteil der technologisch begründeten Kostensenkungen auf eine Anzahl kleiner technischer Veränderungen zurückzuführen, die in dem Bewußtsein einer hohen Priorität kostensenkender Aktionen vorgenommen wurden.[2] Auch die im Bereich der Mikroprozessoren innerhalb weniger Jahre gelungene Weiterentwicklung, die eine vierfache Speicherkapazität bei 30 %-iger Kostensenkung im Vergleich zum Vorjahr und eine Kostensenkung von 98 % im Vergleich zu fünf Jahren zuvor ermöglichte,[3] kann als Indiz für die Wirkung kontinuierlicher Bemühungen im Bereich der Technik angesehen werden.[4]

Das Ausmaß der auf die Größendegression zurückführbaren Möglichkeiten der Kostensenkungen wird ebenso wie das der Lerneffekte sehr unterschiedlich veranschlagt.

---

1) Vgl. Sultan 1974, zitiert nach Day/Montgomery 1983, S. 47.
2) Vgl. Hollander 1965, zitiert nach Day/Montgomery 1983, S. 47.
3) Vgl. o.V. 1980, S. 117-122.
4) Zu Beispielen kontinuierlicher und diskontinuierlicher Einflußgrößen der Erfahrungskurve vgl. Hinterhuber 1983, S. 205.

Während Hollander[1] den Anteil von Größeneffekten mit 10 % bis 15 % beziffert, führen Abell/Hammond für die Mineralölindustrie und die chemische Industrie das Beispiel einer Ölraffinerie an, die mit einer Kapazität von 90 Millionen Tonnen nur 1,5 mal so hohe Kosten verursacht wie eine Raffinerie mit 45 Millionen Tonnen.[2] Stark[3] stellt darüber hinaus zwischen dem Automatisierungsgrad und den erzielbaren Lernkurven die folgenden Beziehungen her:

- 95 %-ige Lernkurve bei mechanisierter und automatisierter Fertigung,

- 90 %-ige Lernkurve bei maschineller Fertigung,

- 70 - 90 %-ige Lernkurve bei gemischter Fertigung und Montage,

- 70 %-ige Lernkurve bei Einzelfertigung und höheren Stückzahlen.

Die hier dargestellten, sehr unterschiedlichen Ergebnisse zeigen, daß ein generelles Urteil über die Beiträge der einzelnen Teilkonzepte kaum möglich ist. Es wird aber auch deutlich, daß in konkreten Situationen, in denen beispielsweise der Grad der Automatisierung, die bisher produzierten Mengen[4] und die technischen Entwicklungsmöglichkeiten bestimmt werden können, dem Management sehr wohl Ansatzpunkte zur gezielten Realisierung der Erfahrungskurve zur Verfügung stehen. Wenn in vielen Fällen dann auch keine genaue Quantifizierung der Bedeutung einzelner Teilkonzepte vorge-

---

1) Vgl. Hollander 1965, zitiert nach Day/Montgomery 1983, S. 47.
2) Vgl. Abell/Hammond 1979, S. 105.
3) Vgl. Stark 1982, S. 42; vgl. auch zu ähnlichen Ergebnissen die bei Yelle 1979, S. 306, diskutierten Studien.
4) Vgl. dazu Baloff 1971, S. 330-340, insbesondere S. 330 f. Baloff ermittelt eine "start-up phase", in der sich die typischen Lernkurven ergeben. In der darauf folgenden "steady-state phase" bleiben die Kosten konstant.

nommen werden kann, so ist es dann zumindest möglich, durch eine ordinale Rangfolge die Anstrengungen in die richtige Richtung zu lenken.

c) Ergebnisse empirischer Untersuchungen

aa) Gegenstandsbereich der Untersuchungen

Im Gegensatz zur Situation der empirischen Ermittlung der Anteile einzelner Teilphänomene existiert in der Zwischenzeit eine große Anzahl von Untersuchungen, die die Existenz des Erfahrungskurvenphänomens insgesamt im Prinzip bestätigen. Grimm[1] weist darauf hin, daß schon ein Teil der Arbeiten, die die Lernkurve zum Gegenstand der Diskussion haben, zur Fundierung des Erfahrungskurvenkonzeptes herangezogen werden können, da sich der hier verwendete Lernbegriff durch die Berücksichtigung von Veränderungen der Arbeitsbedingungen kaum noch vom Untersuchungsgegenstand der Erfahrungskurve unterscheidet. Die BCG besitzt nach Sallenave[2] über 2000 Betätigungen der Erfahrungskurve. Davon sind aber nur wenige allgemein zugänglich[3] und zudem schlecht dokumentiert. Die Daten sind Verbandsstatistiken, Statistiken des U.S. amerikanischen Wirtschaftsministeriums und auch firmeneigenen Unterlagen entnommen. Aus diesem Grunde werden überwiegend nicht einzelne Unternehmen, Kosten und kumulierte Produktionsmengen, sondern Märkte, Preise und kumulierte Absatzmengen betrachtet. Solch ein Vorgehen findet sich auch in den Untersuchungen von Hedley[4], Bass[5] und

---

1) Vgl. Grimm 1983, S. 132; vgl. dazu z. B. auch die von Yelle 1979 diskutierten Untersuchungen.
2) Vgl. Sallenave 1976, S. 11; (BCG=Boston Consulting Group).
3) Vgl. Henderson 1974, S. 109-142.
4) Vgl. Hedley 1976.
5) Vgl. Bass 1980.

Schierz[1]. Kostendaten anstelle von Preisen benutzen Woolley[2], Wacker[3], Trechsel[4] und Lange[5]. Aus der Untersuchung von Agthe[6] geht nicht eindeutig hervor, ob Kosten oder Preise verwendet werden.

Die angeführten Untersuchungen beziehen sich auf sehr unterschiedliche Branchen, wie z.B. Landwirtschaft, Chemie, Maschinenbau, Elektronik oder Dienstleistungen.[7] Die betrachteten Produkte weisen sowohl nur sehr wenige Produktionsstufen, wie z.B. Energie, Rohstoffe, chemische Grundstoffe und elektronische Bauelemente, als auch relativ viele Produktionsstufen auf, wie z.B. bei Fernsehgeräten, Gas- und Elektroherden. Die Tatsache, daß es sich mit wenigen Ausnahmen[8] nicht um Verbrauchsgüter handelt, führt Ballwieser darauf zurück, "... daß man Produkte sucht, bei denen im hilfsweise herangezogenen Preis allein der Kosteneffekt durchschlägt, weil keine oder eine nur geringe Produktveränderung im Zeitablauf stattfindet."[9] Außerdem werden solche Güter ausgeschlossen, deren hohe Werbeausgaben nicht nur einem Produkt zurechenbar sind.[10]

---

1) Vgl. Schierz 1974.
2) Vgl. Woolley 1972.
3) Vgl. Wacker 1980.
4) Vgl. Trechsel 1978; Trechsel verwendet Kostendaten in zwei von sechs Fällen.
5) Vgl. Lange 1983.
6) Vgl. Agthe 1976.
7) Bezogen auf den Dienstleistungsbereich ermittelte Hedley schon 1976 Erfahrungskurven für den Versicherungssektor. Deutsche Untersuchungen existieren von Schäfer-Lehnen aus dem Jahre 1981 für eine Bausparkasse und von Lange aus dem Jahre 1983 auf der Grundlage sekundärstatistischen Materials (Geschäftsberichte) für eine Lebensversicherung, eine Hypotheken- und eine Teilzahlungsbank.
8) Bei Henderson 1974, S. 138-140, finden sich z.B. Bier und Gesichtstücher; vgl. auch Woolley 1972, S. 141.
9) Ballwieser 1983, S. 138.
10) Vgl. Woolley 1972, S. 72.

bb) Höhe der Kostensenkungsrate

Die festgestellten Kostensenkungsraten betragen nicht generell, wie häufig in der Erfahrungskurvenhypothese angegeben, zwischen 20 % und 30 %, sondern weisen eine erheblich größere Schwankungsbreite auf. Woolley[1] ermittelt in der angeführten Studie anhand der Daten von sechzehn Produkten Kostensenkungsraten zwischen 7 % und 55 %, wobei mehr als die Hälfte davon zwischen 15 % und 27 % liegen. Bass[2] untersucht die Kostenreduktion für insgesamt sechs Gruppen dauerhafter Konsumgüter. Er stellte dabei Raten zwischen 5 % und 22 % fest. Ballwieser[3] benutzt die von Henderson angegebenen Datenreihen und schätzt auf der Grundlage der Erfahrungskurvenformel nach der Methode der kleinsten Quadrate die Geradenparameter und die Senkungsraten, um die Möglichkeit des Auftretens industriespezifischer Kostensenkungsraten zu überprüfen.

Vernachlässigt man die 65 %-ige Reduktionsrate bei Schwarzweiß Fernsehern, und schließt man das weder auf dem 95 %- noch auf dem 99 %-Niveau signifikante Ergebnis bei Benzol aus der Betrachtung aus, ergeben sich, bezogen auf die verkürzte Datenreihe bei den Produkten, die Strukturbrüche aufweisen, Preisrückgänge zwischen 12 % und 43 % mit jeder Verdoppelung der kumulierten Menge.[4] Legt man die gesamte Datenreihe zugrunde, lassen sich die folgenden Mittelwerte und Standardabweichungen der Preisrückgänge bezogen auf die einzelnen Güterklassen errechnen.

---

1) Vgl. Woolley 1972, S. 75.
2) Vgl. Bass 1980, S. S 60 f.
3) Vgl. Ballwieser 1983, S. 139-142; Henderson 1974, S. 109-142.
4) Vgl. Ballwieser 1983, S. 139.

Industriezweige	Prozentualer Preisrückgang mit Verdoppelung der kumulierten Produktion	
	Mittelwert	Standardabweichung
Rohstoffe und Energie	14,6	6,58
Chemische Grundstoffe	21,125	9,33
Elektronische Bauelemente	29,6	10,05
Dauerhafte und Nichtdauerhafte Konsumgüter	16,6̄6	6,41

Abb. 8: Mittelwerte und Standardabweichungen der Preiserfahrungsraten einzelner Industriezweige

Diese Werte lassen vermuten, daß die Kostensenkungsraten industriell nutzbarer Innovationen höher ausfallen als die von Konsumgütern. Bestätigt wird diese Vermutung durch Simon. Auch er kommt aufgrund von Daten, die von Henderson, Abell/Hammond und Bass[1] stammen, zu dem Ergebnis, daß industrielle Vor- und Zwischenprodukte höhere Erfahrungsraten aufweisen als Endprodukte.[2]

Die in einigen Untersuchungen enthaltenen Schlußfolgerungen vom beobachteten Preisverlauf auf den Verlauf der Kosten basieren auf der folgenden Hilfshypothese: "Wenn Preisrückgänge einem bestimmten Verlauf folgen, dann müssen die Kosten der erfolgreich tätigen Unternehmen ähnlichen Verläufen folgen, das heißt, die Kosten müssen ebenso zurückgehen, wenn sie auf die Dauer

---

1) Vgl. Henderson 1974; Abell/Hammond 1979; Bass 1980.
2) Vgl. Simon 1982, S. 200.

niedriger als die Preise sein sollen. Kosten, die stärker zurückgehen als die Preise und damit zu steigenden Gewinnen führen, ziehen die Konkurrenz an und provozieren einen stärkeren Kapazitätsausbau. Beides führt letztlich zu einem entsprechenden Druck in Richtung auf einen Preisrückgang."[1] Aufgrund einer solchen Vorgehensweise eine empirische Bestätigung von Kostenverläufen anzunehmen, wird von Lange[2] kritisiert, da der Rückschluß von marktbezogenen und damit durchschnittlichen Preiserfahrungskurven auf Kostenerfahrungskurven einzelner Anbieter nur unter sehr einschränkenden Prämissen möglich ist. Wenn auf diese Weise auch keine genauen unternehmensbezogenen Kostenverläufe zu ermitteln sind, so kann man aber doch davon ausgehen, daß das unternehmensbezogene Preis- bzw. Kostenverhalten auch bei gesamtwirtschaftlicher Aggregation der Einzeleffekte tendenziell nachweisbar sein muß und die Betrachtung von Preisen durch die Wettbewerbsbedingungen auf vielen oligopolistischen Märkten dazu führen wird, daß die Hilfshypothese der langfristig parallel verlaufenden Kosten und Preise als ausreichende Näherungslösung gelten kann.[3]

Die angeführten Untersuchungen, die allesamt die grundsätzliche Aussage der Kostensenkung in Abhängigkeit der kumulierten Menge bestätigen, zeigen die sehr weitreichende Gültigkeit des Erfahrungskurvenkonzeptes. Auch die Hypothese, daß sich die Erfahrungskurve sowohl auf Preise als auch auf Kosten bezieht, kann durch die Untersuchungen als vorläufig bestätigt gelten. Im folgenden werden nun wesentliche Merkmale des Konzeptes und die damit jeweils verbundene Problematik diskutiert, um einerseits auf Unklarheiten innerhalb des Konzeptes zu verweisen bzw. sie zu beseitigen. Andererseits werden

---

1) Henderson 1974, S. 14; vgl. auch Henderson 1974, S. 28;
2) Vgl. Lange 1984, S. 241, in Anlehnung an Cheney 1977, S. 139 und S. 158.
3) Vgl. Grimm 1983, S. 133 und S. 135.

diejenigen Merkmale hervorgehoben, die Ansatzpunkte zur
Nutzung des Konzeptes für Entscheidungen über Produkt-
Markt-Felder bieten.

d) Wesentliche Merkmale des Erfahrungskurvenkonzeptes
und ihre Problematik

aa) Langfristige, wertschöpfungsbezogene Kostenentwicklung

Das Grundkonzept der Erfahrungskurvenaussage bezieht sich
auf die in der Wertschöpfung eines Produktes enthaltenen Kosten.[1] Allgemein bezeichnet man als Wertschöpfung "... den Wertzuwachs .., den ein Produktions-
betrieb (mit Produktions- statt Konsumtionstätigkeit)
über den Wert der Zulieferungen oder Vorleistungen anderer Produktionsbetriebe hinaus erreicht."[2] Die Wertschöpfung ermittelt sich so als: Umsatzerlös ./. (Aufwendungen für Materialien und bezogene Dienstleistungen)[3]. Für die Kosten der Wertschöpfung gilt dann:
Gesamtkosten ./. Kosten für Vor- und Fremdleistungen.[4]
Der Kostenbegriff der Erfahrungskurve umfaßt dann alle
Kostenarten und Kostenelemente, von den Kosten für
Forschung und Entwicklung über die Kosten der Herstellung und des Verkaufs der Produkte, bis hin zu den
schwierig erfaßbaren Kosten wie die der Sicherung und
Eintreibung der Produkterlöse.[5] Diese Bezugsgröße der
Erfahrungskurve ist Gegenstand zahlreicher Kritik. In
Untersuchungen, die über die Preisentwicklung den

---

1) Vgl. Henderson 1974, S. 19.
2) Chmielewicz 1983, S. 152.
3) Vgl. Foley/Maunders 1977, S. 168; Grimm 1983, S. 120; zum Wertschöpfungsbegriff allgemein vgl. Küting 1978, S. 137-143; Chmielewicz 1983, S. 152-153;
4) Vgl. Gerl/Roventa 1981, S. 854; Lange 1984, S. 236.
5) Vgl. Henderson 1974, S. 20; vgl. zur Diskussion unterschiedlicher Kostenarten im Rahmen der Erfahrungskurve Woolley 1972, S. 41-49.

Erfahrungskurveneffekt nachweisen, sind alle Ausgaben für Fremd- und Vorleistungen enthalten, so daß hier die Folgerungen auf die Wertschöpfung bezogen nicht ohne weiteres einsichtig sind. Lange sieht deshalb die Eingrenzung auf den Wertschöpfungsanteil der Kosten als insgesamt überflüssig, da logisch inkonsistent an: "Vor- und Fremdleistungen stellen aus der Sicht des Verkäufers (Lieferanten) Produkte mit einem mehr oder weniger hohen Wertschöpfungsanteil dar. Bei preiselastischer Nachfrage und entsprechenden Wettbewerbsbedingungen auf den Beschaffungsmärkten sind erfahrungskurvenähnliche Preis- und Stückkostenverläufe anzunehmen. Die gleiche Argumentation kann für die Lieferanten der Lieferanten usw. geführt werden. Folglich sind Kosten der Vor- und Fremdleistungen als mögliche 'Erfahrungskosten' mit zu berücksichtigen."[1] Dieser Argumentation zufolge müssen dann auch die Kosten der eingehenden Materialien[2] und die Kosten von maschinellen Anlagen und Gebäuden in die Kostendefinition mit einbezogen werden.[3] Dies unterstreicht auch die Argumentation, die an der Möglichkeit des Managements anknüpft, das Kostensenkungspotential nutzen zu müssen. Ob Kosten über die der Wertschöpfung hinaus dem Erfahrungskurveneffekt unterliegen, ist dann von der Möglichkeit des Managements abhängig, sie beeinflussen zu können.[4]

Auch Gälweiler fordert eine von der üblichen Wertschöpfung abweichende Ermittlung. Für ihn gelten als Wertschöpfungskosten alle Kosten mit Ausnahme der im Produkt körperlich enthaltenen Materialkostenmenge, d.h. Material, das zu Ausschuß oder Abfall wurde, zählt

---

1) Lange 1984, S. 236.
2) Vgl. Lange 1981, S. 118.
3) Vgl. Lange 1984, S. 236.
4) Vgl. Day/Montgomery 1983, S. 53; vgl. auch die Aussage von Sallenave: "... the experience law should apply only to the value added to the product, i.e., to the elements of cost controlled by the manufactures." Sallenave 1976, S. 12.

damit auch zu den rationalisierbaren Wertschöpfungskosten.[1] Auch die Kosten für die im Produkt enthaltenen Materialmengen werden von Gälweiler nur unter der Bedingung ausgeschlossen, daß Materialeinsparungen zu einer qualitativen Beeinträchtigung der Endfunktion des Produktes führen. Als ein Beispiel dafür führt er Kupferleiter (Kabel und Leitung) für den Transport elektrischer Energie an. Hier ist sowohl der Anteil der Materialkosten an den Gesamtkosten sehr hoch als auch eine Reduzierung des Materialanteils aus technischen Gründen nicht möglich, so daß sich der Erfahrungskurveneffekt sinnvollerweise nur auf den relativ niedrigen Anteil der Wertschöpfung beziehen läßt.[2] Im Gegensatz dazu gilt der Erfahrungskurveneffekt bei hochorganisierten Produkten, deren Endfunktion aus vielen hierarchischen Teilfunktionen zusammengesetzt ist, im Maximalfall sogar für die gesamten Stückkosten. Für die hier bestehenden Kostensenkungsmöglichkeiten sind die in den letzten Jahren weitgehend vorgenommene Substitution von Metallen durch Kunststoffe in vielen Bereichen des täglichen Lebens und der Einsatz der LSI-Technik sehr anschauliche Beispiele. In die erfahrungskurvenrelevanten Kosten sind so alle diejenigen Kosten einzubeziehen, die durch das Management beeinflußt werden können. Das betrifft auch die Materialien, deren Mengen zwar nicht, deren Preise aber dem Einfluß des Unternehmens unterliegen. Als untere Grenze von Rationalisierungsanstrengungen können deshalb im allgemeinen Wertschöpfungsanteile angesehen werden.[3]

Im Gegensatz zur Diskussion um den Begriff der Wertschöpfung sind die Mißverständnisse um den von Henderson benutzten Kostenbegriff ausgeräumt. Ähnlich problematisch wie die Bezeichnung "value added" für alle durch

---

1) Vgl. Gälweiler 1983b, S. 287.
2) Vgl. Gälweiler 1974, S. 248.
3) Vgl. Gälweiler 1983b, S. 287.

das Management beeinflußbaren Kosten war von Henderson der "cash flow" als Ausgangsgröße für eine Näherungslösung bei der Ermittlung der Kosten bezeichnet worden.[1] In späteren Veröffentlichungen wird aber deutlich, daß mit "cash flow" die kumulierten Gesamtausgaben bezeichnet werden: "And that in fact is the experience curve: the rate of change of the incremental number of units versus the incremental expenditure."[2]

Die Erfahrungskurve ist also die erste Ableitung der geglätteten Gesamtausgabenkurve.[3] Dies läßt sich folgendermaßen veranschaulichen:[4]

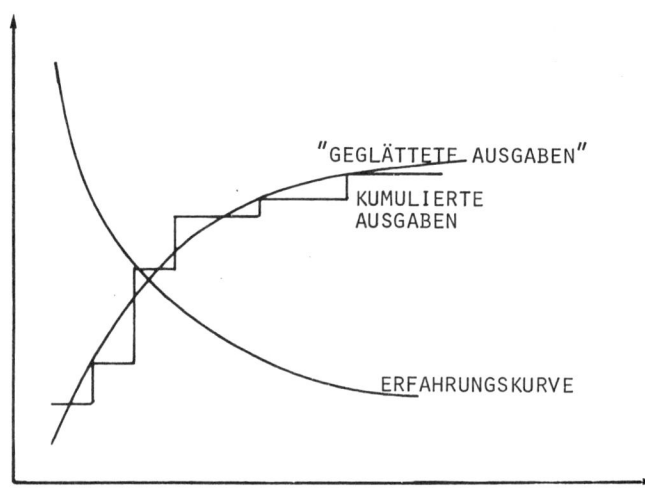

Abb. 9: Die Ableitung der Erfahrungskurve aus den kumumulierten Ausgaben

---

1) Vgl. Henderson 1974, S. 20; zur Diskussion des cash flow als Kostenbegriff vgl. auch Wacker 1980, S. 38 f.; Grimm 1983, S. 123-126; Ballwieser 1983, S. 134.

2) Henderson 1980, S. 95; vgl. auch Wasson 1974, S.58-60; Woolley 1972, S. 58-60; Sallenave 1976, S. 29 und S. 46 f.

3) Vgl. Woolley 1972, S. 58 f.

4) Quelle: In Anlehnung an Woolley 1972, S. 59.

An anderen Stellen wird allerdings auch deutlich, daß es sich bei den Werten der Erfahrungskurve nicht um Grenzkosten für die Produktion der letzten Erzeugniseinheit im strengen Sinne handelt, sondern auf die beschriebene Weise durchschnittliche Periodenstückkosten (-ausgaben) ermittelt werden.[1] Ballwieser[2] verweist darauf, daß auch eine Durchschnittsbildung bei einer periodenbezogenen Betrachtung nicht die Frage klärt, wie Investitionsausgaben zu verteilen sind, da die Produktion in der Periode, in der diese Ausgaben anfallen, nicht auch unbedingt aufgenommen werden muß. Allerdings räumt auch er ein, daß die "Glättung" der Gesamtausgaben bei der zugrunde liegenden langfristigen Betrachtung den Gesamteindruck der Kostenentwicklung kaum verfälschen dürfte.

bb) Kumulierte Produktmenge als Indikator für Erfahrung

Ein weiteres wesensbestimmendes Merkmal der Erfahrungskurve ist die Operationalisierung der Erfahrung durch die kumulierte Produktmenge.[3] Hieran wird kritisiert, daß (1) Produktmengen nur ein unzureichender Indikator für die gewonnene Erfahrung sind und (2) durch den Indikator Produktmenge Ermittlungsprobleme hervorgerufen werden, worüber die Abgrenzung des Produktes in den Vordergrund tritt.

Die Problematik der Gleichsetzung von Erfahrung und kumulierter Menge wird darin gesehen, daß die Zeit unbe-

---

1) Vgl. dazu auch Henderson 1974, S. 107-142 (hier werden durchschnittliche Stückerlöse verwendet); Woolley 1972, S. 69-84; Wacker 1980, S. 163-187.
2) Vgl. Ballwieser 1983, S. 137.
3) Vgl. Henderson 1974, S. 19.

rücksichtigt bleibt. Da technischer Fortschritt und Lernen aber in Abhängigkeit von der Zeit auftreten, muß man davon ausgehen, daß sich die Wirkungen dieser Komponenten um so stärker in den Kosten zeigen, je mehr Zeit zur ihrer Entwicklung und Realisierung zur Verfügung steht. Damit weist der verwendete Erfahrungsbegriff keine maximale Validität auf,[1] denn: ".. to examine just output, or cumulative output, against cost ... captures the effect of several other variables as well."[2] Auf der anderen Seite stehen aber bisher auch keine Alternativen zur Verfügung, die als stärker valide angesehen werden können, so daß dies doch die beste der praktikablen Proxyvariablen[3] zu sein scheint.[4] In vielen Fällen in der Realität dürfte auch die Zeitkomponente weitgehend implizit enthalten sein, weil hier die kumulierte Menge von Periode zu Periode über weite Phasen der Betrachtung erhöht wird.[5]

Die mit der Bezugsgröße Produktmenge verbundenen Ermittlungsprobleme sind im wesentlichen auf zwei Ursachen zurückzuführen:[6] (a) Im Laufe der Zeit erfolgende Produktänderungen und (b) Verbundbeziehungen zwischen verschiedenen Produkten. Hieraus resultieren die Schwierigkeiten zu bestimmen, was als Produkt anzusehen ist.

---

1) Vgl. zur Präzision, Konsistenz und Validität als Kriterium zur Brauchbarkeit sozialwissenschaftlicher Begriffe Opp 1976, S. 225-245.
2) Lofthouse 1974, S. 247.
3) Vgl. Simon 1982, S. 195.
4) Vgl. Grimm 1983, S. 131 f.; Grimm diskutiert auch die von Arrow 1962, S. 157, vorgeschlagene Maßgröße "kumulierte Bruttoinvestitionen". Er sieht darin aber keine wesentliche Verbesserung, da sie in der Größe "kumulierter output" implizit enthalten ist.
5) Vgl. Berghammer 1984, S. 211.
6) Vgl. dazu Woolley 1972, S. 55-58; die von Woolley zusätzlich angeführte Begründung der Marktsegmentierung wird hier zu den Verbundbeziehungen gerechnet.

Die Verwendung eines physischen Produktbegriffes führt in vielen Fällen zu Ermittlungsschwierigkeiten, da die Erfahrungskurve eine Gleichheit der in die Untersuchung eingehenden Produkte verlangt, die aufgrund der langfristigen Betrachtungsweise und der darin auftretenden Produktveränderungen häufig aber nicht gegeben ist. Produktveränderungen können technischer Art sein, wobei die grundlegende Funktion und das Erscheinungsbild des Produktes erhalten bleibt. Auf der anderen Seite können aber auch die Funktionen des Produktes aufgrund von Nachfrageänderungen und/oder neuen technischen Möglichkeiten geändert werden.[1] Als Lösung wird in der Literatur eine von den physischen Eigenschaften losgelöste Produktdefinition angesehen, so daß nicht die Problemlösung, z.B. ein bestimmtes Flugzeugmodell, sondern das Anwenderproblem "Sitzplatz-Kilometer im Flugzeug" betrachtet wird.[2]

Diese Produktdefinition umschließt alle technologischen Substitutionsprozesse, die innerhalb des Lösungssystems "Flugzeug" stattfinden. Die zeitliche Konstanz der Bezugsgröße erfährt dadurch eine erhebliche Ausweitung.

Die Verwendung eines anwenderorientierten Produktbegriffes allein reicht jedoch nicht aus. Zusätzlich muß

---

1) Vgl. Woolley 1972, S. 56.
2) Vgl. Henderson 1974, S. 59; Sallenave 1976, S. 12; Grimm 1983, S. 128 f.; Lange 1984, S. 235; zu weiteren Beispielen vgl. Henderson 1980, S. 95; Day/Montgomery 1983, S. 55; Abell/Hammond 1979, S. 129 f.; Schierz 1974, S. 86; Schneider 1965, S. 507.

das Anwenderproblem so weitreichend formuliert werden, daß dadurch auch die wesentlichen Beziehungen zwischen den vom Unternehmen angebotenen Problemlösungen erfaßt werden. Die hier bestehenden Verbindungen werden im Rahmen der Erfahrungskurvendiskussion mit "shared experience" bezeichnet. "Shared experience" oder "geteilte Erfahrung" liegt immer dann vor, wenn identische Ressourcen auf mehrere Produktarten verteilt werden, weil die bei einer Produktart gewonnene Erfahrung den anderen Produktarten zugute kommt.[1] Die in der Literatur zur Erfahrungskurve nur beispielhaft beschriebene "geteilte Erfahrung" zeigt,[2] daß die Verbindungen zu bereits seit längerem bestehenden Arbeiten, die den gleichen Tatbestand unabhängig von der Erfahrungskurve behandeln, nicht gesehen oder aber ignoriert werden. Eine Verbindung der Literatur, die zum Angebotsverbund allgemein vorliegt, mit der Erfahrungskurve führt aber nicht nur zur Präzisierung des Phänomens der geteilten Erfahrung. Eine Betrachtung des Angebotsverbundes, der immer dann gegeben ist, wenn von einer Unternehmung "... eine Mehrzahl von Leistungen hergestellt bzw. gekauft und - mindestens teilweise - potentiellen Abnehmern angeboten werden",[3] vor dem Hintergrund der Erfahrungskurve trägt darüber hinaus zu seiner Systematisierung bei.

Angebotsverbund kann auf der einen Seite durch die Nachfrage bedingt sein, weil einzelne Güter verwendungs- und/oder einkaufsverbunden sind. Die Realisierung des Angebotsverbundes trägt dann zur Wahrnehmung ertragsbedingter Vorteile bei.[4] Auf der anderen Seite kann sich

---

1) Vgl. Abell/Hammond 1979, S. 125.
2) Vgl. z.B. Hofer/Schendel 1978, S. 135; Abell/Hammond 1979, S. 125; Scheel 1981, S. 138 f.; Henderson 1980, S. 95; Day/Montgomery 1983, S. 54.
3) Engelhardt 1976, S. 78.
4) Vgl. Engelhardt 1976, S. 79 f.; vgl. auch Albach 1962, S. 22; Brockhoff 1966, S. 59 f.

der Angebotsverbund aber auch auf die betrieblichen Funktionen beziehen und beschaffungsbedingt, vertriebsdurchführungsbedingt oder im weiteren Sinne produktionswirtschaftlich bedingt sein.[1] Ein produktionswirtschaftlich bedingter Angebotsverbund entsteht sowohl aufgrund technologischen Zwanges, wie im Fall der Kuppelproduktion, als auch aufgrund freiwilliger Disposition, um daraus resultierende kostenbedingte Vorteile wahrnehmen zu können.[2] Die optimale Integration von vorher Differenziertem, wobei die Gesamtleistung größer ist als die Summe ihrer Teile, wird in der Literatur auch mit Synergie bezeichnet.[3] Weil Synergie als Ergebnis und Zweck von Verbundbeziehungen Kostenersparnisse oder absatzwirtschaftliche Vorteile bringt,[4] wird dieses Phänomen häufig mit dem Ausdruck "zwei plus zwei gleich fünf"[5] oder "eins plus eins gleich drei"[6] umschrieben. Gegen eine solche Auffassung von Synergie ist einzuwenden, daß das Ergebnis des Zusammenwirkens verschiedener Faktoren oder Prozesse, bezogen auf den ökonomischen Erfahrungsbereich,[7] ausgedrückt in den Kategorien Gewinn, Umsatz, Kosten usw., keineswegs immer positiv sein muß.[8] Eine solche Erklärung von Synergie wird deshalb als unzureichend angesehen.[9] Die Beschreibung

---

1) Vgl. Männel 1979, S. 262. Innerhalb der unterschiedlichen Formen innerbetrieblicher Verbundwirtschaft werden die ökonomisch bedeutsamsten Erscheinungsformen produktions- und absatzwirtschaftlicher Verbundenheit unter dem Oberbegriff der Leistungsverbundenheit zusammengefaßt. Vgl. dazu Krömmelbein 1967, S. 27.

2) Vgl. Engelhard 1976, S. 79 f.

3) Vgl. Ansoff 1966, S. 97 und S. 104; Hampden/Turner 1970, S. 187 und S. 190; Welge 1975, S. 45; Welge 1976, Sp. 3802.

4) Vgl. auch Arbeitskreis Hax 1983, S. 98.

5) Ansoff/Weston 1962, S. 52-58; Ansoff 1966, S. 100.

6) Vgl. Welge 1976, Sp. 3801 und die dort angegebene Literatur.

7) Zur physischen, biologischen und psychischen Dimension von Synergie vgl. Welge 1976, Sp. 3801 und die dort angegebene Literatur.

8) Vgl. dazu die Beispiele bei Ansoff 1966, S. 102.

9) Vgl. Welge 1976, Sp. 3801.

des Phänomens in Form einer Gleichung ist auf der anderen Seite auch zu unpräzise, weil die Freisetzung positiver Synergien nicht zwangsläufig erfolgt, sondern wie die Realisierung der Erfahrungskurve nur potentiell ist.[1] Verantwortlich für eine nicht erfolgreiche Synergiefreisetzung und/oder die Aktualisierung negativer Synergie ist das Management.[2] In diesem Sinne ist Synergie mit den im deutschsprachigen Schrifttum behandelten Ausstrahlungs-[3] oder Verbundeffekten[4] identisch.

Die Bereiche, in denen Synergie erzielt werden kann, werden aber nicht, wie die des Angebotsverbundes, auf die beschaffungs-, produktions- und absatzwirtschaftlichen Funktionen eingegrenzt. Ansoff[5] unterscheidet z.B. vier verschiedene Typen von Synergie:

(1) <u>Verkaufssynergie</u>, zu der gemeinsame Vertriebskanäle, Vertriebsanstrengungen und Verkaufsstäbe, eine gemeinsame Verkaufsverwaltung, Lagerhaltung und/oder Werbung gerechnet werden können.

(2) <u>Produktionssynergie</u>. Hierzu zählt Ansoff die bessere Ausnutzung aller Produktionsmittel, die bessere Verteilung von Kosten, Vorteile gemeinsamer Lerneffekte, Mengeneinkauf usw.

(3) <u>Investitionssynergie</u>, die sich durch gemeinsame Fabrikationsstätten, Rohmaterialbestände, Forschungsergebnisse und Entwicklungseinrichtungen ergeben kann.

(4) <u>Managementsynergie</u>, die er für besonders wichtig erachtet, weil eine Unternehmensführung einen neuen Bereich "kraftvoll und wirksam leiten"

---

1) Vgl. Ansoff 1966, S. 103 f.
2) Vgl. Welge 1976, Sp. 3801 und Sp. 3806.
3) Vgl. Dichtl 1970, S. 25-31.
4) Vgl. Everling 1963.
5) Vgl. Ansoff 1966, S. 101.

kann, wenn die neuen Probleme (z.B. Preisgestaltung und Werbemaßnahmen) den bisherigen ähnlich sind.

Allan[1] dagegen sieht drei wesentliche Typen von Synergie:

(1) Finanzielle Synergie, die gegeben ist, wenn man externe Finanzquellen gewinnen und interne erwirtschaftete Mittel aufgrund eines weiten Spektrums vielversprechend verwenden kann.

(2) Management-Synergie. Die Fähigkeit, Managementfähigkeiten und -techniken zu entwickeln und anzuwenden.

(3) Operative Synergie, die marktmäßige und/oder technische Interdependenzen bezeichnet.

Die Beziehungen zwischen diesen beiden Ansätzen zur Typisierung von Synergie werden deutlich, wenn man bedenkt, daß neben finanziellen Verbundeffekten, die besonders im Rahmen von Diversifikationen durch dadurch hervorgerufene risikomindernde Wirkungen von Interesse sind,[2] Verbundeffekte aufgrund gemeinsam nutzbarer Einrichtungen, Ausrüstungen, organisatorischer und/oder persönlicher Fähigkeiten des Managements in den einzelnen Funktionsbereichen entstehen können. Weil Investitionen und Fähigkeiten des Managements nicht unabhängig von den einzelnen Funktionen existieren können,[3] sind für die Implementierung von Programmen, auch unter Berücksichtigung von Verbundwirkungen, Produktion, Marketing, Verkauf, Vertrieb, F&E (einschließlich Engineering) und Service als allgemein wichtige Funktionen anzusehen.[4] Daß die Verbundbeziehungen in den einzelnen Aufgabenbereichen unterschiedlich

---

1) Vgl. Allan 1970, S. 31f.
2) Vgl. z.B. Engels 1970.
3) Vgl. u.a. Ansoff 1966, S. 112; Welge 1976, Sp. 3803 f.; Hofer/Schendel 1978, S. 145-148; Johnson/Scholes 1984, S. 90-94.
4) Vgl. Henry 1972, S. 103; Abell 1980, S. 180.

intensiv sein können, läßt sich am Beispiel des Produktionsbereiches verdeutlichen, wo die isolierte, die parallele und die alternative oder wechselnde Produktion zunehmend stärker durch dieselbe Betriebs- und Geschäftsleitung, dieselben Produktionsstätten und dieselben Produktionsmittel verbunden sind.[1] Je stärker diese Verbindungen auch in den anderen Funktionsbereichen sind, desto größer werden c.p. ihre Wirkungen sein.

Die Existenz von Angebotsverbunden führt dazu, daß zur Prognose der Kostenentwicklung eines Produktes die kumulierte Menge des betrachteten Produktes zu gering angesetzt wird, wenn die dazu verwendeten Teile und/oder Prozesse auch in andere Produkte eingehen. Da die Möglichkeiten dazu in der Regel mit steigender Komplexität der Produkte zunehmen, bezieht sich ein Großteil der Untersuchungen zur Erfahrungskurve auch auf Basisprodukte bzw. auf solche, die nur wenige Produktionsstufen durchlaufen, wie Energie, Rohstoffe, chemische Grundstoffe und elektronische Bauelemente.[2] Woolley[3] schließt beispielsweise explizite solche Produkte aus seiner Untersuchung aus, die einen produktionswirtschaftlichen Verbund aufweisen, um den praktischen Schwierigkeiten zu entgehen, die dann mit der Festlegung der Output-Einheit verbunden sind. Zum Zwecke der Anwendung wird damit in sehr vielen Fällen eine weit gefaßte Abgrenzung des Produktes aus Anbietersicht notwendig werden, um die wesentlichen Verbundbeziehungen berücksichtigen zu können. Auf der anderen Seite darf die Abgrenzung aber auch nicht zu weit gefaßt werden,

---

1) Vgl. z.B. Männel 1979, S. 263 f.; Hummel 1975, Sp. 3082; neben der wechselnden Fertigung führt Männel die komplementäre Produktion, die Chargenfertigung und die Kuppelproduktion als weitere Ausprägungen der produktionsmittelverbundenen Produktion an. Vgl. Männel 1979, S. 264-266.
2) Vgl. Henderson 1974, S. 109-142; Woolley 1972, S. 138-171.
3) Vgl. Woolley 1972, S. 72.

weil sonst wichtige Spezialisierungsvorteile übersehen werden können. Um zu aussagefähigen Bezugsgrößen zu gelangen, ist Flexibilität bei der Definition notwendig, um die konfliktären Erfordernisse von Fall zu Fall berücksichtigen zu können.[1]

cc) Erfahrungskurve als Summe von Teilerfahrungskurven

Der Anwendungsbereich der Erfahrungskurve ist, wie auch die angeführten empirischen Untersuchungen zeigen, nicht auf Endprodukte beschränkt, sondern gilt außerdem für die darin enthaltenen Bestandteile in Form von Materialien, Teilen und Baugruppen und für die zur Erstellung der Einzelteile und des Produktes insgesamt benötigten Prozesse.[2] Die Erfahrungskurve eines Produktes kann so auch als eine Summe von Teilerfahrungskurven angesehen werden. Die Kostensenkung eines Produktes ist dann auf die Erfahrung im Hinblick auf die Bestandteile des Produktes zurückzuführen.[3] Daß die Erfahrungskurve als Bezugsgröße kumulierte Mengen verlangt, bereitet bei der Quantifizierung von Produktbestandteilen auf den einzelnen Wertschöpfungsstufen in der Regel keine Meßprobleme. Schwieriger ist es, Arbeitsprozesse in kumulierten Mengen auszudrücken. Gälweiler schlägt dazu vor, die betreffenden Arbeitsvorgänge zunächst ebenso wie ein Anwenderproblem zu formulieren. Dann sind auch sie in kumulierten Mengen quantifizierbar.[4]

---

1) Vgl. Abell/Hammond 1979, S. 129 f.
2) Vgl. auch Henderson 1974, S. 100; Gälweiler 1977b; Henfling 1978, S. 86; Hofer/Schendel 1978, S. 135; Lange 1984, S. 240; darüber hinaus kann man die Erfahrungskurve auch auf einzelne Wertschöpfungsstufen beziehen. Vgl. Strüven 1982, S. 8.
3) Vgl. Abell/Hammond 1979, S. 124.
4) Vgl. Gälweiler 1977b.

Die Zusammenhänge zwischen dem Auftreten geteilter Erfahrung und Teilerfahrungenskurven lassen sich vereinfacht wie folgt veranschaulichen:

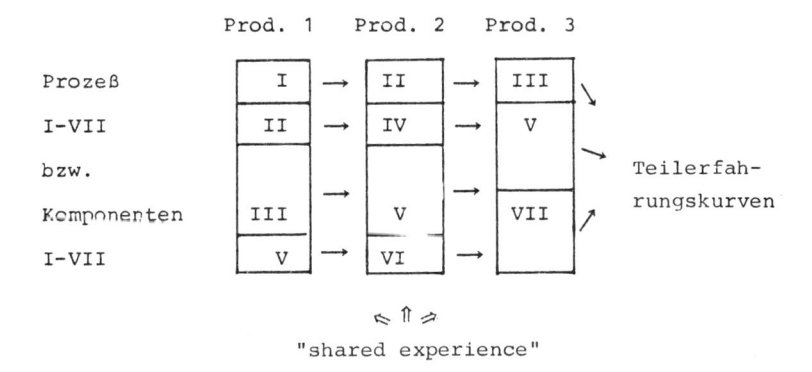

```
                    Prod. 1   Prod. 2   Prod. 3
  Prozeß              I    →    II   →   III   ↘
  I-VII               II   →    IV   →    V    →
  bzw.                                          →    Teilerfah-
                           →          →             rungskurven
  Komponenten        III        V        VII   ↗
  I-VII               V    →   VI    →         →

                         ↙ ⇑ ↘
                      "shared experience"
```

Abb. 10: Zusammenhang zwischen "shared experience" und Teilerfahrungskurven

Die Abbildung verdeutlicht die Notwendigkeit der zusätzlichen Betrachtung von Prozessen bzw. Komponenten, um Aussagen über die Kostenentwicklung eines Produktes zu treffen, wenn diese auch in andere Produkte Eingang finden.

Die Problematik der sehr plausiblen Annahme von Teilerfahrungskurven wird bei einer formalen Betrachtung deutlich. Aggregiert man einzelne Teilprodukt- oder Prozesserfahrungskurven zu einer Produkterfahrungskurve, so ergibt sich der in der Grundaussage postulierte lineare Verlauf nur, wenn alle Erfahrungskurven ebenfalls linear verlaufen und gleiche Kostensenkungsraten aufweisen. Ist dies nicht der Fall, so führt eine Aggregation von Erfahrungskurven zu einer konvex zum Ursprung verlaufenden Kurve, wobei sich die Steigung asymptomisch der Steigung der Teilkurve mit der geringsten Kostensenkungsrate nähert. Diese Bedingungen identischer Teilerfahrungskurven dürften aber in realen Situationen äußerst selten gegeben sein.[1] Eine Relativierung dieses Kritikpunktes ist jedoch in der Ungenauigkeit zu sehen, die durch die mehrfache Approximation der Kostenwerte entsteht, denn sowohl bei den Werten der Erfahrungskurve als auch bei denen der Teilerfahrungskurven handelt es sich nur um Näherungswerte. Durch Aggregation originärer Kostenwerte könnte man zu Erfahrungskurven mit geringeren Schätzfehlern gelangen. Auch können dann Kompensationen auftreten, die zu weniger konvex verlaufenden Gesamterfahrungskurven führen.[2]

Die Kritik verkennt damit den hypothetischen Charakter der Erfahrungskurve im Rahmen einer regressionsanalytischen Vorgehensweise. "Zusammengefaßt werden nicht Funktionen, sondern Meßgrößen mit stochastischen Komponenten."[3] Außerdem zeigt Henfling am Beispiel der Lernkurven, daß eine einfache Addition der Teilkurven nur auf vertikal in Beziehung stehende Prozesse und damit auf Arteilung zutrifft. Einen anderen Charakter hat die Aggregation vorgenommener Mengenteilung auf parallele, horizontal verbundene Prozesse. Hier ist ein abgeschlossener Lernprozeß durch mehrere parallele Prozesse bestimmt, so daß beispielsweise bei der Verteilung der Produktion auf zwei parallele Fertigungslinien der Lernprozeß erst nach zwei Einheiten abgeschlossen ist, während dies bei nur einer Fertigungslinie bereits nach einer Einheit geschieht.[4] Ist bei der Zusammenfassung von Lernkurven eine sowohl hori-

---

1) Zusätzlich wirken auch eine temporäre Stagnation oder ein temporäres Schrumpfen der periodenbezogenen Ausbringungsmenge als Voraussetzung für die Realisierung technischen Fortschritts und Größendegressionseffekten, das diskontinuierliche Auftreten technologischer Veränderungen, die durch Substitution von Produktionsverfahren möglicherweise auftretenden Sprünge in der Lernkurve und zeitabhängige Lerngrade dem Auftreten linearer Erfahrungskurven entgegen. Vgl. Lange 1984, S. 240.
2) Vgl. Lange 1984, S. 240 f.
3) Henfling 1978, S. 94.
4) Vgl. Henfling 1978, S. 89 f.

zontale als auch vertikale Aggregation notwendig, so
überlagern sich die verschiedenen Effekte. Dann kann
für das Produkt ein linearer Lernkurvenverlauf nicht von
vornherein ausgeschlossen werden.[1]

Von Lange[2] wird zudem das Argument vorgebracht, daß
die Linearität und die Kontinuität des Kostenrückganges
selbst bei einem effizienten Kostenmanagement durch
eine Reihe von Faktoren gestört werden können, die nicht
unter alleiniger Kontrolle der Unternehmung stehen bzw.
aus Fehlern anderer Managementbereiche der Unternehmung
herrühren. Diesem Einwand ist entgegenzuhalten, daß der
der Erfahrungskurve zugrundeliegende Wertschöpfungsbegriff gerade durch die Einflußmöglichkeit des Managements bestimmt ist und die notwendige, organisatorische
Berücksichtigung der wesentlichen Verbundbeziehungen
die Auswirkungen von Fehlern in angrenzenden Bereichen
im allgemeinen in sehr engen Grenzen halten wird.

dd) Variationsmöglichkeiten der Datenbasis

Die bisherigen Ausführungen behandelten die Erfahrungskurve im Sinne einer unternehmensbezogenen Kostenerfahrungskurve für Produkte, Produktbestandteile
und Prozesse. Wie die empirischen Untersuchungen gezeigt haben, werden anstelle von Kosten aber auch Marktpreise verwendet. Mit Veränderungen der Bezugsgröße und
der Datenbasis können dann unterschiedliche Entwicklungen
prognostiziert werden, die, zueinander in Beziehung gesetzt, wesentliche Einsichten erlauben.

Benutzt man unternehmensbezogene Kostendaten, ist es
möglich, die langfristige Kostenentwicklung von Produkten insgesamt, aber auch die einzelner Produktbestandteile und die zu ihrer Erstellung notwendigen Prozesse

---

1) Vgl. Henfling 1978, S. 92.
2) Vgl. Lange 1984, S. 241.

zu schätzen.[1] Obwohl die Anwendbarkeit einer Kostenerfahrungskurve für die kurzfristige Kostenkontrolle in Frage gestellt wird, insbesondere wenn man die Ermittlung der Kostenwerte aufgrund von Ausgaben bedenkt, sehen Day/Montgomery[2] darin eine der nützlichsten Anwendungen.

Gegen die Verwendung von industrieweiten Preiserfahrungskurven wenden sie ein, daß Schwierigkeiten sowohl bei der Ermittlung von Preisen als auch bei der von Mengen bestehen. Listenpreise sind häufig unrealistisch, da nicht unwesentliche Rabattsätze gewährt werden können. Außerdem reicht ein Preis nicht aus, wenn sich die angebotenen Leistungen in Qualität, Service etc. erheblich unterscheiden und sich diese Unterschiede im Preis wiederfinden. Die Ermittlung von Preisen wird deshalb um so schwieriger sein, je differenzierter die Strategien der einzelnen Wettbewerber sind. Ohne die hier bestehenden Probleme zu unterschätzen, wird man davon ausgehen können, daß für den mit spezifischen Marktkenntnissen ausgestatteten Anwender der Erfahrungskurve die Ermittlungsprobleme aber keineswegs unüberwindbar sein müssen, zumal wenn er sich darauf beschränkt, nur die wichtigsten Wettbewerber in die Analyse einzubeziehen.

Day/Montgomery[3] verweisen darüber hinaus auf die Schwierigkeiten der Ermittlung industrieweiter Kostenkurven. Dazu müßten nämlich die Kosten aller Wettbewerber mit ihren entsprechenden Mengen gewichtet auf die dazugehörigen kumulierten Marktmengen bezogen werden.[4] Da

---

1) In der Literatur wird dieser Sachverhalt durch die Möglichkeit der Prognose langfristiger Kostenentwicklungen nur wenig differenziert dargestellt. Vgl. Gälweiler 1974, S. 246; Bamberger 1981, S. 99; Pfeiffer u.a. 1982, S. 38.
2) Vgl. Day/Montgomery 1983, S. 50.
3) Vgl. Day/Montgomery 1983, S. 50.
4) Vgl. Conley 1970, zitiert nach Day/Montgomery 1983, S. 50.

das jeweilige Marktvolumen aus Branchenstatistiken oder internen Marktuntersuchungen in vielen Fällen relativ problemlos festzustellen sein wird[1] und man dann über die Marktanteile der Wettbewerber in den einzelnen Perioden deren produzierte Mengen annähernd schätzen kann, stellt sich das Hauptproblem in der Ermittlung der wettbewerbsspezifischen Kosten. Dazu sind unternehmensinterne Daten notwendig, die in der Regel für alle Wettbewerber nicht zu beschaffen sein werden. Ist dieses Problem im Einzelfall aber doch zu lösen, so bleibt die Frage, warum aus diesen Daten überhaupt Durchschnitte gebildet werden sollen. Es ist dann zwar abzulesen, ob die eigene Kostenposition besser, gleich oder schlechter als die durchschnittliche Kostenposition aller Anbieter des Marktes ist und wieviel die Differenz beträgt; dadurch ergeben sich aber keine zusätzlichen Informationen gegenüber der differenzierenden Betrachtung.[2] Verzichtet man deshalb auf eine Durchschnittsbildung, so ist es in sehr vielen Fällen gar nicht nötig, alle Wettbewerber des Marktes zu betrachten. Man kann sich auf die Beobachtung der Kostenentwicklung bei den wichtigsten Wettbewerbern beschränken und die im eigenen Unternehmen damit vergleichen.

---

1) Vgl. Fogg/Konken 1978, S. 1o1.

2) Die Ermittlung von marktbezogenen Kostenerfahrungskurven ist sinnvoll und notwendig, wenn wettbewerbsspezifische Erfahrungskurven aufgrund von Unternehmensdaten nicht erstellt werden können. In diesen Fällen wird man aber umgekehrt vorgehen und versuchen, zunächst marktbezogene Kostenerfahrungskurven zu ermitteln, indem man z.B. von der Preisentwicklung auf die Entwicklung der Kosten schließt. Durch diese durchschnittliche Kostenerfahrungskurve muß dann versucht werden, die Erfahrungskurven der einzelnen Wettbewerber zu approximieren. Die Annahme einer parallel verlaufenden Preis- und Kostenentwicklung gilt nicht in Zeiten, in denen vom führenden Wettbewerber ein Preisschirm gehalten wird und nicht in der daran anschließenden Phase des Preisverfalls aufgrund dadurch hervorgerufener Überkapazitäten. Vgl. Henderson 1974, S. 29-33; Kreikebaum 1981, S. 69 f.; Day/Montgomery 1983, S. 50-52.

Die bisherige Diskussion der wesentlichen Merkmale der Erfahrungskurve und ihrer Problematik hat gezeigt, daß einige Kritikpunkte auf Mißverständnissen und Fehlinterpretationen beruhen, andere berechtigte Einwände gegen die Anwendung des Instruments insbesondere dann gelten, wenn beim Anwender keine spezifische Marktkenntnis vorhanden ist. Da davon in der Regel aber nicht ausgegangen werden kann, soll im folgenden anhand der formalen Betrachtung der Erfahrungskurve gezeigt werden, wie die zur Anwendung notwendigen Variablen ermittelt werden können.

ee) Formale Ermittlung der zur Anwendung notwendigen Variablen aus kumulierten Gesamtausgaben

Die Grundaussage der Erfahrungskurve läßt sich formal wie folgt darstellen:[1]

(3.1.) $$k_n = k_1 \cdot n^{-b}$$

Dabei bedeuten: k_n = Stückkosten der n-ten Produkteinheit

k_1 = Stückkosten der ersten Produkteinheit

n = kumulierte Produkteinheiten

b = Degressionsfaktor

Der Degressionsfaktor b entspricht der Elastizität der Stückkosten und gibt an, um wieviel Prozent die Stückkosten sinken, wenn die kumulierte Menge um 1% bzw. infinitesimal steigt. Er ist abhängig von der Erfahrungsrate (p) und läßt sich numerisch berechnen als[2]:

---

1) Vgl. dazu Sallenave 1976, S. 15; Grimm 1983, S. 139; Ballwieser 1983, S. 143.
2) Vgl. Simon 1982, S. 196 f.; Grimm 1983, S. 140.

(3.2.) $$b = -\frac{\log q}{\log 2}$$

dabei bedeuten: $q = 1 - p$
= Verhältnis des Kostenrückganges aufgrund der Erfahrungsrate p

Interpretiert man nun k_n als Grenzkosten, so können durch Summierung der Grenzkosten aller n Einheiten die Gesamtkosten für diese n Einheiten ermittelt werden.

(3.3.) $$s_n = \sum_{n=1}^{N} k_1 \cdot n^{-b}$$

Dabei bedeuten: s_n = Gesamtkosten = Gesamtausgaben.[1]
Diese Summation kann durch Integration angenähert[2] werden:

(3.4.) $$s_n = \int_{o}^{N} k_1 \cdot n^{-b}$$

Wie Sallenave[3] zeigt, lassen sich aus den in der Regel nur zur Verfügung stehenden kumulierten Ausgaben die Werte der in die Erfahrungskurvenfunktion eingehenden Variablen k_n, k_1 und b ermitteln:

Die Integration von (3.4.) ergibt

(3.5.) $$s_n = \frac{k_1 \cdot n^{1-b}}{1-b} \cdot$$

Daraus folgt:
$$s_n = \frac{n \cdot k_1 \cdot n^{-b}}{1-b}$$

---

1) Die Begründung der Gleichsetzung von Gesamtkosten und Gesamtausgaben ist in der praktisch zur Verfügung stehenden Datenbasis zu sehen.
2) Eine weitere Annäherung ergibt sich durch die Verschiebung der Integrationsgrenzen; vgl. dazu Henfling 1978, S. 64 f.
3) Vgl. Sallenave 1976, S. 29-31.

Da $\quad k_n = k_1 \cdot n^{-b}$,

gilt: $\quad s_n = \dfrac{n \cdot k_n}{1-b}$

und (3.6.) $\quad k_n = (1-b)\,\dfrac{s_n}{n}$

Für die Ermittlung von b gilt:

$$(1-p) \cdot k_n = k_1\,(2n)^{-b}$$

Nach Division durch (3.1.) ergibt sich

$$1 - p = 2^{-b}$$

und so (3.7.) $\quad b = \dfrac{-\log\,(1-p)}{\log 2}$

und $\quad 1 - b = 1 + \dfrac{\log\,(1-p)}{\log 2}$,

wobei $\quad (1-p) = q$.

Zur Ermittlung von b ist jetzt q bzw. (1-p) aus s_n zu ermitteln:

Dazu betrachten wir

(3.5.) $\quad s_n = \dfrac{k_1 \cdot n^{(1-b)}}{1-b}$

und $\quad s_{n/2} = \dfrac{k_1\,(n/2)^{(1-b)}}{1-b}$.

Daraus folgt: $\quad \dfrac{s_n}{s_{n/2}} = 2^{(1-b)}$

Durch Logarithmieren ergibt sich:

$$(1-b) = \frac{\log \frac{s_n}{s_{n/2}}}{\log 2}$$

Hieraus, in Verbindung mit (3.7.), folgt:

$$\frac{\log \frac{s_n}{s_{n/2}}}{\log 2} = 1 + \frac{\log (1-p)}{\log 2}$$

und

$$\log \frac{s_n}{s_{n/2}} = \log 2 + \log (1-p)$$

oder

$$\frac{s_n}{s_{n/2}} = 2(1-p)$$

oder

$$1 - p = \frac{s_n}{2\, s_{n/2}}$$

und schließlich:

(3.8.) $$p = 1 - \frac{s_n}{2\, s_{n/2}}$$

Sind die kumulierten Ausgaben (s) für die kumulierten Mengen (n und n/2) bekannt bzw. können sie ermittelt werden, so läßt sich anhand von (3.8.) die Erfahrungsrate, daran anschließend mit Hilfe von (3.7.) der Degressionsfaktor, und schließlich lassen sich über die Verwendung dieser Variablen anhand der Formel (3.6.) die Stückkosten der n-ten Einheit (k_n) berechnen.

Durch Modifikation von (3.1.) können auch ex post die Kosten der ersten Einheit bestimmt werden:[1]

(3.9.) $$k_1 = \frac{k_n}{n^{-b}}$$

---

1) Vgl. Henderson 1974, S. 147.

Mit Hilfe von k_1 und n bzw. k_n und b können darüber hinaus auch die Kosten einer zukünftig produzierten Einheit prognostiziert werden:

Da $$k_n = k_1 \cdot n^{-b} \text{ und } k_{n+m} = k_1 (n+m)^{-b\,1)},$$

gilt: $$\frac{k_{n+m}}{k_n} = \left\{\frac{n+m}{n}\right\}^{-b}$$

und so: (3.10) $$k_{n+m} = k_n \left\{\frac{n+m}{n}\right\}^{-b}.$$

ff) Zusammenfassende Würdigung

Zum Abschluß der weitgehend unternehmensintern und damit isolierten Diskussion der Erfahrungskurve soll das Konzept zusammenfassend gewürdigt und seine Bedeutung im Rahmen der Unternehmensstrategie herausgestellt werden.

Aufgrund der empirischen Ergebnisse kann die Erfahrungskurve als eine gut abgesicherte Hypothese zur Erklärung langfristiger Preis- und Kostenentwicklungen gelten, die auf ein breites Spektrum von Produkten anwendbar ist.[2] Das Konzept bietet allerdings aus theoretischer Sicht noch viele Angriffspunkte z.B. in der Produktabgrenzung, der postulierten Erfahrungsrate und der Linearhypothese. Einige Kritikpunkte wie z.B. die Tatsache, daß die überwiegende Zahl der Untersuchungen für eine theoretische Beurteilung nicht zur Verfügung steht, ließen sich beheben. Viele Begründungen für Probleme, die sich in diesem Zusammenhang stellen, gelten jedoch unabhängig von der Erfahrungskurve, wie z.B. die Tatsache der Produktveränderung im Zeitablauf und die Zurechnungsschwierigkeiten bei Mehrproduktunternehmen und/ oder großer Produktionstiefe.[3] Die aufgezeigten Unge-

---

1) Dieser Ausdruck wird auch als Stanford-Formel bezeichnet; vgl. dazu Baur 1967, S. 104-107.
2) Zu ähnlichen Aussagen vgl. Abell/Hammond 1979, S. 106; Grimm 1983, S. 145.
3) Vgl. Ballwieser 1983, S. 142.

nauigkeiten verlieren für die Praxis auch an Bedeutung, wenn man dieses Konzept nicht als Präzisionsinstrument verwendet, sondern damit relativ grobe Überlegungen anstellt.[1] Dies betont auch Henderson: "Um wirklichen Nutzen aus der Erfahrungskurve zu ziehen, muß dieses Phänomen mit allen seinen kostenanalytischen Möglichkeiten mehr als eine qualitative Darstellung eines Zusammenhangs und mehr als ein unter normalen Bedingungen ablaufendes Verhaltensmuster gesehen werden."[2]

Die Möglichkeiten des Instruments gehen aber über eine rein qualitative Erklärung der Zusammenhänge hinaus. Auch wenn man die Unsicherheiten und Ungenauigkeiten der zur Anwendung notwendigen Daten berücksichtigt, sind mit Hilfe der Erfahrungskurve "... wachstumsabhängige technisch-ökonomische Wechselbeziehungen näherungsweise so weit zu quantifizieren, daß damit viele Probleme, die bislang nicht oder nur intuitiv lösbar erschienen, völlig neue Lösungsansätze erhalten."[3] Wenn sich die dafür zu treffenden Annahmen über die Produktionsbedingungen bei den Konkurrenten und über die kumulierten Mengen ex post als falsch erweisen sollten, spricht das nicht gegen eine solche Vorgehensweise.[4] Die Erfahrungskurve stellt sich auch dann als eine Methode dar, der eine bedeutende praktische Relevanz zuzusprechen ist, da sie zu planungsrelevanten Informationen führt und über die Steigerung der Effizienz von Entscheidungsprozessen[5] hinaus effektive strategische Entscheidungen ermöglicht. Die Bedeutung der Erfahrungskurve wird um so größer sein,

---

1) Vgl. Ballwieser 1983, S. 149.
2) Henderson 1974, S. 102 f.
3) Gälweiler 1975, S. 197.
4) Vgl. Ballwieser 1983, S. 149.
5) Vgl. Mauthe/Roventa 1982, S. 198; zu Beurteilungskriterien für Methoden zur Entscheidungsunterstützung vgl. Kirsch/Bamberger/Gabele/Klein 1973, S. 455-466; Pfohl 1977, S. 273-281; Szpyerski/Winand 1978a, S.200-215; Mauthe/Roventa 1982, S. 197-203.

je höher der Anteil der Kosten ist, der vom Management beeinflußt werden kann bzw. für den die Teilkonzepte Gültigkeit besitzen, und je stärker der Preis als Kaufkriterium gilt bzw. je größer die Preiselastizität ist. Die Bedeutung von Preisänderungen unterstreichen auch Hofer/Schendel durch eine Sensitivitätsanalyse, in der sie die Auswirkungen von Preisänderungen, Materialkostenänderungen und Mengenänderungen auf den Gewinn prüfen: "... price will always be the most sensitive variable for any firm that is making positive profit, regardless of the firm's strategy or the industry in which is competes."[1] Auf diese Weise erlangt die Erfahrungskurve auch in den Geschäften, in denen der Wettbewerbsvorteil im Besetzen der oberen Preispunkte liegt, wie typischerweise bei Imageprodukten des Konsumgüter- und Gebrauchsgüterbereichs, langfristig Bedeutung.[2] Die Produzenten von Imageprodukten haben in der Regel aufgrund ihrer Qualitäts- und/oder exklusiven Marketingstrategien höhere Kosten.[3] Derjenige mit den relativ geringsten Kosten hat aber einerseits den Vorteil, weil seine Gewinnspannen höher sind. Andererseits können auch in diesen Märkten die Preise unvorhergesehen fallen. Kostensenkungen sind dagegen aber generell nur innerhalb eines kontinuierlichen Prozesses zu erzielen.

Die Ausführungen verdeutlichen zwar die Bedeutung der Erfahrungskurve über den Zusammenhang zwischen Kosten und Preisen, dennoch sind sie isoliert betrachtet noch wenig aussagefähig. Um Aussagen über die Bestimmung von Produkt-Markt-Feldern treffen zu können, werden im folgenden die Größen Marktanteil und Marktwachstum einer näheren Betrachtung unterzogen. Einerseits, um sie im vierten Teil dieser Arbeit mit der Erfahrungskurve ver-

---

[1] Hofer/Schendel 1978, S. 113; vgl. auch Gälweiler 1983a, S. 54.
[2] Vgl. Strüven 1982, S. 6.
[3] Vgl. dazu auch die Ergebnisse von Phillips/Chang/Buzzell 1983.

binden zu können. Andererseits ist die separate Behandlung dieser Größen notwendig, weil dadurch mögliche Alternativen im Hinblick auf die im vierten Teil der Arbeit zugrunde zu legende Marktabgrenzung zur Bestimmung von Produkt-Markt-Feldern diskutiert und beurteilt werden können.

2. Marktanteil

Anteile an einem Markt lassen sich auf unterschiedliche Bezugsgrößen, wie z.B. Mengen oder Umsätze, und weil das Problem der Marktabgrenzung eindeutig nicht zu lösen ist, auf unterschiedlich weite Marktbereiche, wie z.B. eine Branche oder Industrie insgesamt oder einen Teilbereich davon, beziehen.[1] Die für die Erfahrungskurve notwendige Bezugsgröße sind Mengen. Die im folgenden diskutierten Untersuchungen über den Einfluß des Marktanteils auf den Unternehmenserfolg und die Ausführungen über das Marktwachstum beziehen sich in der Regel auf Umsätze. Der Unterschied ist zunächst noch nicht von Bedeutung. Im vierten Teil dieser Arbeit gilt dies jedoch nicht bei einer erfahrungskurvenorientierten Preisentwicklung. In diesem Fall verschleiert beispielsweise das Umsatzwachstum die tatsächlichen Mengenverdoppelungen und zwar um so mehr, je höher die Mengenwachstumsrate ist. Dies kann dann sehr leicht zu Fehlentscheidungen führen, da die bereitzustellende Kapazität im wesentlichen durch die Entwicklungen der Mengen beeinflußt wird.[2] Dort wird deshalb von mengenbezogenen Anteilen ausgegangen.

Die Klärung der Frage Gesamtmarkt oder Teilmarkt bei der Messung von Marktanteilen kann im Verlauf der Diskussion der empirischen Untersuchungen über den Einfluß des Marktanteils auf den Unternehmenserfolg vorgenommen werden, weil darauf letztlich die unterschiedlichen Untersuchungsergebnisse zurückgeführt werden können.

---

1) Vgl. auch Kotler 1982, S. 662 f.
2) Vgl. Gälweiler 1974, S. 271.

a) Der Einfluß des Marktanteils auf den Unternehmenserfolg - Darstellung der Untersuchungsergebnisse

Die erste Untersuchung über den Einfluß des Marktanteils auf den Unternehmenserfolg wurde 1971 von Imel/Helmberger für die Nahrungsmittelindustrie vorgelegt. Die Autoren kamen zu dem Ergebnis einer positiven Beziehung zwischen der Höhe der Marktanteile und der Rentabilität.[1] Diese Frage wurde in der Zwischenzeit in einer Vielzahl von Studien wieder aufgegriffen, die ursprünglichen Ergebnisse konnten aber nicht durchgängig bestätigt werden. Die im folgenden ausführlich diskutierten Untersuchungen können keinen Anspruch auf Vollständigkeit erheben. Es wird vielmehr das als wichtigste Studie anzusehende PIMS-Konzept, das die Erfolgsträchtigkeit hoher Marktanteile bestätigt, zwei ebenfalls wichtigen Studien gegenübergestellt, die zum Ergebnis haben, daß auch mit geringen Marktanteilen ein hoher Unternehmenserfolg erzielt werden kann.

aa) PIMS

Die wichtigste Untersuchung, die den positiven Zusammenhang zwischen dem Marktanteil und dem Erfolg eines Unternehmens, ausgedrückt durch den Return on Investment (ROI)[2], bestätigt, ist zweifelsohne das PIMS-Projekt.[3]

---

1) Vgl. Imel/Helmberger 1971; vgl. auch Woo 1979, S. 9; Rumelt/Wensley 1981, S. 3.

2) Der ROI wird ermittelt als:
$$\frac{\text{pretax operating profits}}{\text{sum of equity and long-term debt}}$$; vgl. Buzzell/Gale/Sultan 1975, S. 105.

3) Vgl. dazu u.a. Schoeffler/Buzzell/Heany 1974; Schoeffler 1975; Buzzell/Gale/Sultan 1975; The Strategic Planning Institute 1977; The Strategic Planning Institute 1977a; Anderson/Paine 1978.

Entstanden in den frühen sechziger Jahren bei General Electric, wurde das Projekt, das auf der Grundlage statistischer Daten "Gesetze des Marktes" liefern sollte, Anfang 1972 unter dem Namen PIMS vom Marketing Science Institute weitergeführt und dadurch auch anderen Unternehmen zugänglich gemacht. Ab 1975 wurde es schließlich dem Strategic Planning Institute organisatorisch angegliedert[1] und wird dort heute noch betrieben. Von den daran beteiligten US-amerikanischen und europäischen Unternehmen werden für jede Geschäftseinheit mehr als 200 quantitative Angaben über

1. die Umwelt (z.B. langfristige Wachstumsrate),
2. die Wettbewerbsposition (z.B. Marktanteil),
3. die Unterscheidungsmerkmale gegenüber den Konkurrenten (z.B. Qualität),
4. die Kapitalstruktur (z.B. Investitionsintensität),
5. den Produktionsprozeß (z.B. vertikale Integration) und
6. die Verteilung des Budgets (z.B. Marketingausgaben (in Relation zum Umsatz)) verlangt.[2]

Anfang der achtziger Jahre gründeten sich die Aussagen auf über 2.000 Geschäftsbereiche in über 200 Unternehmen.[3] Die Analyse der Daten durch ein lineares multiples Regressionsmodell zeigt, daß "... most high-share business enjoy above-average profit margins and rates of return on investment, while most small-share business have below-average margins and ROI."[4] Obwohl sich die Basis des Programms seit 1972 ständig geändert hat, blieb diese Korrelation zwischen Marktanteil und Erfolg konstant.[5] Die folgende Abbildung zeigt die Beziehung

---

1) Zur Entstehung und Entwicklung des PIMS-Projektes vgl. u.a. Schoeffler 1975, S. 2 f.; Neubauer 1979, S. 155 f.; Neubauer 1980, S. 136 f.
2) Vgl. u.a. Anderson/Paine 1978, S. 607.
3) Vgl. Buzzell/Wiersema 1981, S. 135 f.
4) Buzzell/Wiersema 1981, S. 135.
5) Vgl. Buzzell/Wiersema 1981, S. 135 f.

zwischen dem ROI vor Steuern und dem Marktanteil auf Grundlage eines Zeitraumes von vier Jahren:[1]

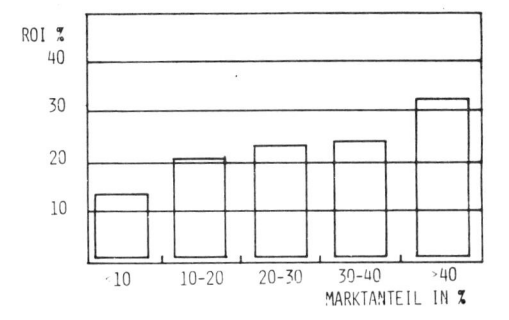

```
ROI %
40
30
20
10
      <10   10-20  20-30  30-40  >40
                MARKTANTEIL IN %
```

Abb. 11: Die Beziehung zwischen Marktanteil und ROI im PIMS-Programm[2]

Um die Struktur des jeweiligen Marktes als Einflußgröße zu eliminieren,[3] wird neben dem Marktanteil auch der relative Marktanteil, gemessen als Marktanteil der Geschäftseinheit des betrachteten Unternehmens im Verhältnis zur Summe der Marktanteile der drei größten Konkurrenten, in seinem Einfluß auf den ROI gemessen. Auch hier zeigt sich auf der Grundlage von 2.000 Geschäftseinheiten eine sehr enge positive Korrelation:

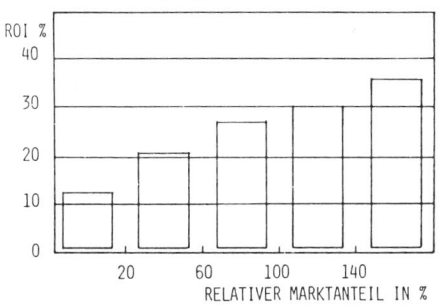

```
ROI %
40
30
20
10
 0
       20    60    100   140
          RELATIVER MARKTANTEIL IN %
```

Abb. 12: Die Beziehung zwischen relativem Marktanteil und ROI im PIMS-Programm[4]

---

1) Vgl. zu anderen Darstellungen Abell/Hammond 1979, S. 279; Dunst 1979, S. 81.
2) Quelle: Buzzell/Wiersema 1981, S. 137.
3) Vgl. Grimm 1983, S. 40.
4) In Anlehnung an Wakerly 1984, S. 95.

Neben dem Marktanteil und dem relativen Marktanteil erwiesen sich auch die Investitionsintensität, die Produktitivät, die Produktqualität, das Marktwachstum sowie die vertikale Integration und die relativen Aufwendungen für Forschung und Entwicklung und Marketing als wichtige Einflußgrößen auf den ROI, die im Zusammenwirken mit dem Marktanteil sowohl eine neutralisierende, verstärkende als auch umkehrende Wirkung haben können.[1] Doch auch wenn alle diese Effekte bedacht werden, bleibt der Einfluß des Marktanteils herausragend.[2] Statistisch gesehen zeichnet der Marktanteil allein für 15 Prozentpunkte der 80 %-igen Erklärungskraft aller unabhängigen Variablen verantwortlich.[3] Diesen relativen Einfluß des relativen Marktanteils verdeutlicht die folgende Übersicht, in der der Anteil der erfolgreichen und nicht erfolgreichen Geschäftseinheiten in Abhängigkeit vom relativen Marktanteil aufgezeichnet ist:

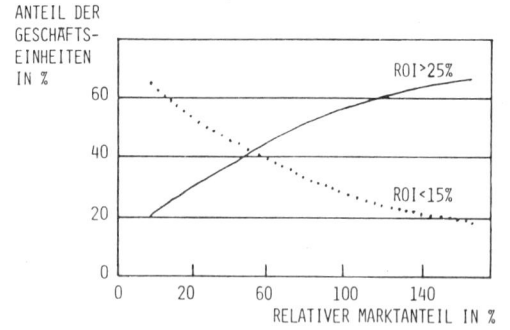

Abb. 13: Die Auswirkungen des relativen Marktanteils auf den Anteil erfolgreicher und erfolgloser Unternehmen bezogen auf den ROI[4]

---

1) Vgl. Schoeffler 1979, zitiert nach Fellinger/Zügner 1980, S. 20; zum Einfluß dieser Faktoren auf die Bedeutung des relativen Marktanteils vgl. u.a. Dunst 1979, S. 82-87; Hammer 1982, S. 137-142; Fellinger/Zügner 1980, S. 20-26.
2) Vgl. Buzzell/Wiersema 1981, S. 136.
3) Vgl. Schoeffler 1979, zitiert nach Fellinger/Zügner 1980, S. 20.
4) Quelle: Wakerly 1984, S. 95.

Demnach steigt (fällt) mit steigendem relativen Marktanteil der Anteil der Unternehmen, die einen ROI von 25 % (15 %) übersteigen (unterschreiten).

Gegen die PIMS-Untersuchung und damit auch gegen die herausragende Bedeutung des Marktanteils werden eine Reihe gewichtiger Kritikpunkte vorgetragen, von denen die wesentlichen im folgenden stichwortartig unter den Gesichtspunkten Zugänglichkeit der Informationen, theoretisches Vorgehen und Schätz- und Meßprobleme zusammengefaßt werden sollen.[1]

(1) Zugänglichkeit der Information
  (a) Die Qualität des Regressionsmodells ist nicht zu beurteilen, weil keine Information über
   - die Vorzeichen der Regressionskoeffizienten,
   - die Größe der Regressionskoeffizienten und über
   - eine Regressionsstatistik mit den Multikollinearitätsmaßen, dem Standardfehlermaß und einer t-Statistik der Konfidenzintervalle der Regressionskoeffizienten vorliegen.
  (b) Die Aussagen über die Beziehungen zwischen der (den) unabhängigen und der abhängigen Variablen beziehen sich auf die Gesamtstichprobe und enthalten damit nur Durschnitte. Branchenbezogene Ergänzungen werden nicht vorgenommen.

(2) Theoretisches Vorgehen
  (a) Der verwendete lineare multiple Regressionsansatz reicht zur Abbildung realer Beziehungszusammenhänge nicht aus, da er

---

1) Vgl. dazu die ausführliche Kritik bei Lange 1982, S. 33-38.

- Linearität und Einseitigkeit der Beziehungszusammenhänge,
- Unabhängigkeit der erklärenden Variablen untereinander und
- sofort eintretende Wirkung unterstellt.[1]

(b) Der ROI als alleiniges Zielkriterium ist nicht für alle Fälle ausreichend.[2]

(c) Eine Anzahl weiterer unabhängiger Variablen wie z.B. technologische Dynamik, Verfügbarkeit von Ressourcen, Marktanteilsverhältnisse und Organisationsstrukturdimensionen werden nicht berücksichtigt, obwohl ein Einfluß theoretisch begründbar ist.[3]

(3) Schätz- und Meßprobleme

(a) Die einheitliche Bewertung qualitativer Daten wie z.B. Produktqualität ist nicht gewährleistet.

(b) Auch bei quantitativen Daten ist die Vergleichbarkeit gefährdet:
- Der ROI wird durch Bilanzierungspraktiken und Ausnutzung von Bewertungsspielräumen beeinflußt.
- Der Marktanteil und das Marktwachstum werden auch durch die Spielräume bei der Abgrenzung strategischer Geschäftseinheiten bestimmt.

Lange[4] betont, daß aufgrund der angeführten Kritikpunkte die Kernaussage des PIMS-Programms, eine Steigerung des Marktanteils führe zu einem hohen ROI, nicht als allgemeingültig angesehen werden kann und fordert eine branchen- bzw. unternehmensspezifische Relati-

---

1) Vgl. dazu auch Gale 1972a, S. 314, zitiert nach Woo 1979, S. 15; Woo 1979, S. 15 f.; Bamberger 1981, S. 100; Newton 1983, S. 37.
2) Zur Kritik des ROI als Beurteilungsmaßstab für strategische Entscheidungen vgl. Grimm 1983, S. 193-195.
3) Vgl. zu weiteren Größen auch Wittek 1980, S. 165.
4) Vgl. Lange 1982a, S. 38.

vierung der Ergebnisse. Wird das Ergebnis des PIMS-Programms so interpretiert, dann ist in der Tat eine branchen- und unternehmensspezifische Betrachtung notwendig, weil dadurch die Frage einer Marktanteilserweiterung und damit die nach dem optimalen Marktanteil gestellt wird. Auf diese Frage wird an späterer Stelle noch ausführlich eingegangen. Unter Berücksichtigung branchenspezifischer Unterschiede kann man aufgrund der erzielten Ergebnisse aber davon ausgehen, daß die PIMS-Untersuchung eine Reihe begründeter Anhaltspunkte für die These der Erfolgsträchtigkeit hoher Marktanteile geliefert hat.[1] In neueren Untersuchungen[2], die sich auf die PIMS-Datenbank stützen, werden durch komplexere Modelle einige Kritikpunkte am theoretischen Vorgehen aufgehoben, indem beispielsweise mehr als zwei Variablen (relative Produktqualität, relative direkte Kosten, relative Preise und relative Marktposition) in ihrem Einfluß auf den ROI untersucht werden. Auch der Kritikpunkt, daß es sich bei den Untersuchungen vornehmlich um amerikanische Unternehmen handelt, und somit die Ergebnisse auf Europa nicht übertragbar seien,[3] wird seit einiger Zeit durch verstärkte Aktivitäten im europäischen Raum begegnet. Die von Wakerly[4] vorgelegten Ergebnisse zeigen für Europa sogar eine stärkere Beziehung des relativen Marktanteils, der relativen Produktqualität und der Investitionsintensität zum ROI.

---

1) Vgl. ähnlich Köhler 1980, S. 18; darüber hinaus können aber auch weitere Untersuchungen angeführt werden, die das Ergebnis stützen. Vgl. z.B. Chevalier 1972; Fruhan 1980; Shephard 1972; Gale 1972; Kitching 1974; Bloom/Kotler 1983; Biggadike 1976, zitiert nach Wittek 1981, S. 105.
2) Vgl. Phillips/Chang/Buzzell 1983.
3) Vgl. Neubauer 1980, S. 159.
4) Vgl. Wakerly 1984, S. 96.

bb) Hammermesh/Anderson/Harris

Die Allgemeingültigkeit der Untersuchungen, die einen hohen Marktanteil als Voraussetzung für einen hohen Erfolg ansehen, wurde bereits 1978 von Hamermesh/Anderson/Harris angezweifelt.[1] In einer in der Folgezeit vielbeachteten Studie wurden drei Unternehmen aus drei Branchen, Burroughs Corporation, Crown Cork & Seal Co. Inc. und Union Camp Corporation, untersucht. Sie wurden aus einer Anzahl von Unternehmen herausgegriffen, die sich aus den über 900 Geschäftszweigen der im Forbes Annual Report on American Industry aufgeführten 30 Branchen nach den Kriterien niedriger Marktanteil und erfolgreiche Markttätigkeit identifizieren ließen. Als niedriger Marktanteil wurde ein um mindestens 50 Prozent geringerer Marktanteil als der des Marktführers angesehen, und als erfolgreich galten Unternehmen, deren durchschnittliche Eigenkapitalrentabilität über die letzten fünf Jahre den Mittelwert der Industrie überstieg. Die betrachteten Unternehmen hatten außer niedrigen Marktanteilen und außergewöhnlichem Erfolg, der mit Ausnahme von Burroughs den der größeren Unternehmen überstieg, scheinbar wenig gemeinsam. Das relevante Umfeld jedenfalls war für jedes Unternehmen verschieden: Die Computerindustrie ist hoch technologisch, wachstumsstark und wird von einem Unternehmen dominiert; die Herstellung und der Vertrieb von Metallbehältern erfolgt in einem oligopolistischen Markt mit nur vier Anbietern in der Reifephase, und die holzverarbeitende Industrie, ebenfalls in der Reifephase, ist sehr fragmentiert. Hamermesh/Anderson/Harris stellen jedoch als Ergebnis ihrer Studie insgesamt vier charakteristische Merkmale heraus, auf denen sich der Erfolg der drei Unternehmen gründet: "... sorgfältiges Segmentieren der Märkte, effizienter Mitteleinsatz bei Forschung und

---
[1] Vgl. Hamermesh/Anderson/Harris 1978.

Entwicklung, Denken in kleinen Kategorien und hohes Durchsetzungsvermögen im Topmanagement".[1]

Für die Beziehung zwischen Marktanteil und Erfolg ist insbesondere die Tatsache der Marktsegmentierung von Bedeutung. Um erfolgreich zu sein, sehen Hamermesh/Anderson/Harris die Notwendigkeit, innerhalb einer Industrie solche Teilmärkte zu wählen, in denen die Stärken des Unternehmens am besten zur Geltung kommen und es zudem unwahrscheinlich ist, daß sich auch die größeren Wettbewerber dort betätigen. Dies wird von den erfolgreichen Unternehmen durch eine ungewöhnliche, kreative Segmentierung erreicht, die über das Denken in Produkten und Kundengruppen hinausgeht. Die Autoren nennen als Beispiele u.a. Kundendienstqualität, Art der Preisgestaltung und Kreditvereinbarungen mit Kunden als Ansatzpunkte zur Segmentbildung. Ein Unternehmen mit kleinem Marktanteil muß "... in den Teilmärkten konkurrieren, in denen seine großen Stärken liegen und wo es wenig wahrscheinlich ist, daß auch große Anbieter in die Konkurrenz eintreten ... . Entscheidend ist, daß Manager sich darauf konzentrieren, ausgewählte Teilmärkte zu identifizieren und zu bedienen, anstatt eine ganze Branche ins Visier zu nehmen."[2] Darüber hinaus zeichnen sich die erfolgreichen Unternehmen dadurch aus, daß sie nur sehr vorsichtig und langsam Marktanteilsausweitungen vornehmen, die zudem auf sehr eng verwandte Bereiche begrenzt sind.[3] Dies führt dazu, daß die meisten dieser Unternehmen im Gegensatz zu ihren großen Konkurrenten sehr viel weniger differenziert sind.

---

1) Hamermesh/Anderson/Harris 1978, S. 136.
2) Hamermesh/Anderson/Harris 1978, S. 136; zur Charakterisierung der Segmentierungskategorien der drei betrachteten Unternehmen vgl. Hamermesh/Anderson/Harris 1978, S. 130-132.
3) Vgl. Hamermesh/Anderson/Harris 1978, S. 142.

cc) Woo/Cooper

Auch Woo/Cooper gehen aufgrund der von ihnen in neuester Zeit erzielten Ergebnisse davon aus, daß die positive Korrelation zwischen Marktanteil und Erfolg dazu führen würde, daß sich die Mehrzahl aller Unternehmen in der Insolvenzliste wiederfinden müßte. Sie betrachten 126 Unternehmen, von denen 40 überragend abschneiden, obwohl sie nur einen kleinen Marktanteil aufweisen.[1] Verglichen werden erfolgreiche Unternehmen mit kleinen Marktanteilen mit erfolgreichen Unternehmen, die einen hohen Marktanteil besitzen und mit erfolglosen Unternehmen mit niedrigem Marktanteil. Durch eine clusteranalytische Aufteilung gelangen Woo/Cooper zu sechs Gruppen, die sich in der Art der Produkte und im Marktwachstum unterscheiden.[2] Woo/Cooper merken an, daß die Unternehmen "... in einer Gruppe nicht unbedingt miteinander konkurrieren müssen, vielmehr gilt, daß sie in einer ökonomischen Umwelt konkurrieren, die für alle vergleichbar ist."[3] Das Ergebnis fassen sie in der Beschreibung von typischen Wettbewerbsstrategien in den verschiedenen Umgebungen zusammen:

(1) Die Unternehmen in den Gruppen 3,4 und 6, die zu nahezu 90 Prozent erfolgreich sind, zeichnen sich durch eine Strategie aus, die auf ein bestimmtes Marktsegment konzentriert ist. Diese Unternehmen versuchen nie, alles zu machen.[4]

(2) Ihre Produkte haben mit Ausnahme der Gruppe 3 immer eine hohe Qualität. Qualität und Zuverlässigkeit sind aber besonders wichtig beim

---

1) Vgl. Woo/Cooper 1984, S. 72.
2) Die von Woo/Cooper gewählten Güterklassen enthielten (1) und (2) Konsumgüter und industrielle Komponenten, (3) langfristige Konsumgüter und Kapitalgüter, (4) und (6) Industriekomponenten und Zulieferteile, (5) Kapitalgüter, industrielle Komponenten und Zulieferteile; vgl. Woo/Cooper 1984, S. 73.
3) Woo/Cooper 1984, S. 72.
4) Vgl. Woo/Cooper 1984, S. 72.

Verkauf industrieller Komponenten und Zulieferteilen.

(3) Die Mehrheit der Unternehmen kombiniert hohe Qualität mit niedrigeren Preisen als die Konkurrenz.

(4) Die Fähigkeit zu einer Niedrigpreispolitik resultiert aus relativ niedrigen Kosten. "Der Kostenvorteil wird dadurch gewonnen, daß sich der Hersteller auf ein schmales Angebot standardisierter Produkte beschränkt."[1)]

Die Darstellung sowohl dieser Ergebnisse als auch der von Hamermesh/Anderson/Harris zeigt, daß hier offensichtlich eine von der PIMS-Studie abweichende Bezugsgröße für die Bemessung von Marktanteilen gewählt wurde. Werden im PIMS-Projekt Geschäftseinheiten im Sinne klar abgrenzbarer Produkte oder integrierter Produktgruppen[2)] und damit weitgehend Teilmärkte als Bezugsgröße gewählt, so gehen die Untersuchungen, die die These der Erfolgsträchtigkeit hoher Marktanteile bestreiten, offensichtlich vom Gesamtmarkt oder der Industrie als Bezugsgröße aus. Im folgenden wird deshalb diskutiert, welche Bezugsgröße aus der Sicht eines Unternehmens die größere Relevanz besitzt und damit den Rahmen für die Abgrenzung von Produkt-Markt-Feldern bilden muß.

b) Der Einfluß der Marktabgrenzung auf die Beziehung zwischen Marktanteil und Erfolg - Gesamtmarkt versus Marktsegment

Alle dargestellten Untersuchungen führen zur Bestätigung der Bedeutung hoher Marktanteil für den Erfolg eines Unternehmens, wählt man Teilmärkte als Bezugsgröße

---

1) Woo/Cooper 1984, S. 75.
2) Vgl. u.a. Abell/Hammond 1979, S. 273; Neubauer 1980, S. 145.

und nicht die gesamte Industrie. Unternehmen, die innerhalb einer Branche sehr sorgfältige Teilmärkte auswählen, "... die anders sind, als die der Marktteilnehmer mit großen Marktanteilen",[1] werden mit den branchenweiten Marktführern dort auch nicht konkurrieren bzw. werden so große produkt- und/oder marktspezifische Vorteile besitzen, die durch den auf den Gesamtmarkt bezogenen Marktanteil nicht wiedergegeben werden können. Die Gefahr einer branchenweiten Marktanteilsbildung besteht so gesehen darin, "Äpfel mit Birnen" zu vergleichen.[2] Deshalb gehen auch die Befürworter der Erfahrungskurve davon aus, daß sich Marktanteile nur auf spezifische Produkte in bestimmten Marktsegmenten beziehen und nicht auf die ganze Branche.[3] Gälweiler[4] sieht dementsprechend auch den durchschnittlichen Marktanteil strategischer Geschäftsfelder im Unternehmensportfolio nicht als allgemein aussagefähige Meßgröße an, da es sich hierbei in der Regel um "amorphe Gesamtheiten" und nicht um nach Produkten, Regionen und Kundengruppen strukturierte Aktivitätsfelder handelt.

Die Notwendigkeit einer engen Abgrenzung wird auch für das PIMS-Projekt betont, aber bei der Erhebung der Daten nur in den seltensten Fällen erreicht. Die strategischen Geschäftsfelder enthalten einige, manchmal sogar viele verschiedene Kundengruppen, Produktvariationen, Preis-Leistungsklassen oder Vertriebsmethoden.[5]

Porter[6] kann als der herausragende Vertreter der entgegengesetzten Ansicht einer branchenweiten Marktdefi-

---

1) Woo/Cooper 1984, S. 75.
2) Vgl. o.V. 1982, S. 54 f.
3) Vgl. Henderson 1974, S. 45.
4) Vgl. Gälweiler 1983, S. 499.
5) Vgl. Buzzell/Wiersema 1981, S. 144; vgl. zu dieser Ansicht auch Rumelt/Wensley 1981, S. 3. Die Autoren verweisen dabei auf die Arbeiten von Schoeffler/Buzzell/Heany 1974; Buzzell/Gale/Sultan 1975; Branch 1978.
6) Vgl. Porter 1983.

nition angesehen werden. Deshalb stellt auch er die
lineare positive Beziehung zwischen dem Marktanteil
und der Rentabilität in Frage. Er sieht die Beziehung
U-förmig verlaufen. Anhand von Beispielen zeigt er
auf, daß Unternehmen durch eine Strategie der umfassenden Kostenführerschaft, der Konzentration oder der
Differenzierung eine hohe Rentabilität sowohl bei hohen
als auch bei niedrigen Marktanteilen erzielen, während
die Unternehmen, die weder einen hohen noch einen
nierigen Marktanteil besitzen, "zwischen den Stühlen
sitzen".[1] Die Beziehung zwischen Marktanteil und ROI
zeigt sich nach Porters Vorstellung wie folgt:

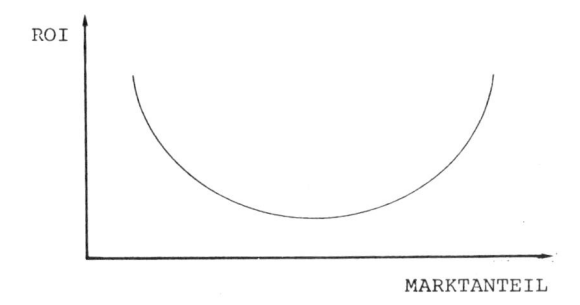

Abb. 14: Die Beziehung zwischen Marktanteil und ROI
bei Porter[2]

Die Möglichkeit einer konstant positiven Beziehung
zwischen dem Marktanteil und dem ROI wird von Porter
verworfen: "Es gibt keine eindeutige Beziehung zwischen Rentabilität und Marktanteil, es sei denn, man
definiert den Markt einfach derart, daß konzentrierten oder differenzierten Unternehmen hohe Marktanteile
in einigen eng definierten Branchen zugeordnet werden,
während man die Branchendefinition bei den Unternehmen
mit Kostenvorsprung breit läßt (dies ist erforderlich,
weil diese nicht in jedem Teilmarkt den größten Markt-

---

1) Vgl. Porter 1983, S. 63-74.
2) Quelle: Porter 1983, S. 73.

anteil haben)".[1] Eine solche Sichtweise erklärt seiner Ansicht nach "... jedoch nicht die hohen Erträge von Unternehmen ..., die sich branchenweit differenziert haben und kleinere Marktanteile als der Branchenführer halten".[2] Beispiele dafür nennt er aber nicht.

Eine plausible Erklärung kann aber gerade wieder durch den Bezug auf Teilmärkte gegeben werden. Sind die Teilmärkte der differenzierten Unternehmen so gewählt, daß für diese Unternehmen ein sehr großes Ausmaß an Verbundwirkungen auch zwischen diesen Teilmärkten besteht und halten die Unternehmen in den einzelnen Teilmärkten höhere Marktanteile als der Branchenführer, so kann der damit erzielte Erfolg auf die hohen Marktanteile in den Teilmärkten zurückgeführt werden, die, bezogen auf die gesamte Branche, durchaus niedriger ausfallen können als die des Branchenführers.

Für ein branchenweit tätiges Unternehmen reichen auf der anderen Seite unter Umständen in den Segmenten eines differenzierten oder in dem eines konzentrierten Unternehmens aber auch geringe Marktanteile aus, um in eine günstigere Position zu gelangen, wenn es zwischen diesem und dem Gesamtmarkt Verbundbeziehungen realisieren kann.[3]

Hierdurch wird deutlich, daß der für die Abgrenzung des Tätigkeitsbereiches eines Unternehmens zugrunde zu legende Markt nicht generell mit der gesamten Branche gleichgesetzt werden darf, sondern durch die Abgrenzungen der Tätigkeitsbereiche, die die einzelnen Wettbewerber vornehmen, bestimmt wird. "The way various competitors define their scope of activities, in parti-

---

1) Porter 1983, S. 74.
2) Porter 1983, S. 74.
3) Vgl. Abell/Hammond 1979, S. 396; Boston Consulting Group o.J.

cular, determines market boundaries."[1] Auf diese Weise kann es in einigen Fällen durchaus möglich sein, daß der Gesamtmarkt für die Entscheidung eines Unternehmens für die Bestimmung der Produkt-Markt-Felder relevant ist. In der Mehrzahl der Fälle wird aber die Betrachtung einzelner Teilmärkte ausreichend und aussagefähiger für die Entscheidung sein.

Zum Abschluß der Diskussion über die Bedeutung des Marktanteils für den Erfolg eines Unternehmens, auch bezogen auf einen Teilmarkt, soll die These der positiven Korrelation zwischen Marktanteil und ROI noch einmal aufgegriffen werden, da die bisherigen Ausführungen darauf schließen lassen könnten, daß der Marktanteil zu maximieren sei. Bloom/Kotler verweisen darauf, daß ein Unternehmen mit sehr hohem Marktanteil darauf achten muß, ob bei weiterer Steigerung des Marktanteils die Rentabilität zurückgeht.[2] Als Begründung führen sie eine ansteigende Kundenloyalität an, die es zu überwinden gilt, ansteigende Spezialisierungskosten und mögliche Extraaufwendungen für rechtliche Auseinandersetzungen, Öffentlichkeitsarbeit und Lobbytätigkeit, um sich vor Kritik und Eingriffen zu schützen.[3]

Davon abgesehen treten insbesondere dann überhöhte Aufwendungen auf, wenn die Erzielung von Marktanteilsgewinnen schnell vor sich gehen soll. In diesem Fall können beispielsweise höhere Werbeausgaben oder stärkere Preissenkungen notwendig sein, um die Zeit der Marktdurchdringung zu verkürzen.[4] Auch die Wahl des Zeit-

---

1) Abell 1980, S. 191.
2) Vgl. Bloom/Kotler 1983, S. 76.
3) Vgl. Boom/Kotler 1983, S. 76.
4) Vgl. Grimm 1983, S. 198 f. Grimm verweist in diesem Zusammenhang auf Biggadike, der bei einer Untersuchung von 454 Unternehmen feststellte, daß diejenigen Unternehmen, die ihre Marktanteile schnell erhöhten, einen ROI von -20 % in den ersten 4 Jahren erzielten, während die Unternehmen mit mittelmäßigem Wachstum einen ROI von -10 % und diejenigen, die ihren Marktanteil hielten, einen ROI von -4 % erzielten. Vgl. Biggadike 1979, S. 107.

punktes der Marktanteilserhöhung beeinflußt die Auswirkungen auf die Rentabilität, da die dazu notwendigen Aufwendungen in der Regel höher sind, wenn die Marktanteile den Konkurrenten abgewonnen werden müssen, als wenn in wachsenden Märkten für alle Anbieter die Möglichkeit des Wachstums besteht.[1]

Wo der optimale Marktanteil liegt, ist allgemein nicht zu beurteilen. Aufgrund der Ergebnisse des PIMS-Projektes ist eine Aussage für Marktanteile über 40 % nicht zu treffen, weil alle Unternehmen, deren Marktanteile 40 % überschreiten, in einer Klasse zusammengefaßt sind.[2] In neueren Berichten über das PIMS-Projekt beschäftigt man sich jedoch auch mit der Frage, warum Geschäftseinheiten über einem bestimmten Marktanteilsniveau dazu tendieren, Anteile zu verlieren, während die darunterliegenden Anteile gewinnen.[3] Den Ergebnissen zufolge existiert ein "natürliches Gleichgewicht" in den meisten Märkten, wenn der Marktführer 40 % Marktanteil hält und die nachfolgenden Wettbewerber jeweils ungefähr zwei Drittel des Anteils vom nächststärkeren Wettbewerber auf sich vereinigen, so daß sie 25 %, 15 % und 10 % Marktanteil besitzen.[4]

Ähnliche Aussagen über die Marktanteilsverteilung finden sich früher schon bei der Boston Consulting Group. Beobachtungen führen sie zu der Annahme, daß der größte Wettbewerber in einem Markt im Verhältnis zum kleinsten nicht mehr als einen viermal so hohen Anteil haben kann.[5] Außerdem gehen sie davon aus, daß ein Verhältnis von 2 : 1 in den Marktanteilen zwischen jeweils zwei Wettbewerbern der Punkt zu sein scheint, an dem es für keinen Wettbewerber weder praktisch noch vorteilhaft

---

1) Vgl. auch Wittek 1980, S. 118; Gälweiler 1974, S. 274 f.
2) Vgl. Bloom/Kotler 1983, S. 76.
3) Vgl. Buzzell/Wiersema 1981, S. 139.
4) Vgl. dazu Buzzell/Wiersema 1981, S. 139.
5) Vgl. Boston Consulting Group o.J.

ist, den Marktanteil zu verändern. Sie betonen allerdings auch, daß die daraus folgende Hypothese "The rule of Three and Four"[1] nur grobe Anhaltspunkte bietet. "It is not subject to rigorous proof. It does seem to match well observable facts in fields as diverse steam turbines, automobiles, baby food, soft drinks and airplanes. If even approximately true, the implications are important".[2] Die günstigste Konstellation wird dann vermutet, wenn drei Wettbewerber existieren, der größte nicht mehr als 60 % und der kleinste nicht weniger als 15 % des Marktanteils hält. Unabhängig von der Frage einer "natürlichen Marktanteilsstruktur" wird man davon ausgehen können, daß eine positive Korrelation zwischen Marktanteil und dem Erfolg eines Unternehmens besteht, solange die Abgrenzung des Marktes auf der Grundlage der individuellen Abgrenzungen der Tätigkeitsbereiche einzelner Wettbewerber geschieht, die Konkurrenten sehr unterschiedlich hohe Anteile halten, der Marktanteil des Marktführers die Obergrenze des "optimalen" Marktanteils nicht überschreitet und diese Marktanteile unter "normalen" Bedingungen erworben wurden. Als Begründung dafür können der Bekanntheitsgrad der Marke des Marktführers bei unkundigen Käufern, die Möglichkeit oligopolistischen Verhaltens im Hinblick auf Mengenbeschränkungen, steigende Verhandlungsmacht sowohl gegenüber Käufern als auch Lieferanten und Größenvorteile angeführt werden.[3]

---

1) Soll sowohl das Verhältnis von 2 : 1 zwischen zwei beliebigen Wettbewerbern als auch das Verhältnis von 4 : 1 zwischen dem größten und dem kleinsten Wettbewerber eingehalten werden, so können nicht mehr als drei Wettbewerber existieren.
2) Boston Consulting Group o.J.
3) Vgl. Gale 1972, S. 413; vgl. auch Woo 1979, S. 10; Rumelt/Wensley 1981, S. 5 f.; Fellinger/Züngner 1980, S. 19.

3. Marktwachstum

a) Die Entwicklung des Marktwachstums, dargestellt am Produktlebenszyklus

Als zweiter, neben dem Marktanteil wesentlicher Faktor wurde das Marktwachstum herausgestellt.[1] Die Bedeutung des Marktwachstums liegt in den dadurch bedingten Entwicklungsmöglichkeiten der Marktanteile, die wiederum für jede einzelne Unternehmung bedeutsame Wirkungen auf die Möglichkeiten zur Kostensenkung haben. Da der Wachstumsverlauf von Märkten oder Produkten seit langem Gegenstand des Produktlebenszykluskonzeptes ist, das auch zu den klassischen Ansätzen in der strategischen Planung zählt,[2] soll im folgenden diskutiert werden, inwieweit auf der Grundlage des Produktlebenszyklus die Ermittlung zukünftiger Wachstumsraten möglich ist. Darüber hinaus ergeben sich aber auch hier Hinweise auf die aus Unternehmenssicht wenig aussagefähige, branchenweite Marktabgrenzung. Der Produktlebenszyklus beschreibt in der Regel " ... die erwartete oder die in der Vergangenheit empirisch festgestellte Entwicklung des Absatzes eines Produktes ... während des Zeitabschnittes, innerhalb dessen sich das Produkt am Markt befindet".[3] Darüber hinaus werden in der Lebenszyklusanalyse auch Beziehungen zwischen den einzelnen Phasen

---

1) Vgl. dazu u.a. Gälweiler 1974, S. 267-278; Gälweiler 1977c, S. 71 f.; Gälweiler 1979a, S. 176-179; Gälweiler 1982, S. 444-446; Gälweiler 1983b, S. 263-267, S. 285-287; vgl. auch Henderson 1974, S. 48-53; Grimm 1983, S. 88-92, S. 94-96, S. 151-163; zum Einfluß des Marktwachstums im PIMS-Projekt vgl. u.a. Dunst 1979, S. 86 f.; Neubauer 1979, S. 158; Neubauer 1980, S. 140.

2) Vgl. Bamberger 1981, S. 101.

3) Brockhoff 1974, Sp. 1763-1764. Die Eingrenzung des Konzeptes auf die Marktperiode ist durch die empirische ex post-Erhebung von Produktlebenszyklen begründet. Vgl. Ballwieser 1983, S. 116; zu dem Begriff der Marktperiode vgl. Ellinger 1961, S. 582; zur Erweiterung des Konzeptes um den Entstehungszyklus vgl. die bei Ballwieser 1983, S. 116, angeführte Literatur.

des Zyklus und anderen Größen hergestellt, wie z.B. der Konkurrenzsituation als Merkmal des Marktes, strategisch relevanten Unternehmensvariablen oder Zielgrößen der Unternehmung wie Rentabilität, Deckungsbeitrag und Cash flow.[1] Zusätzlich dient die Lebenszyklusanalyse zur Ableitung phasenspezifischer Strategien, sowohl bezogen auf die einzelnen Funktionsbereiche als auch innerhalb der Funktionsbereiche bezogen auf die Betonung angemessener Mittel.[2] Wird die Betrachtung auf den Absatzverlauf beschränkt, so durchläuft ein Produkt idealtypisch in Form einer logistischen Kurve die Phasen Einführung, Wachstum, Reife, Sättigung und Degeneration.[3] Der Absatzverlauf und das für die einzelnen Phasen charakteristische absolute und relative Wachstum sind der folgenden Abbildung zu entnehmen.

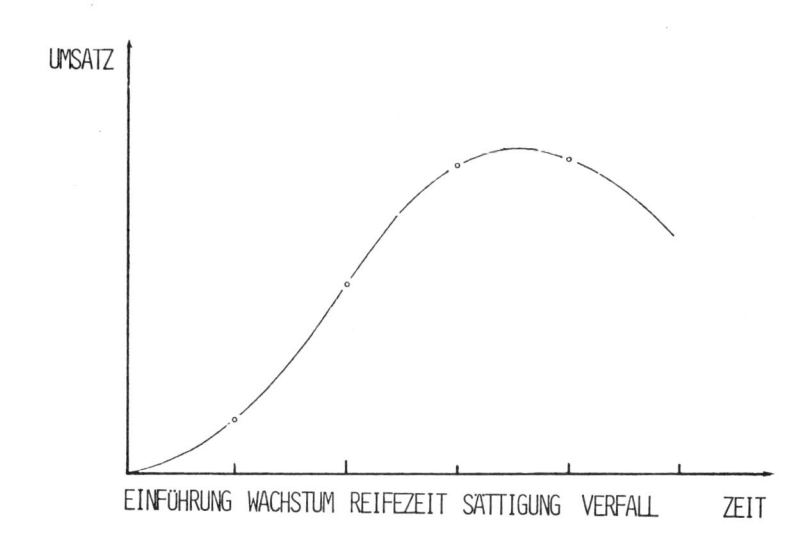

Abb. 15: Produktlebenszyklus

---

1) Vgl. Bamberger 1981, S. 101; zu weiteren Merkmalen vgl. u.a. Scheuing 1970, S. 195 f.; Bidlingmaier 1979, S. 258-269; Porter 1983, S. 211-213.
2) Vgl. Ballwieser 1983, S. 115.
3) Vgl. z.B. Kreikebaum 1981, S. 55.

Vergleicht man nun aber die Absatzverläufe verschiedener Produkte, so ist eine empirische Regelmäßigkeit keineswegs feststellbar. Ballwieser kommt aufgrund einer Analyse der statistischen Untersuchungen von acht Autoren/ Autorengruppen und theoretischer Begründung aus der Diffusionsforschung zu dem Ergebnis, daß weder ein für alle Untersuchungsobjekte einheitlicher Kurvenverlauf festgestellt werden kann, noch die Ergebnisse die Beurteilung der These erleichtern, "... daß mithilfe des Konzeptes des Produktlebenszyklus der Absatzverlauf signifikant besser prognostiziert werden könne als aufgrund eines mit Zufallszahlen versorgten Simulationsmodells."[1] Auch für die Identifikation der einzelnen Phasen existieren keine hinreichend verläßlichen Kriterien, da neben den Veränderungsraten des Absatzes auch keine allgemeingültige phasenspezifische Preiselastizität der Nachfrage[2] noch eine allgemeingültige Entwicklung der Konkurrenten angenommen werden kann.[3]

Grundsätzlich schließen die Ergebnisse die Existenz von Produktlebenszyklen zwar nicht aus, der Anspruch von Allgemeingültigkeit kann jedoch nicht aufrechterhalten werden. Auch wenn es ex post gelingt, durch eine entsprechende Produktabgrenzung, Datenfilterung und ausgewählte Meßeinheiten die Umsatzverläufe an mathematisch-statistische Funktionen anzupassen, ist damit für den eigentlichen Zweck, als Planungsgrundlage dienen zu können, wenig erreicht.[4] Dieses Ergebnis ist nicht

---

1) Ballwieser 1983, S. 121.
2) Zur Diskussion der Phasenunterteilung aufgrund
   (1) der Preiselastizität der Nachfrage vgl. Simon 1978 und die Diskussion bei Grimm 1983, S. 73-75 und Ballwieser 1983, S. 128 und aufgrund
   (2) der Veränderungsrate des Absatzes vgl. Polli/Cock 1969, S. 390; Hofstätter 1977, S. 90-96.
3) Vgl. dazu die Ausführungen auf S. 140-156.
4) Vgl. Hofstätter 1977, S. 49-54 und S. 97-104. Die Problematik des Konzeptes in der Praxis betonen u.a. Grünewald 1983, S. 91; Suffel 1980, S. 32.

verwunderlich, bedenkt man die unterschiedliche Art möglicher Produkte in ihren Auswirkungen auf den Absatzverlauf. Produkte, die Grundbedürfnisse befriedigen, sind im Absatz im allgemeinen stabiler als Luxusprodukte oder solche, die Modeeinflüssen unterliegen;[1] eine Tendenz, die auch für den Absatzverlauf von Produktklassen im Gegensatz zu Marken gilt.[2] Die Beispiele gescheiterter Produkteinführungen zeigen außerdem, daß eine Vielzahl von Produkten die Einführungsphase gar nicht erst überschreitet.

Eine breite Bestätigung[3] fand zwar die Hypothese, daß Produkte mit geringem Neuigkeitsgrad einen schnellen Aufschwung zu erleben scheinen, dem ein frühes Absatzmaximum und eine lange Degenerationsphase folgt, während Produkte mit hohem Neuigkeitsgrad große Ansprüche an Verhaltensänderungen, Lernwilligkeit usw. stellen und eher dem idealtypischen Aufschwungmuster folgen werden. Die vorliegenden Ergebnisse rechtfertigen jedoch nicht die Allgemeingültigkeit des Lebenszykluskonzeptes. Es bietet aber einen idealtypischen Rahmen, dessen Sinn hauptsächlich darin besteht zu verdeutlichen, daß sich die Absatzbedingungen eines Produktes im Zeitablauf ändern.[4] Im konkreten Fall kann man darüber hinaus aber durchaus davon ausgehen, daß ein Unternehmen die Situation auf seinem Markt und die Ausprägungen derjenigen Einflußgrößen, die das Marktwachstum beeinflussen, kennt und ihre Auswirkungen auf die Entwicklung abschätzen kann. Das Prognoseproblem ist dann sehr viel stärker strukturiert als nur in einer allgemein gehaltenen Betrachtung.[5]

---

1) Vgl. Grimm 1983, S. 69 und die dort zitierte Literatur.
2) Vgl. Polli/Cock 1967, S. 389, zitiert nach Wittek 1980, S. 117.
3) Vgl. Simon 1982, S. 189 und die dort zitierte Literatur.
4) Vgl. Simon 1978, S. 116.
5) Vgl. Grimm 1983, S. 78 f.; vgl. auch Simon 1982, S. 190.

b) Die Marktabgrenzung im Produktlebenszyklus
- Gesamtmarkt versus Marktsegment

Analog der Diskussion bei Marktanteilen stellt sich auch bei der Ermittlung von Marktwachstumsraten die Frage nach der Bezugsgröße. Die Betrachtung des Lebenszykluskonzeptes, das im allgemeinen auf eine Produktgruppe oder -klasse beschränkt ist,[1] zeigt bereits, daß hierdurch im allgemeinen nicht die Wachstumsraten einer gesamten Branche wiedergegeben werden. Die mangelnde Aussagefähigkeit branchenbezogener Wachstumsraten zeigt sich gerade in den Branchen, in denen man in den letzten Jahren von einem "Nullwachstum" oder gar einer schrumpfenden Nachfrage ausgegangen ist.[2] Auf Gesamtmärkte bezogene durchschnittliche Wachstumsraten verbergen nämlich auch hier die Tatsache, daß einzelne Branchen und Märkte immer stärker in Segmente zerfallen,[3] die sehr unterschiedliche Wachstumsraten aufweisen. Nur eine sorgfältige Analyse und eine genaue Kenntnis der Teilmärkte macht es möglich, diese Segmente zu finden.[4] Hamermesh/Silk[5] verweisen auf General Cinema Corporation als das klassische Beispiel. Dieses Unternehmen hat sich in dem schrumpfenden Markt der Filmtheater auf das Segment der Shopping-Center-Filmtheater konzentriert und erzielte dort mit mittlerweile mehr als 700 Kinos während der letzten zehn Jahre eine durchschnittliche jährliche Gewinnsteigerung und Rendite auf das Eigenkapital von 20 %, während der Gesamtmarkt schrumpfte. Auch im Markt für

---

1) Vgl. z.B. Bidlingmaier 1979, S. 257. Abell/Hammond verweisen auf die Schwierigkeiten bei der Ermittlung der einzelnen Phasen aufgrund ihrer erheblichen zeitlichen Ausdehnung, wenn branchenbezogene Lebenszyklen erstellt werden sollen; vgl. Abell/Hammond 1979, S. 60.
2) Vgl. Agthe 1983, S. 659.
3) Vgl. von Oettinger 1983, S. 44.
4) Vgl. Agthe 1983, S. 659.
5) Vgl. Hamermesh/Silk 1978, S. 142.

Autoradios wurden 1983 zweistellige Prozentsätze bei der Steigerung des Absatzes von Autoradios mit Kassettenteil von Branchenkennern gesehen, während der Absatz anderer Geräte sinkt. Solch eine Situation, in der Wachstumsraten von 2o %, 3o % oder mehr erzielt werden,[1] läßt sich in vielen Bereichen, wie z. B. der Mikroelektronik einschließlich Software, der Automatentechnik und in Sektoren des Dienstleistungsbereiches finden. Gesamtmarktbezogene Wachstumsraten sind deshalb aus der Sicht eines Unternehmens auch im allgemeinen wenig relevant, so daß auch die Betrachtung des Marktwachstums zu dem Ergebnis führt, daß Teilmärkte die Grundlage für die Abgrenzung von Produkt-Markt-Feldern bilden müssen und nicht der Gesamtmarkt.

Mit dem Rahmen zur Beschreibung des Tätigkeitsbereichs eines Unternehmens auf unterschiedlichen Aggretationsebenen, den strategischen Orientierungsgrundlagen im Zusammenhang mit dem Anwenderproblem und der Erfahrungskurve sind nun die Elemente, die zur Bestimmung von Produkt-Markt-Feldern als dem inhaltlichen Kernproblem der Bildung strategischer Geschäftseinheiten herangezogen werden sollen, bekannt.

---

1) Vgl. Günther 1983, S. 9. Die Zusammenstellung von auf dem Stand von 1981 geschätzten Wachstumsraten für mikroelektronische Geräte in 21 verschiedenen Bereichen bei Curnow/Curran zeigt auch für Wachstumsbranchen unterschiedliche Wachstumsraten. In 15 Bereichen liegen die Wachstumsraten über 10 % und in 5 Bereichen über 20 %. Vgl. Curnow/Curran 1982, S. 125 f. Ähnliche Raten prognostiziert Diebold für benutzernahe Geräte und Systeme der Informationstechnik; vgl. Meffert 1984, S. 461.

Thesenförmige Zusammenfassung

1. Zur Erstellung eines Beschreibungsrahmens infolge der zentralen Bedeutung des Tätigkeitsbereiches eines Unternehmens im Rahmen dieser Arbeit wird zunächst die traditionelle Vorgehensweise diskutiert und gezeigt, daß die in den Dimensionen Produkt und Markt enthaltenen wesentlichen Anbieter- und Nachfragergesichtspunkte Anwenderproblem, Problemlösung und Anwendergruppe in einer zweidimensionalen Beschreibung nicht hervorgehoben werden. Eine Konkretisierung der Dimensionen Produkt und Markt führt darüber hinaus zu Redundanzen.

2. Aus diesem Grunde werden in der vorliegenden Arbeit in Anlehnung an Abell die Dimensionen Anwenderproblem, Problemlösung und Anwendergruppe zur Beschreibung verwendet. Mit den Ansätzen von Koppelmann, Pfeiffer u.a. und denen der Marktsegmentierung können Möglichkeiten der Konkretisierung der Dimensionen auf unterschiedlichen Aggregationsebenen aufgezeigt werden.

3. Die für eine fundierte Bestimmung von Produkt-Markt-Feldern heranzuziehenden Elemente werden aus dem weiten Bereich strategischer Faktoren ausgewählt. Diese Elemente werden als strategische Orientierungsgrundlagen bezeichnet, weil sie für jedes Unternehmen als wichtig angesehen werden können und mit ihrer Hilfe ein zeitlich weiterreichender Horizont als mit konventionellen Erfolgsdaten erzielbar ist.

4. Die Diskussion der strategischen Orientierungsgrundlagen im Zusammenhang mit dem Anwenderproblem zeigt, daß durch eine Beschreibung und Strukturierung des Anwenderproblems, völlig losgelöst von der gerade verwendeten Lösungstechnik, die Beziehungen zu anderen Anwenderproblemen gleicher und andere Anwendergruppen deutlich werden. Durch die Zuordnung der

dafür in Frage kommenden Problemlösungen können auch Hinweise auf die Gefahr der Substitution der eigenen Problemlösungen und auf das Spektrum ihrer Verwendungsmöglichkeiten gewonnen werden. Eine Analyse der vertikalen Struktur des Anwenderproblems erweitert diese Erkenntnisse, weil damit die Dauerhaftigkeit des Anwenderproblems selbst beurteilt werden kann.

5. Von den strategischen Orientierungsgrundlagen im Zusammenhang mit der Erfahrungskurve wird zunächst die Erfahrungskurve selbst ausführlich behandelt. Darin enthaltene Teilkonzepte und Möglichkeiten der Quantifizierung ihrer Anteile werden diskutiert. Die Betrachtung empirischer Untersuchungen zeigt die weitgehende Bestätigung der darin enthaltenen Aussage. Mit den Merkmalen der Erfahrungskurve
   - langfristige, wertschöpfungsbezogene Kostenentwicklung
   - kumulierte Produktmenge
   - Erfahrungskurve als Summe von Teilerfahrungskurven
   - Variationsmöglichkeiten der Datenbasis

   und den damit verbundenen Problematiken werden diejenigen Aspekte behandelt, die auch für die Abgrenzung von Produkt-Markt-Feldern wesentlich erscheinen. Weiterhin wird formal gezeigt, wie sich allein auf Grundlage kumulierter Gesamtausgaben und der dazu gehörigen kumulierten Menge die Variablen der Erfahrungskurve in der praktischen Anwendung ermitteln lassen. In einer zusammenfassenden Würdigung wird die praktische Bedeutung des Instrumentes auch für solche Produkte herausgestellt, die obere Preispunkte besetzen.

6. Die Diskussion wichtiger empirischer Untersuchungen über den Zusammenhang zwischen dem Marktanteil, der zweiten Orientierungsgrundlage im Erfahrungskurvenzusammenhang, und dem Erfolg eines Unternehmens führt

zu dem Ergebnis, daß die Ermittlung von Marktanteilen auf relevante Teilmärkte zu beziehen ist und nicht auf den Gesamtmarkt. Unter dieser Voraussetzung kann von einer positiven Korrelation zwischen Marktanteil und ROI in allen angeführten Untersuchungen ausgegangen werden.

7. Den für den vierten Teil dieser Arbeit wesentlichen Schluß, daß aus Sicht eines Unternehmens primär Teilmärkte von Bedeutung sind, bestätigt auch die Diskussion des Marktwachstums der dritten Orientierungsgrundlage im Erfahrungskurvenzusammenhang. Von einer Allgemeingültigkeit des Wachstumsverlaufs, wie im Produktlebenszyklus häufig unterstellt, kann zwar nicht ausgegangen werden. Aufgrund der in den Unternehmen in der Regel vorhandenen Marktkenntnisse können die Marktwachstumsraten in spezifischen Situationen aber durchaus annäherungsweise geschätzt werden.

Vierter Teil

Analyse des Marktes zur Bestimmung von Produkt-Markt-Feldern

Wenn eine Analyse des Marktes zur Bestimmung von Produkt-Markt-Feldern vorgenommen werden soll, so ist dafür zunächst die Abgrenzung des Marktes festzulegen. Dazu wurden in der vorliegenden Arbeit bereits zwei wesentliche Aussagen getroffen. Auf der einen Seite wurde festgestellt, daß aus der Sicht eines Unternehmens im allgemeinen Teilmärkte für die Bestimmung des Tätigkeitsbereiches relevant sind. Auf der anderen Seite werden die Grenzen dieser Teilmärkte durch die Tätigkeitsbereiche der einzelnen miteinander konkurrierenden Unternehmen bestimmt. In realen Situationen gelangen die einzelnen Konkurrenten im allgemeinen zu unterschiedlichen Abgrenzungen ihrer Tätigkeitsbereiche. Zurückzuführen ist dies auf ihre zum Teil voneinander verschiedenen Ressourcen, auf unterschiedliche Wertsysteme und deshalb verschiedene Prioritäten in ihren Zielen und auf unterschiedliche Fähigkeiten zur Erfassung der Gegebenheiten, Risiken und Möglichkeiten, auch aufgrund der unterschiedlichen Qualitäten ihrer Markt- und Konkurrenzinformation.[1]

Miles/Snow[2] unterscheiden z.B. mit dem defender, dem prospector, dem analyzer und dem reactor vier Typen unternehmerischer Grundhaltung, die sich durch voneinander verschiedene Strategien und einer damit im Einklang stehenden Konfiguration von Technologie, Struktur und Prozessen auszeichnen.[3] Die Vielzahl möglicher

---

1) Vgl. Henderson 1974, S. 94; vgl. auch Hofer/Schendel 1978, S. 60.
2) Vgl. Miles/Snow 1978, insbesondere S. 28-93. Zu einer Modifikation des Ansatzes und die Einordnung einzelner Typen unternehmerischer Grundhaltung entlang den Kategorien "Grundhaltung gegenüber Veränderungen" und "Grundhaltung zur Spezialisierung" vgl. Kirsch/Roventa/Trux 1983, S. 24-32; vgl. auch Kirsch 1983, S. 404-408.
3) Vgl. Miles/Snow 1978, S. 29.

Abgrenzungen und der kreative Charakter des Segmentierungsprozesses werden deutlich, wenn man bedenkt, daß schon die Anwendergruppen für gegebene Anwenderprobleme und gegebene Problemlösungen von jedem Wettbewerber unterschiedlich abgegrenzt werden können und darüber hinaus eine Reihe von Anwenderproblemen sehr ähnlich ist, für die jeweils unterschiedliche Problemlösungen existieren. Unter diesen Bedingungen ist die Beurteilung der Wettbewerbsstellung eines Unternehmens schwierig. Weil jeder Wettbewerber seine Segmente unterschiedlich abgrenzt, hat jeder Wettbewerber in jedem Segment unterschiedliche Kosten. Weisen die Segmente eines jeden Wettbewerbers darüber hinaus untereinander Verbundbeziehungen auf, dann bestehen für jeden Wettbewerber auch unterschiedlich verbundene Kosten.

Um zu Aussagen über die Bestimmung von Produkt-Markt-Feldern im Sinne einer ökonomischen Bewertung der Auswirkungen der eigentlich kreativen Segmentierungsentscheidungen zu gelangen, soll im folgenden zunächst die Komplexität reduziert werden. Es wird dazu von typischen Verlaufsformen der Marktgrenzen ausgegangen, die auf unterschiedliche Marktentwicklungen zurückzuführen sind. Innerhalb der verschiedenen Muster von Anwenderproblemen, Problemlösungen und Anwendergruppen, die in Anlehnung an Abell[1] als Markttypen bezeichnet werden, wird die Beurteilung der Wettbewerbsstellung eines Unternehmens möglich. Damit können dann auch Bedingungen für die Bestimmung von Produkt-Markt-Feldern formuliert werden. Weil auch von der These ausgegangen wurde, daß die Abgrenzung der Tätigkeitsbereiche der im Wettbewerbe stehenden Unternehmen im Hinblick auf Anwenderprobleme, Anwendergruppen und Problemlösungen den Markt und seine Grenze bestimmt, sollen zuvor die einem Unternehmen zur Verfügung stehenden Strategien der Marktabdeckung aufgezeigt werden. Bei der Darstellung

---

[1] Vgl. Abell 1980, S. 192-197.

der Markttypen wird sich dann zeigen, daß diese These der Bildung von Markttypen nicht entgegensteht. Die Bestimmung von Produkt-Markt-Feldern geschieht daran anschließend in zwei Schritten. Im ersten Schritt werden unter Vernachlässigung des Marktwachstums die Auswirkungen der alternativen Strategien der Marktabdeckung vor dem Hintergrund des Erfahrungskurvenkonzeptes diskutiert. Darauf aufbauend können zusammen mit dem Nachfrageverbund Bedingungen für die Auswahl von Produkt-Markt-Feldern in den einzelnen Markttypen formuliert werden. Die Berücksichtigung zu erwartender Marktveränderungen bei der Auswahl von Produkt-Markt-Feldern geschieht im zweiten Schritt, indem hier die Auswirkungen des Marktwachstums gezeigt und die Bedingungen für die Auswahl von Produkt-Markt-Feldern modifiziert werden.

I. Komplexitätsreduktion durch Markttypen

A. Alternative Strategien der Marktbearbeitung

In der Literatur des Marketing werden mit dem undifferenzierten, dem differenzierten und dem konzentrierten Marketing drei voneinander verschiedene Strategien bei der Marktbearbeitung unterschieden,[1] die von Kotler wie folgt gekennzeichnet werden:[2]

- Undifferenziertes Marketing entspricht einer Vorgehensweise, bei der mit einem Angebot und einem Marketing-Mix der größte Teil des Marktes bearbeitet wird.
- Beschließt ein Unternehmen, mit einem maßgeschneiderten Angebot nur ein kleines Segment zu bearbeiten, so liegt ein konzentriertes Marketing vor.

---
1) Vgl. Kotler 1982, S. 214-218.
2) Vgl. Kotler 1982, S. 214 f; vgl. dazu auch Meffert 1977, S. 223-228; Bauer 1977, S. 31-37, insbesondere S. 37; Freter 1983, S. 109-117.

- Werden von einem Unternehmen mehrere Marktsegmente mit jeweils unterschiedlichem Angebot und Mix bearbeitet, handelt es sich um ein differenziertes Marketing.

Diese Unterscheidung enthält sowohl die Elemente Abdeckung des Marktes als auch Differenzierung des Instrumenteinsatzes. Versucht ein Unternehmen mit nur einem Marketing-Mix im Rahmen einer undifferenzierten Strategie einen sehr weit abgegrenzten Markt zu erreichen, so wird dies in der Regel nicht gelingen, wenn der Markt in unterschiedliche Segmente von Abnehmergruppen zerfällt, die mit einer Problemlösung die Vorstellung unterschiedlicher Preis- und Leistungsmerkmale verbinden. Die undifferenzierte Strategie erreicht dann nur jenes, unter Umständen aber große Segment, in dem das Marketing-Mix die Anforderungen der Anwendergruppen erfüllt. In diesem Sinne kann man auch hier von einer konzentrierten Marketingstrategie sprechen, da auch diese Vorgehensweise darauf beruht, durch nur einen (undifferenzierten) Instrumenteinsatz ein Segment des Marktes zu erreichen. Für Anwendergruppen anderer Segmente, deren Ansprüche mit dem gewählten Marketing-Mix nicht übereinstimmen, ist dann sowohl bei einer konzentrierten als auch bei einer undifferenzierten Strategie eine Differenzierung des Instrumenteinsatzes und damit eine differenzierte Marketingstrategie notwendig. Weil im folgenden das Ausmaß der Abdeckung eines Marktes im Vordergrund der Betrachtung steht, von dem angenommen wird, daß er in eine Anzahl von Segmenten aufgeteilt werden kann, können von dem Unternehmen auch nur konzentrierte oder differenzierte Strategien angewendet werden.[1] Im Rahmen

---

1) Die Beurteilung, ob ein Unternehmen eine konzentrierte oder eine undifferenzierte Strategie verfolgt bereitet außerdem Schwierigkeiten, weil sie allein durch die Abgrenzung des Marktes beeinflußt wird.
Vgl. Freter 1983, S. 115 f.

einer differenzierten Strategie ist es aber dann durchaus möglich, alle Segmente eines Marktes, jedoch mit differenziertem Segmenteinsatz, zu bedienen.

Werden die Tätigkeitsbereiche von den einzelnen Unternehmen in den Dimensionen Anwenderproblem, Problemlösung und Anwendergruppe definiert, so ergibt sich für jedes Unternehmen eine Vielzahl von Möglichkeiten der Abgrenzung, je nachdem, ob im Hinblick auf die einzelnen Dimensionen eine konzentrierte und/oder einige Segmente und/oder alle Segmente umfassende differenzierte Strategie durchgeführt wird.[1] Ein Unternehmen kann beispielsweise eine anwenderproblemkonzentrierte, anwendergruppen(teil)differenzierte und problemlösungs-(total)differenzierte Strategie verfolgen, während ein anderes Unternehmen alle Anwenderprobleme einer Anzahl von Anwendergruppen mit einer Problemlösung abdeckt. In sehr vielen Fällen kann man aber auch davon ausgehen, daß die Dimensionen, auf die konzentrierte und/oder differenzierte Strategien von den wesentlichen miteinander konkurrierenden Unternehmen angewandt werden, identisch sind. Zurückzuführen ist dies auf die jeweilige Struktur des Anwenderproblems, die technischen Möglichkeiten und die daraus resultierenden Anforderungen an die Ressourcen der Unternehmen.

Unternehmen, die in einer Branche dieselbe oder eine ähnliche Strategie verfolgen, werden von Porter als strategische Gruppe bezeichnet.[2] Er betont, daß strategische Gruppen nicht dasselbe sind "... wie Marktsegmente oder Segmentstrategien, sondern auf einer breiten Konzeption der strategischen Segmentierung (basieren)"[3]. In seinen Beispielen finden sich vor-

---
1) Vgl. Abell 1980, S. 175. Abell verwendet auch undifferenzierte Strategien und erhält dann 27 Möglichkeiten.
2) Vgl. Porter 1983, S. 177; zum Konzept der strategischen Gruppen vgl. u.a. Newman 1978; Porter 1979; Porter 1983, S. 177-199 und S. 2o4-2o7.
3) Porter 1983, S. 178.

nehmlich Merkmalsausprägungen der Dimension Problemlösung:[1]

Gruppe A: Breite Produktlinie, vertikal integriert, niedrigere Produktkosten, schwach ausgeprägter Service, mittlere Qualität

Gruppe B: Enge Produktlinie, Monteur, hoher Preis, hochwertige Technologie, hohe Qualität

Gruppe C: Mittlere Produktlinie, Monteur, mittlerer Preis, sehr ausgeprägter Kundendienst, niedriger Preis

Gruppe D: Enge Produktlinie, hochautomatisiert, niedriger Preis, wenig Service.

Die im folgenden verwendete Bezeichnung Markttyp soll auch zum Ausdruck bringen, daß der in der vorliegenden Arbeit dargestellte Ansatz umfassender ist. Hier werden neben den von Porter als "Triebkräfte des Wettbewerbes" bezeichneten angebotsbezogenen Merkmalen, die durch die Erfahrungskurve, den Marktanteil und das Marktwachstum berücksichtigt sind, auch die nachfragebezogenen Merkmale Anwenderproblem und Anwendergruppe bei der Abgrenzung des Tätigkeitsbereiches in Betracht gezogen.

B. Alternative Marktentwicklungen als Ursachen für die Entstehung von Markttypen

Die Bildung von Markttypen erfolgt hier, indem mögliche Marktentwicklungen, insbesondere aber das Marktwachstum aus der Sicht der Dimensionen Anwenderproblem, Problem-

---

[1] Vgl. Porter 1983, S. 179.

lösung und Anwendergruppe betrachtet werden. Dadurch wird es möglich zu zeigen, daß die Veränderung von Marktgrenzen keineswegs gleichmäßig und gleichzeitig erfolgen muß. Hinweise darauf lassen sich bereits erkennen, wenn man die Martkentwicklung nach Einführung eines innovativen Produktes näher betrachtet. Für innovative Produkte kann nicht davon ausgegangen werden, daß bereits in der Einführungsphase die vielfältigen Ausprägungen und Verwendungsmöglichkeiten zu sehen sind.[1] "Die Weite und Tiefe des Absatzmarktes sind nicht bekannt, sondern werden erst durch einzelne Vorstöße in die verschiedensten Richtungen der Produktgestaltung, des Eindringens in benachbarte Gebiete, des Ausprobierens neuartiger Absatzmethoden ausgelotet"[2]. Wenn durch ein neues Produkt nur der "Kern eines neuen Marktes" geschaffen wird, ist im allgemeinen das Umfeld noch weitgehend unstrukturiert, ein "Land der unbegrenzten Möglichkeiten"[3]. Der Markt besteht in dieser frühen Phase nur aus dem Potential der unmittelbaren Verwendungsmöglichkeiten. In der Expansionsphase dringt die Innovation dann auch in weitere Anwendergruppen ein und dient zur Lösung weiterer Anwenderprobleme. Die Verwendungsmöglichkeiten werden dabei häufig nicht von den Anbietern, sondern von den Nachfragern entdeckt.[4] Die Einführung eines neuen Produktes verändert im allgemeinen auch die bereits bestehenden Märkte. Sie werden gespalten, wenn die Innovation für ganz spezielle

---

1) Vgl. anders Kotler 1982, S. 314. Kotler sieht drei Möglichkeiten, ein Produkt in den Markt einzuführen. Sie bestehen darin, das Produkt in einer Ecke oder Nische des Marktes zu plazieren oder zwei oder mehrere Produkte einzuführen, um zwei oder mehrere Teile des Marktes zu erfassen, oder das Produkt in der Mitte des Marktes zu plazieren. Diese Vorgehensweise setzt voraus, daß in der Einführungsphase bereits bekannt ist, in welche Bereiche das Produkt im Laufe seiner Entwicklung vordringen wird.
2) Kaufer 1980, S. 194.
3) Kaufer 1980, S. 175f. und S. 278.
4) Vgl. auch Kaufer 1980, S. 207. Kaufer führt das Beispiel der Firma 3M Co. an, die bei Einführung des Tesafilms wahrscheinlich nicht ahnen konnten, wofür die Nachfrager diesen einmal alles verwenden würden.

Anwenderprobleme und/oder Anwendergruppen besser
geeignet ist und dort vorkommende Lösungen substituiert. Auf der anderen Seite wird sich nach Substitution der Markt für das neue Produkt ausweiten, wenn
es weiteren Anwenderproblemen und/oder weiteren Anwendergruppen entspricht.

Die hier am Beispiel der Einführung einer Innovation
beschriebenen Entwicklungen können zu einer Vielzahl
unterschiedlicher Grenzen des neuen Marktes führen
und die Grenzen bestehender Märkte auf ebenso vielfältige Weise verändern. Bei den im folgenden aufgezeigten typischen Verläufen von Marktgrenzen wird
auf die Differenzierung von Anwenderproblemen, die
Adoption, die Erweiterung des Nachfrageverbundes,
die Standardisierung und die technologische Substitution zurückgegriffen, die als treibende Kräfte
der Marktentwicklung und damit als Ursachen für die
Entstehung typischer Marktverläufe angesehen werden
können.

1. Markttyp 1: Anwenderproblem-, problemlösungs- und
   anwendergruppenkonzentrierter Markt durch Differenzierung von Anwenderproblemen

Neben der Einführung eines neuen Produktes für eine
Anwendergruppe zu Anfang des Lebenszyklus führt die
Möglichkeit einer sehr weitgehenden Aufspaltung von
Anwenderproblemen und Problemlösungen am Ende eines
Lebenszyklus zu einem anwenderproblem-, problemlösungs- und anwendergruppenkonzentrierten Markt,

der hier als Typ 1 bezeichnet wird.[1]

```
        ANWENDER-
        PROBLEM
                ┌─────────┐
                │    ▨    │
                │         │
                └─────────┘
                              ANWENDER-
                              GRUPPE
        PROBLEM-
        LÖSUNG
```

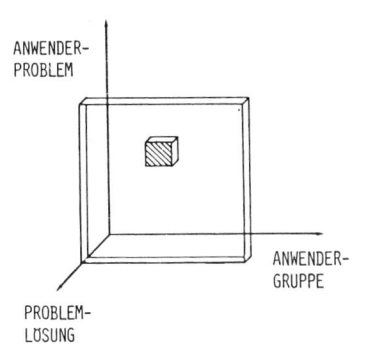

Abb. 16: Markttyp 1: Anwenderproblemkonzentrierter, problemlösungskonzentrierter und anwendergruppenkonzentrierter Markt

Liegt beispielsweise in der Wachstumsphase der technische Ansatz zur Durchführung einer Innovation noch nicht fest, weil sich noch keine Vorgehensweise als eindeutig überlegen herausgestellt hat, so wird jede Imitation mehr eine Variation als eine bloße Kopie sein. Die Basis für die Produktdifferenzierung, wie sie konsequent erst in der Ausreifungsphase betrieben wird, liegt dann bereits in der Wachstumsphase eines Marktes.[2] Produktdifferenzierung als die Variation des Merkmalvektors eines Gutes führt in der Reifephase zu einer autonomen Kernnachfrage, wodurch das Ausmaß der auf Austauschbarkeit gegründeten Produktkonkurrenz reduziert wird.[3] Gehen damit sehr unterschiedliche Anforderungen an die betrieblichen Funktionen einher, entstehen anwenderproblem-, problemlösungs- und anwendergruppenkonzentrierte Märkte.

---

1) Vgl. ähnlich Abell 1980, S. 209 f.
2) Vgl. Kaufer 1980, S. 184.
3) Vgl. Kaufer 1980, S. 254.

Die bereits in der Wachstumsphase bestehenden Möglichkeiten der Imitation, die das Ausmaß der Produktdifferenzierung von der technischen Seite her bestimmen, werden besonders durch den Empiriegrad der jeweiligen Industrie beeinflußt. Er gibt an, in welchem Ausmaß das Wissen in begrifflichen Schemata ausgedrückt werden kann.[1] Bei Technologien mit niedrigem Empiriegrad ist es dem Innovator möglich, das Umfeld seiner Erfindung systematisch zu durchforschen und mit Patenten so abzugrenzen, daß dadurch mit hoher Sicherheit der Einbruchsversuch von Imitatoren verhindert werden kann.[2] In Industrien mit hohem Empiriegrad, wie z. B. in der chemischen oder pharmazeutischen Industrie, ist dieses nicht möglich. Die Anzahl der "Molekülvariationen" ist so hoch, daß der Innovator hier sehr viel eher damit rechnen kann, daß ein Konkurrent eine Variante findet und so sein Patent umgeht.

Durch den Markt von Typ 1 repräsentierte "fragmentierte Branchen" sind in sehr vielen Bereichen wie z.B. Dienstleistungen, Einzelhandel, Vertrieb, Holz- und Metallverarbeitung und landwirtschaftlichen Erzeugnissen anzutreffen und können sowohl für differenzierte und undifferenzierte als auch für technologisch einfache und komplexe Produkte gelten.[3] Die Wettbewerbssituation ist dadurch gekennzeichnet, daß größere Unternehmen diese Märkte weitgehend unabhängig von ihrer sonstigen Tätigkeit bedienen und hier mit kleinen Unternehmen, die nur auf diesem Markt tätig sind, zusammentreffen.[4] Die einzelnen Wettbewerber konzentrieren ihre Strategien auf Anwenderprobleme, Problemlösungen und Anwender-

---

1) Vgl. Conant 1951, zitiert nach Kaufer 1980, S. 175.
2) Vgl. Kaufer 1980, S. 181.
3) Vgl. Porter 1983, S. 249 f.
4) Vgl. Abell 1980, S. 192 f.

gruppen aufgrund der sehr differenzierten Ausprägung der Anwenderprobleme bei den einzelnen Anwendergruppen, die es keinem Unternehmen ermöglichen, angebotsbedingte Verbundbeziehungen zu anderen Anwenderproblemen und zu anderen Anwendergruppen herzustellen.[1] Weder können zur Bearbeitung weiterer Anwenderprobleme der gleichen oder anderer Anwendergruppen die in den Funktionen Produktion und Forschung und Entwicklung bestehenden Fähigkeiten genutzt, noch die im Marketing und Vertrieb bestehenden Ressourcen dazu eingesetzt werden, andere Anwendergruppen zu beliefern; sei es dadurch, daß z.B. die Notwendigkeit eines lokalen Images und örtlicher Kontakte besteht oder hohe Transportkosten die Anwendergruppen räumlich sehr eng eingrenzen.[2]

2. Markttyp 2: Anwenderproblemkonzentrierter, problemlösungskonzentrierter und anwendergruppendifferenzierter Markt durch Adoption

Ein anwenderproblemkonzentrierter, problemlösungskonzentrierter und anwendergruppendifferenzierter Markt entsteht durch die Ausbreitung eines Produktes über mehrere Anwendergruppen hinweg. Dieser Verlauf der Martkgrenzen bildet hier den Markt vom Typ 2.

---

1) Porter führt neben ökonomischen Gründen, die hier betrachtet werden, auch historische Gründe für die Entstehung fragmentierter Branchen an. Vgl. Porter 1983, S. 250.
2) Vgl. Porter 1983, S. 251-253.

```
         ANWENDER-
         PROBLEM
              |
              |
         ┌────────────┐
         │            │
         │▨▨▨▨▨▨▨▨▨▨▨▨│
         │            │
         └────────────┘ ANWENDER-
        /               GRUPPE
   PROBLEM-
   LÖSUNG
```

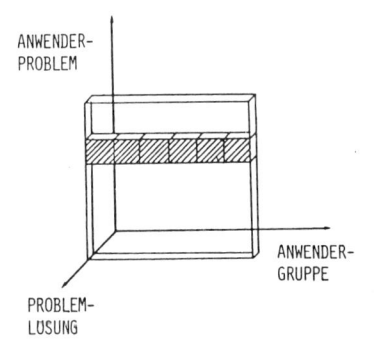

Abb. 17: Markttyp 2: Anwenderproblemkonzentrierter, problemlösungskonzentrierter und anwendergruppendifferenzierter Markt

Der dafür verantwortliche Prozeß wird von Abell in der Diffusion und in der Adoption gesehen.[1] Während mit Adoption im allgemeinen die erstmalige Akzeptierung einer Neuerung von Anwendergruppen und damit ein sozialpsychologisches Phänomen und eine Voraussetzung zur Diffusion bezeichnet wird, steht die Diffusion selbst für den Verbreitungsprozeß einer ideellen oder materiellen Neuerung in einem sozialen System.[2]

Die Forderung nach Neuheit ist nicht so zu verstehen, daß ein Produkt im technischen Sinne neu sein muß. Vielmehr ist entscheidend, daß die am Diffusionsprozeß beteiligten Anwendergruppen das Produkt subjektiv als neu einschätzen,[3] so daß die Aufgabe des Marketing auch darin besteht, ein Produkt als neu darzustellen oder erscheinen zu lassen.[4] Die Geschwindigkeit, mit der die Verbreitung des Produktes voranschreitet,

---

1) Vgl. Abell 1980, S. 210.
2) Vgl. Pfeiffer/Bischof 1974, S. 184 f.
3) Vgl. Kaas 1973, S. 2.
4) Vgl. Guntram 1984, S. 27.

wird insbesondere durch seine Eigenschaften im
Hinblick auf
- den relativen Vorteil
- die Kompatibilität
- die Probierfähigkeit und
- die Mitteilbarkeit

beeinflußt.[1]

Anwendergruppen werden im Rahmen der Diffusionsforschung anhand des Zeitpunktes, zu dem die Mitglieder dieser Gruppe das neue Produkt übernehmen, unterschieden in Neuerer oder Innovatoren, Frühadapter, frühe Mehrheit, späte Mehrheit und Nachzügler. Charakterisiert werden Mitglieder der einzelnen Gruppen durch sozioökonomische und psychologische Kriterien.[2] Eine besonders große Bedeutung kommt der ex ante Kenntnis der Gruppe der Innovatoren zu, "...da nur sie eine Abstimmung der absatzwirtschaftlichen Aktionen von Hersteller und Handel auf Merkmalskombinationen der Erstkäufer erlaubt, ohne deren Kenntnis die Kontaktnahme mit der Anhängerschaft aber gewissermaßen blind und zufällig geschehen würde."[3] Beim derzeitigen Stand der Forschung kann jedoch nicht zweifelsfrei beurteilt werden, ob sich sozioökonomische oder psychologische Faktoren besser zur Kennzeichnung dieser wichtigen Gruppe eignen.[4] Aber auch wenn man wie Kiefer[5] annehmen würde, daß von den Neuerern bis hin zu den Nachzüglern ein gestufter Abfall in Hinblick auf die Ausprägung der Merkmale sozialer Status, Einkommen, Bildungsstand, Spezialisierungsgrad und außerlokalen sozialen Kontakten usw. vor sich geht, so muß

---

1) Vgl. dazu Rogers 1962, S. 135-157. Zur Art und Struktur des Entscheidungsprozesses, Art der Kommunikationskanäle, Beschaffenheit des sozialen Systems und zum Ausmaß der Bemühungen des "change agent" als Einflußfaktoren vgl. z.B. Pfeiffer/Bischof 1974, S. 231-237.
2) Vgl. u. a. Kiefer 1967, S. 46; Kaas 1973, S. 23-30.
3) Pfeiffer/Bischof 1974, S. 205.
4) Vgl. Pfeiffer/Bischof 1974, S. 205.
5) Vgl. Kiefer 1967, S. 49.

eine später erfolgte Übernahme einer Innovation nicht zwingend auch bedeuten, daß diejenige Person die Merkmale der letzten Adopterkategorien aufweist. Es ist durchaus auch möglich, daß das Produkt durch besondere Umstände mit zeitlicher Verzögerung in seinen Einflußbereich gelangte.[1]

Im Markt vom Typ 2 wird von den wesentlichen Wettbewerbern ein spezifisches Anwenderproblem mit einer Problemlösung, d. h. auch auf der Grundlage derselben Technologie(n) für eine Anzahl von Anwendergruppen gelöst. Dies ist beispielsweise bei der Herstellung von Bauteilen oder Zwischenerzeugnissen, wie etwa bei den Zulieferbetrieben für die Automobilindustrie der Fall.[2] Es führt dazu, daß im wesentlichen nur eine Produktlinie angeboten wird. Im allgemeinen können von diesen Unternehmen sehr starke Verbundbeziehungen in den Bereichen Produktion und Forschung und Entwicklung realisiert werden, während die Anforderungen an die absatzbezogenen Bereiche durch die unterschiedlichen Anwendergruppen häufig voneinander verschieden sind, so daß hier Verbundwirkungen nur in einem sehr viel geringeren Ausmaß realisiert werden können und die Gefahr einer Fragmentierung droht. Dies gilt insbesondere auch für die Hinzunahme neuer Anwendergruppen, wenn dafür hohe Aufwendungen für die Erschließung von Vertriebskanälen und den Aufbau eines Vertriebs- und Kundendienstnetzes aufgebracht werden müssen.[3]

---

1) Vgl. Bodenstein 1971, S. 91.
2) Vgl. Abell 1980, S. 194.
3) Vgl. Abell 1980, S. 219.

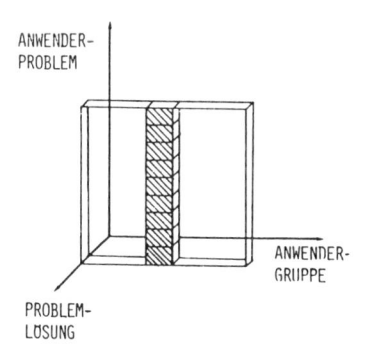

3. Markttyp 3: Anwenderproblemdifferenzierter, problemlösungskonzentrierter und anwendergruppenkonzentrierter Markt durch Erweiterung des Nachfrageverbundes

Ein anwenderproblemdifferenzierter, problemlösungskonzentrierter und anwendergruppenkonzentrierter Markt, hier als Markttyp 3 bezeichnet, entsteht durch die bei einer Anwendergruppe auftretende Erweiterung des Nachfrageverbundes.[1]

Abb. 18: Markttyp 3: Anwenderproblemdifferenzierter, problemlösungskonzentrierter und anwendergruppenkonzentrierter Markt

Der Ursprung des Erwerbs sehr komplexer Problemlösungen aufgrund eines sehr weitreichenden und starken Verbundes von Anwenderproblemen liegt im militärischen Bereich, wo zuerst damit begonnen wurde, Aufträge nur an Unternehmen zu vergeben, die in der Lage waren, Konstruktion, Fertigung, Montage und Wartung von Waffensystemen zu übernehmen.[2] Abell[3] führt als Beispiel für einen Markt vom Typ 3 den Markt automatischer Produktionsanlagen für die Fertigung von Halbleitern an. Die Erweiterung

---
1) Vgl. Abell 1980, S. 210. Abell sieht allerdings die zur Ausweitung von Anwenderproblemen führende Kraft in der Bildung von Systemen und vertauscht so Angebots- und Nachfrageseite.
2) Vgl. Levitt 1976, S. 157.
3) Vgl. Abell 1980, S. 194. Zu weiteren Beispielen vgl. Levitt 1976, S. 157-160.

des Nachfrageverbundes kann aber auch in sehr viel geringerem Maße auftreten. Die Möglichkeit der Kombination von differenzierten Anwenderproblemen ist nicht nur abhängig von ihrer Struktur selbst. Sie wird darüberhinaus auch vom Stand des technologischen Wissens beeinflußt. Das Auftreten neuer Technologien ermöglicht unter Umständen die Kombination von Anwenderproblemen auf eine neuartige Weise. Allgemein bekannte Beispiele finden sich insbesondere in dem Bereich der Gebrauchsgüter, in denen die Mikroelektronik ihren Einzug gehalten hat (z.B. Taschenrechner, Uhren).

Wird ein breites Spektrum von Anwenderproblemen von einem Unternehmen gelöst, führt das dazu, daß von den Unternehmen im allgemeinen produktions- und forschungs- sowie entwicklungsbereichsbezogene Verbundwirkungen in nur geringem Ausmaß realisiert werden können, wenn die physischen Bestandteile der Problemlösung sehr unterschiedlich sind. Im Extremfall kann das so weit führen, daß einzelne Bestandteile nicht mehr selbst erstellt werden können, sondern von anderen Unternehmen bezogen werden müssen.[1] Durch die Konzentration auf eine sehr eng abgegrenzte Anwendergruppe treten in den absatzbezogenen Funktionen aber im allgemeinen hohe Synergiewirkungen auf.[2]

4. Markttyp 4: Anwenderproblemdifferenzierter, problemlösungskonzentrierter und anwendergruppendifferenzierter Markt durch Standardisierung

Die der zunehmenden Differenzierung von Anwenderproblemen entgegengesetzte Kraft liegt in der Standardisierung.[3]

---
1) Vgl. Levitt 1976, S. 157.
2) Vgl. Abell 1980, S. 212.
3) Vgl. Abell 1980, S. 210.

Der hierdurch entstehende Markt vom Typ 4 ist dadurch gekennzeichnet, daß die darin tätigen Unternehmen mit einer sehr geringen Anzahl von Problemlösungen auf der Grundlage einer Technologie eine ganze Reihe von Anwenderproblemen für eine Anzahl von Anwendergruppen lösen.

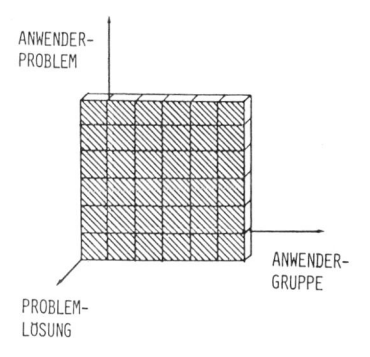

Abb. 19 : Markttyp 4: Anwenderproblemdifferenzierter, problemlösungskonzentrierter und anwendergruppendifferenzierter Markt

Bei Entstehung eines Marktes vom Typ 4 gehen die Anwendergruppen zunehmend dazu über, für ihre an sich unterschiedlichen Anwenderprobleme standardisierte Lösungen zu akzeptieren, im Gegensatz zur Situation im Markt vom Typ 3, in dem zur Lösung weiterer Anwenderprobleme zusätzliche oder stärker komplexe Lösungen erforderlich sind. Die Verwendung einer Problemlösung für unterschiedliche Anwenderprobleme verschiedener Anwendergruppen geschieht häufig zu Beginn eines Lebenszyklus aufgrund mangelnder Erfahrung der Anwender und noch fehlender Alternativen. Aber auch in den folgenden Phasen des Lebenszyklus führt ein verändertes Käuferverhalten der Abnehmer, das einen geringeren Preis höher einschätzt als die Abweichungen von den eigentlichen gewünschten Eigenschaften eines Produktes in Verbindung mit den geringen Kosten standardisierter Produkte, zu einem Markt vom Typ 4.[1]

---

1) Vgl. auch Abell 1980, S. 206.

Levitt spricht von dieser Entwicklung als der "Globalisierung der Märkte" und vertritt die These: "Überall wird alles allem anderen immer ähnlicher, weil sich die Nachfragestrukturen in der Welt immer mehr angleichen"[1]. Global ausgerichtete Unternehmen werden darauf bedacht sein, ihre Angebote so weit wie möglich zu standardisieren, um Produkte zu geringeren Preisen anbieten zu können. Ist eine Produktdifferenzierung unausweichlich, wird alles dafür getan, sie sobald wie möglich wieder rückgängig zu machen. Gerade in der letzten Zeit führte das zunehmende Preisbewußtsein in weiten Schichten der Bevölkerung zu stark wachsenden Märkten austauschbarer Massenprodukte, wie beispielsweise im Konsumgüterbereich bei namenlosen Produkten. Es darf aber nicht übersehen werden, daß diese Entwicklung nicht ausschließt, daß daneben insbesondere für Schichten mit höherem Einkommen auch für diese Warenart ein zweites oder gar ein drittes deutlich abgesetztes Preis-Leistungsniveau existiert, das von namenlosen oder allgemein standardisierten Produkten nicht erreicht wird.[2]

Das Wachstum des mengenmäßigen Absatzes standardisierter Produkte entspricht am ehesten dem Wachstum, wie es im Konzept des Produktlebenszyklus abgebildet wird, weil die mit zunehmender Ausweitung einhergehende Veränderung der Anwenderprobleme sich nicht auf die angebotene Problemlösung auswirkt, von Änderungen der Absatzkomponenten abgesehen. Ändern sich jedoch wie in den meisten Fällen die Problemlösungen, auch weil sich die Anwenderprobleme insgesamt verändern, entsteht die Frage, wann von einem neuen Lebenszyklus auszugehen ist. Der Produktlebenszyklus repräsentiert deshalb um so eher das Wachstum in Richtung von Anwenderproblemen, Anwendergruppen und Problemlösungen, je mehr die Ausdehnung des Marktes ohne nennenswerte Differenzierung erfolgt.[3]

---

1) Levitt 1984, S. 20.
2) Vgl. auch Tietz 1984, S. 504. Zu weiteren Beispielen vgl. Abell 1980, S. 195.
3) Vgl. Abell 1980, S. 208.

Von den miteinander in diesem Markttyp konkurrierenden Unternehmen können angebotsbezogene Verbundbeziehungen zwar sowohl in den Bereichen Produktion, Forschung und Entwicklung als auch in den Bereichen Marketing, Vertrieb und Service in hohem Maße genutzt werden. Allerdings sind zum Teil die physischen Bestandteile der Marktleistungen und insbesondere die im Absatz zu erbringenden Leistungen in der Regel nicht vollständig homogen, so daß auch hier für beide Dimensionen mit zunehmender Breite die Gefahr der Fragmentierung besteht.[1]

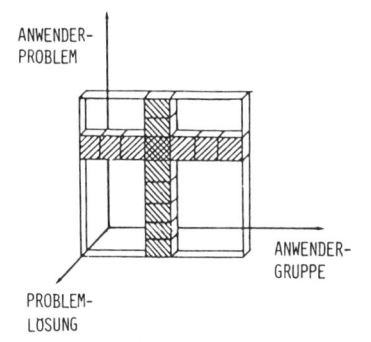

5. Markttyp 5: Anwenderproblemkonzentrierter, problemlösungskonzentrierter und anwendergruppendifferenzierter Markt versus anwenderproblemdifferenzierter, problemlösungskonzentrierter und anwendergruppenkonzentrierter Markt durch Adoption und Erweiterung des Nachfrageverbundes

Werden sowohl Adoptionsprozesse als auch die Erweiterung des Nachfrageverbundes wirksam, so entsteht ein Markt vom Typ 5. Dieser Fall ist gleichzusetzen mit der Überschneidung der Markttypen 2 und 3.

Abb. 20: Markttyp 5: Anwenderproblemkonzentrierter, problemlösungskonzentrierter und anwendergruppendifferenzierter Markt versus anwenderproblemdifferenzierter, problemlösungskonzentrierter und anwendergruppenkonzentrierter Markt

---

1) Vgl. Abell 1980, S. 219.

Während eine Gruppe von Wettbewerbern ihre Tätigkeitsbereiche anwenderproblemkonzentriert, problemlösungskonzentriert und anwendergruppendifferenziert abgrenzt, verfolgt die andere Gruppe eine entgegengesetzte Strategie und wählt mehrere Anwenderprobleme zum Gegenstand der Unternehmenstätigkeit. Sie beschränkt sich aber auf eine Anwendergruppe. Als Beispiel dafür führt Abell[1] den Markt für Laboratoriumsöfen an, die von zwei sehr verschieden ausgerichteten Herstellern produziert und vertrieben werden. Auf der einen Seite werden sie den Anwendern von Ofenherstellern, auf der anderen Seite von Herstellern, die Laboreinrichtungen vertreiben, angeboten. Während die erste Gruppe insbesondere Produktions- und Forschungs- und Entwicklungssynergien nutzen kann, werden von der zweiten Gruppe im Absatzbereich Verbundwirkungen erreicht. In den jeweils anderen Funktionen besteht auch in diesem Markttyp für die Unternehmen die Gefahr der Fragmentierung.

6. Markttyp 6: Anwenderproblemkonzentrierter, problemlösungsdifferenzierter und anwendergruppenkonzentrierter Markt durch technologische Substitution

Die Markttypen 1 bis 5 können für eine Vielzahl von realen Marktsituationen als charakteristisch angesehen werden, weil sehr oft die von den wesentlichen Wettbewerbern angebotenen Problemlösungen auf nur einer Technologie beruhen. Um jedoch auch die auf einigen Märkten stattfindenden tiefgreifenden technologischen Veränderungen berücksichtigen zu können, muß der generelle Fall von Problemlösungen auf alternativen technologischen Grundlagen miteinbezogen werden. Wird ein Problem einer Anwendergruppe von Unternehmen mithilfe unterschiedlicher Technologien gelöst, wobei ein Unternehmen durchaus

---
1) Vgl. Abell 1980, S. 196.

mehrere Technologien anbieten kann, stellt sich die
Situation wie folgt:[1]

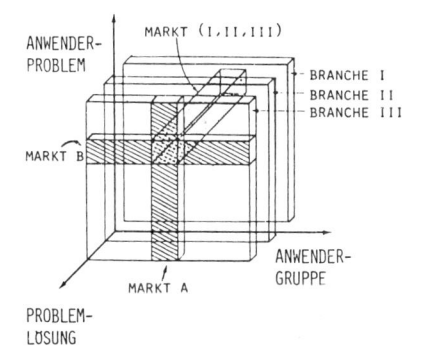

Abb. 21: Markttyp 6: Anwenderproblemkonzentrierter, problemlösungsdifferenzierter und anwendergruppenkonzentrierter Markt.[2]

Der für den Markt vom Typ 6 maßgebliche Vorgang der technologischen Substitution kann sowohl dazu führen, daß die alternativen Problemlösungen für das Anwenderproblem einer Anwendergruppe nebeneinander bestehen, als auch die Verdrängung der alten Problemlösung durch die neue zur Folge haben.[3]

Abell[4] führt als Beispiel für einen Markt vom Typ 6 den Markt für Formteile an, die sowohl aus Plastik im Spritzgußverfahren hergestellt als auch aus Metall gegossen werden können. Die Produktionsverfahren sind in diesem Falle so sehr voneinander verschieden, daß kein Unternehmen beide Verfahren anwendet. Obwohl die Unternehmen jeweils problemlösungsbezogene konzentrierte Strategien verfolgen, stehen der Anwendergruppe für ihr Problem eine

---

1) Mit Hilfe der Dimension Problemlösung werden im folgenden keine weiteren Markttypen mehr gebildet (Vgl. dazu Abell 1980, S. 200), weil sich die grunsätzlichen Vorgänge der technologischen Substitution am Markt vom Typ 6 veranschaulichen lassen.
2) Quelle: In Anlehnung An Abell 1980, S. 197.
3) Vgl. Abell 1980, S. 210.
4) Vgl. Abell 1980, S. 196.

- 156 -

Reihe verschiedener, differenzierter Problemlösungen zur Verfügung, so daß auch ein Markt, auf dem Unternehmen aus verschiedenen Branchen tätig sind, als problemlösungsdifferenziert bezeichnet wird. Die Märkte in den einzelnen Branchen I, II und III, die auf derselben technologischen Grundlage beruhen, sind im verwendeten Beispiel durch ein eng (weit) abgegrenztes Anwenderproblem im Fall A (B) und eine weit (eng) abgegrenzte Anwendergruppe gekennzeichnet. Diese Situationen sind identisch mit der auf dem Markt vom Typ 5. Der Bereich, in dem die Unternehmen der Branche III mit Unternehmen konkurrieren, die auf anderen technologischen Grundlagen die Probleme der Anwender lösen, ist in der Abbildung als Markt$_{I, II, III}$ bezeichnet und ebenfalls durch ein eng abgegrenztes Anwenderproblem, eine eng abgegrenzte Anwendergruppe und die alternativen Technologien I, II und III gekennzeichnet.[1]

Stehen mehrere Technologien für ein Anwenderproblem einer Anwendergruppe zur Verfügung, so werden die von den Unternehmen realisierbaren Verbundbeziehungen im Produktionsbereich über die bereits für den Markt vom Typ 5 diskutierten Aspekte hinaus auch durch den Grad der Anwendungsbreite der jeweils verwendeten Technologie, bezogen auf die betrachteten Anwenderprobleme und Anwendergruppen, bestimmt. Je breiter eine Technologie anwendbar ist, desto stärker wird es gelingen, Verbundwirkungen im Bereich der Produktion und der Forschung und Entwicklung zu nutzen.

---

1) Abell verwendet für die Märkte innerhalb einer Branche in der dreidimensionalen Betrachtung die mißverständliche Bezeichnung "Business". Hier werden dagegen Märkte innerhalb einer Branche (Typ 1 - 5) und branchenübergreifende Märkte unterschieden, um die verschiedenen Bereiche, in denen ein Unternehmen mit Wettbewerbern konkurriert, deutlich voneinander zu trennen. Vgl. Abell 1980, S. 197.

II. Die Bestimmung von Produkt-Markt-Feldern

Die unterschiedlichen Markttypen umfassen jeweils die Tätigkeitsbereiche der wesentlichen Wettbewerber. Deshalb ist es aber keineswegs zwingend, daß die einzelnen Unternehmen die gesamte Breite der Anwenderprobleme, Problemlösungen und/oder Anwendergruppen zum Gegenstand ihrer Betätigung machen. Im allgemeinen werden von einigen Unternehmen nur einige Teilsegmente ausgewählt oder gar konzentrierte Strategien der Marktabdeckung entlang der differenzierten Dimension durchgeführt. Ebenso können die eng definierten, konzentrierten Marktdimensionen weiter eingegrenzt werden. Ein Teil der Unternehmen kann aber auch den gesamten Markt abdecken. Die Entscheidung darüber, inwieweit eine vollständige Marktabdeckung vorteilhaft und zur Erzielung von Wettbewerbsvorteilen notwendig ist, ist Gegenstand der Bestimmung von Produkt-Markt-Feldern.

Die Diskussion im dritten Teil[1] hat die Bedeutung hoher teilmarktbezogener Marktanteile herausgestellt. Aus diesem Grunde könnte man vermuten, daß diejenigen Unternehmen auch die beste Wettbewerbsposition innehaben, die über den höchsten Marktanteil verfügen, wenn bei der Festlegung der Marktgrenzen die wesentlichen Kostenkomponenten berücksichtigt werden. Für die Märkte vom Typ 5 und 6 zeigen sich die Schwierigkeiten einer solchen Vorgehensweise am deutlichsten. Im Falle des Markttyps 5 überschneiden sich zwei Wettbewerber(gruppen), wobei die Unternehmen aber jeweils gleiche technologische Grundlagen zur Problemlösung verwenden. Im Falle des Markttyps 6 überschneiden sich zusätzlich einige "Markthybride", weil darüber hinaus weitere Wettbewerbergruppen existieren, die auf anderer technologischer Basis arbeiten. In diesem Fall kann der Marktanteil kein Indikator der relativen Kostenposition und damit der Wettbewerbsstellung sein.[2]

---

1) Vgl. S. 118-125 dieser Arbeit.
2) Vgl. Abell 1980, S. 202.

Welchen Marktbereich man für die Ermittlung von Anteilen in diesem Fall auch zugrunde legt,[1] immer wird eine Reihe wesentlicher Einflüsse nicht darin enthalten sein.

Daß aber auch in den Markttypen 1 - 4 die Aussagefähigkeit des Marktanteils für die Wettbewerbsposition an Bedingungen geknüpft ist, wird im folgenden auf der Grundlage des Erfahrungskurvenkonzeptes gezeigt. Sind die hier herausgestellten Voraussetzungen nicht erfüllt, so ist auch in den Markttypen 1 - 4 der Schluß vom Marktanteil auf die Wettbewerbsposition mit der Gefahr der Fehleinschätzung verbunden. Die Bedingungen, die für die Aussagefähigkeit des Marktanteils in den Märkten vom Typ 1 bis 4 aufgestellt werden, gelten auch für die Markttypen 5 und 6. Für die Bestimmung der Position der Wettbewerber in den Überschneidungsbereichen reichen sie jedoch nicht aus. Für diese Bereiche müssen in einem weiteren Schritt darüber hinausgehende Überlegungen angestellt werden. Die Tatsache, daß dem Marktanteil in allen Markttypen eine nur eingeschränkte Aussagefähigkeit zukommt, wird hier für die Bestimmung von Produkt-Markt-Feldern genutzt, indem dadurch Hinweise für Bedingungen über die Bestimmung von Produkt-Markt-Feldern gewonnen werden können. Für die Formulierung der Bedingungen wird das Marktwachstum zunächst außer acht gelassen. Erst in einem zweiten Schritt werden die sich auf ein gegebenes Marktvolumen beziehenden Aussagen ergänzt.

---

1) Abell sieht hier drei Möglichkeiten der Abgrenzung, indem die Umsätze des Unternehmens ins Verhältnis gesetzt werden zu (1) der Summe der Umsätze, die in den Märkten aller Gruppen erzielt werden, (2) den Umsätzen, die nur im Überschneidungsbereich und (3) den Umsätzen, die im Markt der jeweils eigenen Gruppe erzielt werden. Vgl. Abell 1980, S. 201.

A. Die Bestimmung von Produkt-Markt-Feldern unter Vernachlässigung des Marktwachstums

1. Marktanteile im Erfahrungskurvenzusammenhang

a) Marktanteil, relativer Marktanteil, Kostenposition und Gewinnspanne

Wenn die Marktanteile einzelner Wettbewerber in einem Markt annäherungsweise die von ihnen kumulierten Produktmengen widerspiegeln, dann kann der Erfolg hoher Marktanteile durch die daraus folgenden höheren Gewinnspannen[1] mithilfe des Erfahrungskurvenkonzeptes bestätigt, darüber hinaus aber sogar annähernd quantifiziert werden.

Das folgende Beispiel unterstellt vier Wettbewerber mit Marktanteilen in Höhe von 50%, 25%, 12,5% und 6,25%.[2] Die jeweils zu einem Zeitpunkt realisierten Gewinnspannen lassen sich wie folgt verdeutlichen:

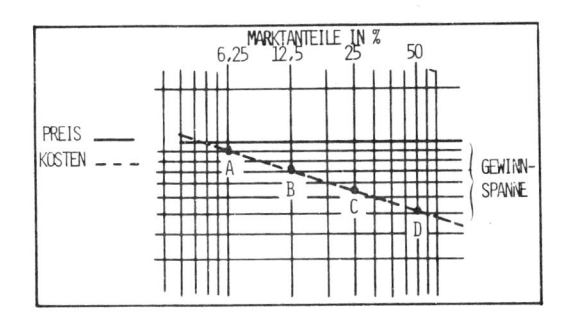

Abb. 22: Die Wirkung von Marktanteilen auf die Stückkosten und die Gewinnspanne[3]

---

1) Vgl. Gälweiler 1974, S. 254 f.
2) Vgl. zu diesem Beispiel Gälweiler 1974, S. 254; zu ähnlichen Beispielen vgl. Sallenave 1976, S. 25; Dunst 1979, S. 76; Grimm 1983, S. 165; Abell/Hammond 1979, 117; Boston Consulting Group 1973, Day/Montgomery 1983, S. 49; Gälweiler 1975, S. 198; Lange 1981, S. 111.
3) Quelle: In Anlehnung an Gälweiler 1974, S. 254.

Die Auswirkungen der Konkurrenzbeziehung zwischen den einzelnen Anbietern eines Marktes können mit Hilfe der Erfahrungskurve quantifiziert werden, verwendet man anstelle des Marktanteils den relativen Marktanteil bezogen auf den stärksten Konkurrenten. Werden die kumulierten Produktionseinheiten mit n, der Marktanteil mit ma, der relative Marktanteil mit rma, das betrachtete Unternehmen mit $\hat{u}$ und der stärkste von insgesamt U Konkurrenten mit u' bezeichnet, läßt sich der Unterschied zwischen den Kostenpositionen wie folgt ermitteln:[1]

$$k_{diff} = k_{n\hat{u}} - k_{nu'}$$

$$= k_1 \cdot n_{\hat{u}}^{-b} - k_1 \cdot n_{u'}^{-b} .$$

Da $rma_{\hat{u}} = \dfrac{ma_{\hat{u}}}{ma_{u'}} = \dfrac{n_{\hat{u}} / \sum_{u=1}^{U} n_u}{n_{u'} / \sum_{u=1}^{U} n_u} = \dfrac{n_{\hat{u}}}{n_{u'}}$

und somit $n_{u'} = \dfrac{n_{\hat{u}}}{rma_{\hat{u}}}$, folgt:

$$k_{diff} = k_1 \cdot n_{\hat{u}}^{-b} - k_1 \left(\dfrac{n_{\hat{u}}}{rma_{\hat{u}}} \right)^{-b}$$

$$= k_1 \cdot n_{\hat{u}}^{-b} \left\{ 1 - \dfrac{1}{rma_{\hat{u}}^{-b}} \right\}$$

$$= k_1 \cdot n_{\hat{u}}^{-b} \left\{ 1 - rma_{\hat{u}}^{b} \right\}$$

$$= k_{n_{\hat{u}}} \cdot (1 - rma_{\hat{u}}^{b}) .$$

Hieraus folgt:

$k_{diff} = 0$ für $rma_{\hat{u}} = 1$ → Kostengleichheit

$k_{diff} < 0$ für $rma_{\hat{u}} > 1$ → Kostenvorteil

$k_{diff} > 0$ für $rma_{\hat{u}} < 1$ → Kostennachteil

---

[1] Vgl. dazu auch Lange 1981, S. 112 f.

Die Abbildung verdeutlicht, daß höhere relative Marktanteile sowohl zu höheren Gewinnspannen als auch zu einer sicheren Position unter den Wettbewerbern führen können, weil die Lage des Unternehmens mit den geringsten Kosten bei sinkenden Preisen am besten einzuschätzen ist. Die in der Abbildung implizit enthaltenen Prämissen sollen im folgenden diskutiert werden, weil sich damit aus dem Erfahrungskurvenzusammenhang Bedingungen für die Aussagefähigkeit des Marktanteils ableiten lassen, die zur Formulierung von Bedingungen bei der Bestimmung von Produkt-Markt-Feldern verwendet werden können.

b) Bedingungen für die Aussagefähigkeit des Marktanteils

Die Folgerungen von der Struktur der Marktanteile auf die Kostenpositionen und die Gewinnspannen der einzelnen Wettbewerber können nur gelten, wenn
- der Marktanteil die kumulierte Menge widerspiegelt,
- die erbrachte Leistung eine mit der von den einzelnen Wettbewerbern vergleichbare Homogenität aufweist und
- einzelne Wettbewerber gleiche Erfahrungskurven realisieren.

Die einzelnen Bedingungen werden im folgenden isoliert voneinander diskutiert. Die möglicherweise auftretenden Kompensationseffekte durch die mangelnde Erfüllung mehrerer Bedingungen werden dadurch nicht berücksichtigt.

aa) Entsprechung von Marktanteilen und kumulierten Mengen

Die Gleichsetzung von Marktanteilen und kumulierten Produktmengen führt nicht generell zu akzeptablen Ergebnissen. Da das mengenbezogene Marktanteilsverhältnis der

Wettbewerber eine periodenbezogene, das Verhältnis ihrer kumulierten Mengen eine auf alle bisherigen Perioden bezogene Größe ist, beeinflussen sowohl die Eintrittszeitpunkte der Wettbewerber als auch die von ihnen in den einzelnen Perioden gehaltenen Marktanteile die Genauigkeit der Approximation. Im allgemeinen kann man davon ausgehen, daß sich die von den einzelnen Unternehmen kumulierte Menge annähernd wie ihre Marktanteile verhalten, wenn sie zur annähernd gleichen Zeit in den Markt eingetreten und wie der Markt gewachsen sind. Beide Bedingungen werden aber nur in seltenen Fällen gleichzeitig erfüllt sein. Als weitere Vereinfachung kann man in der praktischen Anwendung nach Gälweiler davon ausgehen, daß die Bedingungen der näherungsweise gleichen Eintrittszeit und der Übereinstimmung von Marktanteil und kumulierter Menge normalerweise für solche Konkurrenten unterstellt werden können, die länger als fünf Jahre im Markt sind.[1]

Die Entsprechung von kumulierten Mengen und Marktanteilen ist auch daran gebunden, daß von keinem der Unternehmen für den betrachteten Markt relevante und nennenswert hohe "Erfahrungen" auch auf anderen Märkten gesammelt werden können, indem beispielsweise Zwischenprodukte gehandelt werden.[2] Obwohl die Notwendigkeit der Erfüllung dieser Bedingung besonders bei der Beurteilung der Position im Überschneidungsbereich der Märkte vom Typ 5 und 6 deutlich wird, trifft sie auch für die Märkte vom Typ 1 - 4 zu, weil ein Unternehmen in mehr als einem der abgebildeten Markttypen tätig sein kann. In allen Fällen, in denen die hier angeführten Bedingungen nicht gegeben sind, kann man nicht ohne weiteres davon ausgehen, daß die Marktanteile die kumulierten Mengen und damit die Wettbewerbsposition der Unternehmen abbilden.

---

1) Vgl. Gälweiler 1983 b, S. 261.
2) Vgl. Scheel 1981, S. 137; Day/Montgomery 1983, S. 48.

bb) Homogenität der Problemlösungen

Eine weitere wesentliche Bedingung ist darin zu sehen, daß die Problemlösungen der einzelnen Wettbewerber in den Segmenten der Markttypen eine vergleichbare Homogenität aufweisen müssen, weil die Erfahrungskurve eine Aussage über eine Mengenbeziehung trifft. Erfordern einzelne Segmente unterschiedliche Produktions- und/oder Absatzleistungen, so entsteht eine neue Erfahrungskurve, die auf der bestehenden aufbaut. Dies trifft insbesondere für die breiten, differenzierten Dimensionen eines Marktes zu, weil die Wirksamkeit der Erfahrungskurve um so nachhaltiger ist, je homogener die Produktmenge ausfällt.[1] Verlangen die einzelnen Segmente in einem Markt unterschiedliche produktions- und/oder absatzbezogene Teilleistungen und sind die Wettbewerber in den einzelnen Segmenten zudem unterschiedlich stark vertreten, so ist auch ein auf den Markt bezogener identischer mengenmäßiger Anteil nicht aussagefähig. Bei wesentlichen Abweichungen ist die Betrachtung der Teilleistungen in den einzelnen Segmenten und des zwischen ihnen bestehenden Zusammenhangs für eine Aussage über die Wettbewerbsposition notwendig.

cc) Gleiche Erfahrungskurven der Wettbewerber

Neben den bisher hauptsächlich mengenbezogenen Bedingungen bestehen auch Bedingungen, die primär die Lage der Erfahrungskurve in den Koordinaten von kumulierter Menge und Kosten bzw. Preis bestimmen. Wie die Erfahrungskurvenformel (3.1.)[2] zeigt, ist der geographische Ort der Erfahrungskurve determiniert durch die Parameter "Kosten der ersten Einheit" (k_1) und "Elastizität der Stückkosten" (b). Die Erfahrungskurven zweier Wettbewerber können sich deshalb auch in einer oder in beiden Komponenten unterscheiden.

---

1) Vgl. Gälweiler 1983 b, S. 267.
2) Vgl. S. 101 dieser Arbeit.

Der Ursprung der Erfahrungskurve auf der Ordinate kennzeichnet die Stückkosten der ersten Einheit. Gelten für zwei konkurrierende Unternehmen unterschiedliche Bedingungen für den Eintritt in einen Markt, so waren im allgemeinen auch die Kosten der ersten Einheit unterschiedlich hoch. Die folgende Abbildung zeigt die Situation zweier Anbieter, die zu unterschiedlichen Zeitpunkten (t_1 und t_2) in einen Markt eintreten. Anbieter II, der später am Markt auftritt, gelingt es, Kosten der ersten Einheit in Höhe von k_{1II} zu realisieren, während Anbieter I noch Kosten in Höhe von k_{1I} ($k_{1I} > k_{1II}$) aufbieten mußte. Die Erfahrungsraten der Anbieter seien identisch.[1] Der Vergleich der Kostenpositionen beider Anbieter zum Zeitpunkt t_2 zeigt folgendes Bild:

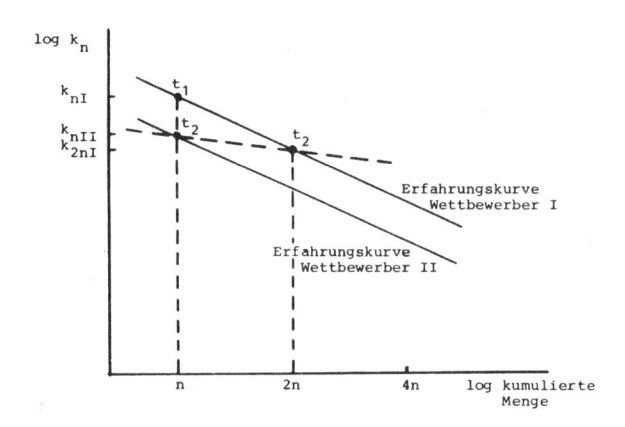

Abb. 23 : Auswirkungen unterschiedlich hoher Kosten der ersten Einheit von zwei Wettbewerbern auf den Verlauf der Erfahrungskurven[2]

---

1) Die Existenz paralleler Erfahrungskurven wird von der Boston Consulting Group mit der Notwendigkeit der langfristigen Wettbewerbsfähigkeit begründet. Vgl. Boston Consulting Group 1978. Zwischenzeitlich können deshalb auch durchaus unterschiedliche Erfahrungskurven realisiert werden.

2) Quelle: In Anlehnung an Day/Montgomery 1983, S. 48.

Obwohl Anbieter I bis t_2 eine doppelt so hohe kumulierte Menge produziert hat, sind seine Kosten nicht, wie anzunehmen, um die Rate p geringer als die von Abieter II.

Demnach gilt:
$$k_{diff} (n_I \rightarrow n_{II}) < k_{diff} (n_I \rightarrow 2n_I)$$

$$k_{diff} (n_I \rightarrow n_{II}) = k_{nI} - k_{nII},$$

wobei
$$k_{nII} < k_{nI}$$

und
$$k_{nI} - k_{n}II < k_{nI} \cdot p.$$

Folgende Tatbestände können zu den unterschiedlichen Eintrittsbedingungen gezählt werden, die dem später eintretenden Unternehmen, auch durch die Vermeidung von Fehlern, die von etablierten Wettbewerbern gemacht wurden, Kostenvorteile bringen.[1] So kann wichtiges Personal und damit auch das know how abgeworben werden. Darüber hinaus ist es dem später eintretenden Wettbewerber möglich, das bereits bestehende Produkt zu analysieren und nachzuempfinden, so daß ein Teil der F&E-Kosten nicht aufgewendet werden muß. Auch kommen dem Nachfolger in der Regel ein höherer technologischer Stand und Erfahrungseffekte bei den Lieferanten von Anlagen und Materialien zugute, die der Pionier nicht realisieren konnte. Standortvorteile und eventuell damit verbundene Subventionen oder Unterschiede in den vom Management beeinflußbaren Kosten, die allein dem Erfahrungskurveneffekt unterliegen, können dazu führen, daß konkurrierende Unternehmen sich auf parallel verlaufenden Erfahrungskurven befinden. Auch wenn das Verhältnis der Marktanteile in einem solchen Fall das Verhältnis der kumulierten Mengen richtig widerspiegelt und die Marktanteile auch die gesamte Erfahrung abbilden, kann die Übertra-

---
1) Vgl. Scheel 1981, S. 137; Day/Montgomery 1983, S. 48 f.; Porter 1983, S. 40-42.

gung der kumulierten Menge eines Wettbewerbers auf die eigene Erfahrungskurve die Unterschiede in den Kostenpositionen nicht zeigen.

Der in der Erfahrungskurvenformel enthaltene Parameter b entspricht der Elastizität der Stückkosten bezogen auf die kumulierte Menge. Die Kostenelastizität (b) ist nicht identisch mit der Erfahrungsrate (p), die die prozentuale Kostensenkung bei Verdoppelung der kumulierten Menge bezeichnet.[1]

Wenn (I) $k_n = k_1 n^{-b}$ und $k_{2n} = k_1 (2n)^{-b}$

und (II) $k_n = 100$ und $k_{2n} = 100 - p$,

dann gilt auch

$$\frac{100-p}{100} = \frac{k_1 (2n)^{-b}}{k_1 n^{-b}}$$

$$1 = 2^{-b} + p$$

$$p = 1 - 2^{-b}$$

Die Beziehung zwischen der Kostenelastizität und der Erfahrungsrate führt dazu, daß für eine gegebene Erfahrungsrate die Kostenelastizität stets höher ausfällt.[2]

Die Auswirkungen unterschiedlicher Erfahrungsraten können nun veranschaulicht werden. Erreicht ein Wettbewerber A beispielsweise eine 80%-ige Erfahrungskurve ($p = 0,2$; $b = 0,3219$), während sein Konkurrent B eine um 10 % Punkte höhere Erfahrungsrate und damit eine 70%-ige Erfahrungskurve ($p = 0,3$; $b = 0,5146$) erzielen kann, stellt sich die Situation wie folgt:

---

1) Vgl. auch Simon 1982, S. 196 f; Grimm 1983, S. 139 f.
2) Für $p = 0,05$ errechnet sich beispielsweise ein b von 0,074, für $p = 0,30$ ein b von 0,5146.

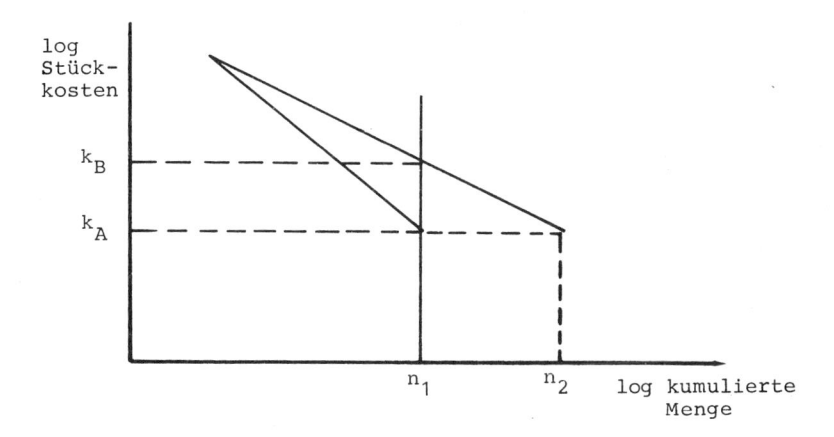

```
log
Stück-
kosten

k_B  ─ ─ ─ ─ ─ ─ ─

k_A  ─ ─ ─ ─ ─ ─ ─ ─ ─ ─ ─

            n_1      n_2     log kumulierte
                             Menge
```

Abb. 24: Auswirkungen unterschiedlicher Erfahrungsraten von zwei Wettbewerbern auf den Verlauf der Erfahrungskurven[1]

Auch wenn die Bedingungen der Entsprechung von Marktanteilen und kumulierten Mengen, der Homogenität der Leistungen und der anfänglich gleich hohen Stückkosten erfüllt sind, wird die Kosten- und Gewinnsituation durch das Verhältnis der Marktanteile falsch wiedergegeben. Denn obwohl der Wettbewerber B mit n_2 eine sehr viel höhere Menge als der Wettbewerber A mit n_1 kumuliert hat, gelingt es ihm nicht, die Kostenposition seines Konkurrenten A zu unterbieten. Würden beide Wettbewerber gleiche Marktanteile aufweisen, die der Menge n_1 entsprechen, so betrüge der Kostennachteil des Unternehmens B $k_B - k_A$.

Die diskutierten Bedingungen zeigen, daß der Schluß von der Marktanteilsposition auf die Wettbewerbsposition auch in Fällen, in denen die Wettbewerber ihre Märkte identisch abgrenzen, ohne die Kenntnis der unternehmensinternen Verhältnisse fehlerhaft sein kann. Im folgenden wird zunächst die Bedingung der Homogenität von

---

[1] Quelle: In Anlehnung an Grimm 1983, S. 163.

Problemlösungen dazu genutzt, die Auswirkungen einer
zunehmend differenzierten Marktabdeckung aufzuzeigen.
Dadurch wird erkennbar, daß allgemein Strategien einer
konzentrierten bzw. wenig differenzierten Marktabdeckung
sehr wohl zu einer starken Wettbewerbsstellung innerhalb
eines Marktes führen können, wenn strategisch wichtige
Segmente erkannt und die zwischen ihnen bestehenden Zusammenhänge gesehen und für die Entscheidung genutzt
werden.

2. Auswirkungen zunehmend differenzierter Strategien
   der Marktabdeckung

Da jedes Unternehmen auch nur einen Teil des Marktes abdecken kann, stehen ihm folgende Möglichkeiten bei der
Abgrenzung des Tätigkeitsbereiches zur Verfügung:

- eine Strategie der konzentrierten oder unterschiedlich weit differenzierten Marktabdeckung entlang
  der differenzierten Dimension(en) und/oder
- eine Strategie stärkerer Konzentration entlang
  der konzentrierten Dimension.

Aufgrund des Mengenbezuges der Erfahrungskurve sind
ihre Wirkungen um so vollständiger, je homogener die
Produktmenge ist. Auf der anderen Seite bedeutet das
aber auch, daß die Wirkung der Erfahrungskurve um so
geringer ausfällt, je differenzierter und heterogener
   (a) die Produkte und/oder
   (b) die mit wachsenden Produktmengen verbundenen
       Vertriebs- und Marketingleistungen eines Un-
       ternehmens
sind.[1]

---

1) Vgl. Gälweiler 1983 b, S. 267.

Die Aussagen über die Auswirkungen einer zunehmend differenzierten Abdeckung des Marktes enthalten somit auch Aussagen über eine Strategie der konzentrierten Marktabdeckung, weil mit zunehmender Differenzierung im allgemeinen auch die Homogenität der zu erbringenden Leistungen nachlassen werden. Die folgenden Ausführungen beziehen sich explizite nur auf die Dimensionen Anwenderproblem und Anwendergruppe. Die zusätzliche Beschreibung der Auswirkungen einer zunehmenden Differenzierung von Problemlösungen würde zu Wiederholungen führen, weil in den meisten Fällen differenzierte Anwenderprobleme auch die Differenzierung der Problemlösungen verlangen. Da auch die absatzbezogenen Bestandteile zur Problemlösung zählen, gilt das gleiche für die Anwendergruppen. Deshalb werden mit den Dimensionen Anwenderproblem und Anwendergruppe auch nicht zwei verschiedene Dinge, sondern nur zwei verschiedene Seiten einer Sache, nämlich der Problemlösung, betrachtet. Die Trennung der beiden Dimensionen ermöglicht aber die Herausarbeitung voneinander sehr unterschiedlicher Auswirkungen, die wichtige Hinweise für die Bedingungen zur Bestimmung von Produkt-Markt-Feldern enthalten.

a) Zunehmende anwenderproblemdifferenzierte Marktabdeckung

Je stärker konzentriert die Strategie der Marktabdeckung eines Unternehmens bezogen auf Anwenderprobleme ausfällt, desto enger wird im allgemeinen auch das Produktprogramm in seiner Breite und/oder Tiefe gestaltet sein. Den Möglichkeiten, die einem Unternehmen hier zur Verfügung stehen, ist allerdings durch den Nachfrageverbund der jeweiligen Anwendergruppe ein Rahmen gesetzt, den es zu berücksichtigen gilt. Innerhalb dieses Rahmens verbleibt in aller Regel aber ein Gestaltungsspielraum weil grundsätzlich nicht eine so extreme Art des Einkaufsverbundes zwischen den einzelnen Produkten unterstellt werden kann, bei der ein Anwender aufgrund seiner Sortimentsvorstellungen nur bereit ist, eine Ware abzunehmen, wenn gleichzeitig alle anderen Waren mitbezogen werden können.

Die Nachteile einer Erweiterung des Produktprogramms liegen infolge der damit einhergehenden Differenzierung im Risiko der Fragmentierung der Ressourcen im Produktions und Forschungs- und Entwicklungsbereich,[1] weil die physischen Bestandteile der Problemlösungen mit der Ausdehnung des Programms zunehmend heterogen werden. Dadurch gehen auch die Erfahrungskurvenwirkungen immer stärker zurück. Während Kotler[2] zwar sieht, daß das Ausfüllen der Produktlinie leicht übertrieben werden kann und sich das Unternehmen vergewissern sollte, "...daß der in Betracht gezogene Füllartikel eine gewisse Nachfrage hat und nicht nur zur Schließung einer internen Lücke aufgenommen wird"[3], betonen andere Autoren die Gefahr zu breiter Produktprogramme sehr viel deutlicher. Von ihnen werden die negativen Auswirkungen in den Vordergrund gestellt, die mit einem Streben nach Grenzgewinn, Effektivität, Marktführerschaft im Hinblick auf eine komplette Produktlinie, Auslastung der Kapazität und Schließung von Marktlücken, von Kotler[4] als Hauptgründe für das Auffüllen einer Produktlinie genannt, verbunden sein können.

Beste[5] spricht bereits 1966 in seinen Ausführungen zur Breite des Produktprogramms von den ungängigen und von den Sondererzeugnissen als dem "Schrecken der Betriebe"[6], weil die Auflagedegression nicht genutzt

---

1) Vgl. Abell 1980, S. 181.
2) Vgl. Kotler 1982, S. 370-377.
3) Kotler 1982, S. 376.
4) Vgl. Kotler 1982, S. 376; vgl. auch Grosche 1967, S. 77.
5) Vgl. Beste 1966, S. 130-136.
6) Beste 1966, S. 130.

werden kann. Die durch eine Erweiterung des Produktionsprogramms entstehenden Sortenwechselkosten sind zum größten Teil fix und nehmen mit der Erweiterung zu. Sortenwechselkosten fallen auch nicht nur im Bereich der Produktion an, obwohl hier die größten Vorteile entstehen. Zu den allgemein bekannten Kosten in der Produktion wie Reinigungs-, Stillstands- und Einrichtekosten treten Entwicklungs- und Konstruktionskosten, Kosten der Arbeitsvorbereitung des Ausschusses aufgrund anlaufender und auslaufender Produktion. Im Bereich der Beschaffung werden mit der Ausdehnung des Sortimentes mehr Arten und kleinere Mengen von Materialien eingekauft, so daß Preisaufschläge erhoben werden, zumal auch die Lieferanten ihre Sortimente erweitern müssen. In der Lagerwirtschaft treten die Nachteile einer Erweiterung des Sortiments am sichtbarsten in Erscheinung. Die Lagerkosten steigen, weil zusätzlicher Platzbedarf entsteht, der Wert des Bestandes, die notwendige Reserve und die Lagerdauer steigt, zusätzliches Personal muß eingesetzt werden, die Umschlagsgeschwindigkeit nimmt ab, die Bereitstellung und Auslieferung des Materials wird erschwert und verlangsamt. Es entstehen mehr Abfälle, weil das Material z.T. nicht mehr maßgerecht eingekauft werden kann. Im Bereich des innerbetrieblichen Transportwesens schließlich bilden sich wechselnde und zufällige Anforderungen.[1]

Ähnlich argumentiert auch Gälweiler. Er schätzt die Tendenz negativer Kostenwirkungen um so stärker ein, je mehr die fixen Kosten bei einer gegebenen Kapazität durch die Sortimentsbreite des Produktions- und Absatzprogramms bestimmt werden und nicht durch die Höhe der Kapazität selbst. Solche Fixkostenverhältnisse vermutet Gälweiler bei allen hochorganisierten Produkten "...bei denen ein breit differenziertes Produktprogramm

---

1) Vgl. Beste 1966, S. 132 f.

mit einem relativ hohen Aufwand
- in der Entwicklung und Konstruktion
- in der Arbeitsvorbereitung
- in der Produktion
- in der Materialwirtschaft und
- im gesamten Informationswesen aller
  Funktionsbereiche

verbunden ist."[1] Die Fixkosten können dann bis zu 75 %
von der Sortimentsbreite abhängen und nicht von der
Kapazität.[2]

Das folgende Beispiel eines praktischen Falles zeigt die
Situation, in der durch die Aufgabe einiger Produktgruppen innerhalb eines sehr breiten Sortiments die Situation eines Unernehmens erheblich verbessert werden
konnte.[3] In den vorangegangenen Jahren war die Notwendigkeit einer Umsatzausweitung zur Überschreitung des
Break-Even-Punktes betont worden. Durch die mit der Umsatzausweitung verbundene Steigerung der schon hohen
Personalkosten schob sich dieser Punkt jedoch ständig
weiter hinaus, so daß der Verlust sogar zunahm. Eine
Marktanteilsanalyse ergab folgendes Bild:

Sortimentsgruppe	a - h	a	b	c	d	e	f	g	h
Marktvolumen (Mio. / DM)	1800	50	300	100	400	150	500	200	200
Eigener Umsatz (Mio. / DM)	65	5	4	10	6	14	10	14	2
Marktanteil in %	3,6	10	1,3	10	1,5	9,3	2	7	1

Weil zwischen den einzelnen Sortimentsgruppen keine
ausgesprochene Absatzverbundenheit bestand und zudem die
marktanteilsschwachen Sortimentsgruppen die größte Auf-

---

1) Gälweiler 1977c, S. 73.
2) Vgl. Gälweiler 1983b, S. 269.
3) Vgl. Gälweiler 1977c, S. 73 f.; zu einer Anzahl großer
   Unternehmen aus unterschiedlichen Branchen,die ähnlich vorgingen,vgl. Resnik/Turney/Mason 1981, S. 23.

splittung in Einzelkunden und Einzelaufträge zeigten, konnte durch die Aufgabe der Sortimentsgruppen b, d, f und h eine erheblich günstigere Situation erzielt werden. Auf der einen Seite ergab sich zwar ein Umsatzrückgan von 22 Mio. DM p.a.. Auf der anderen Seite konnten die Fixkosten im Verhältnis zum Umsatzrückgang erheblich stärker abgebaut werden, da die das Produktprogramm fragmentierenden Sortimentsgruppen wegfielen. Aufgrund der Marktanteilssteigerung von durchschnittlich 3,6 % auf 8,6 % stand das Unternehmen nun nur noch Konkurrenten gegenüber, die in diesen Sortimentsgruppen keine größeren Marktanteile aufzuweisen hatten, auch wenn sie insgesamt größer waren. Durch die mit hohen Marktanteilen verbundenen Gewinnspannen in den verbleibenden Sortimentsgruppen und den überproportionalen Abbau fixer Kosten war es möglich, den Break-Even-Punkt auf eine Auslastung von ca. 55 % zurückzuführen. Dadurch konnte eine fast vollständige Beseitigung der gefährdeten Ertragssituation aufgrund ständig wiederkehrender konjunktureller Marktschwankungen erzielt werden.[1]

Das Beispiel zeigt, daß negative Konsequenzen durch die Abdeckung aller Segmente eines Marktes entstehen, wenn dadurch das Produktions- und Absatzprogramm eines Unternehmens so heterogen wird, daß die einzelnen Teilkonzepte der Erfahrungskurve nicht mehr zur Geltung kommen können. Auf der einen Seite kann durch zunehmende Heterogenität die Größendegression nicht wirksam werden, auf der anderen Seite werden auch um so geringere Lerneffekte erzielt werden, je größer die Zeitspannen sind, die zwischen der Wiederholung identischer Tätigkeiten liegen, weil der immaterielle Vorbereitungsgrad dynamischer Natur ist und mit der Zeit abgebaut wird.[2]

---

1) Vgl. Gälweiler 1977c, S. 74.
2) Vgl. dazu Ellinger 1963, S. 484-487.

Die Betrachtung von Anwenderproblemen bezog sich vornehmlich auf die physischen Bestandteile von Problemlösungen. Im folgenden stehen die darüber hinausreichenden Leistungsbestandteile im Mittelpunkt der Betrachtung, die Gegenstand der betrieblichen Funktion Marketing, Verkauf, Vertrieb, Service etc., kurz der absatzbezogenen Funktionen sind und vornehmlich durch die Wahl der Anwendergruppen beeinflußt werden. Die aus der zunehmenden Zahl von Anwendergruppen eventuell resultierenden Veränderungen im Hinblick auf die physischen Produktbestandteile können darüber hinaus aber auch dazu führen, daß die Anforderungen im Bereich der Produktion und der Forschung und Entwicklung zunehmend differenzierter werden.

b) Zunehmende anwendergruppendifferenzierte Marktabdeckung

Die Nachteile, die mit der zunehmenden Abdeckung der Anwendergruppen eines Marktes verbunden sind, bestehen primär in der Gefahr der Fragmentierung der absatzbezogenen Ressourcen.[1] Weil die Anforderungen an diese betrieblichen Funktionen mit steigender Zahl von Anwendergruppen zunehmend heterogen werden, gehen auch hier die Erfahrungskurvenwirkungen immer stärker zurück. Die Überlegungen zur Auswahl von Anwendergruppen sind deshalb um so wichtiger,
- je höher der Anteil der Kosten für Marketing, Verkauf, Vertrieb und Service ist,
- je mehr die Vertriebskosten mit der regionalen Ausbreitung und Entfernung der Anwendergruppen zunehmen und

---

1) Vgl. Abell 1980, S. 219.

- je höher die Unterschiede in den stückbezogenen Vertriebskosten bei den verschiedenen Anwendergruppen sind.[1)]

Weil die Anwendergruppen unterschiedlicher Segmente verschiedene Ausprägungen der einzelnen Segmentierungskriterien aufweisen, resultieren daraus im allgemeinen auch unterschiedliche Anforderungen an die Ressourcen eines Unternehmens. Dadurch steigen die Absatzkosten, auch wenn die Anwenderprobleme prinzipiell ähnlich sind. Abell führt als ein Beispiel den Markt für Laborgeräte an, in dem die für die einzelnen Geräte notwendigen absatzbezogenen Fähigkeiten der Unternehmen sehr ähnlich sind. Die Anforderungen an die Absatzbereiche der Unternehmen unterscheiden sich jedoch erheblich in Abhängigkeit der Anwendergruppe, weil Bildungsinstitutionen, klinische Labors und staatliche Forschungsinstitute sich wesentlich im Hinblick auf das praktizierte Kauf- und Beschaffungsverhalten unterscheiden.[2)]

Die Veränderungen der absatzbezogenen Anforderungen treten bei der Erschließung neuer Marktregionen und/oder neuer Vertriebskanäle besonders deutlich zutage. Auf der einen Seite werden dadurch zusätzliche Aufwendungen für Werbung und für Verkaufs-, Vertriebs- und Serviceorgane erforderlich. Auf der anderen Seite sind besonders intensive Anstrengungen des gesamten Absatzbereiches notwendig,"...der sich Wissen und Know-How, das heißt Erfahrung über einen neuen Abnehmerkreis erwerben muß..."[3)]. Sind die zu Beginn aufzuwendenden Startkosten und die Anforderungen an den Absatzbereich zu heterogen, dann droht die Gefahr, daß die dadurch hervorgerufenen Kostenwirkungen die Kostensenkungen, die im

---

1) Vgl. Gälweiler 1983b, S. 269 f.
2) Vgl. Abell 1980, S. 181.
3) Gälweiler 1974, S. 280.

Produktionsbereich durch wachsende Mengen lt. Erfahrungskurve erzielt werden, überkompensieren.[1]

Die Hinzunahme weiterer Anwendergruppen führt aber häufig nicht nur zur Notwendigkeit einer stärkeren Heterogenität der absatzbezogenen Ressourcen. Auch die Probleme der Anwender stellen sich zunehmend verändert dar, so daß zudem die an den Produktions- und F+E-Bereich gestellten Anforderungen heterogener werden. Wenn auch zu Anfang mehr oder weniger identische Produkte an die verschiedenen Abnehmergruppen geliefert werden, so können sie im Laufe der Zeit, hervorgerufen durch unterschiedliche Anwendungsgegebenheiten, verschiedenartigen technologischen, modischen oder Einflüssen sonstiger Art unterliegen. Diese Tatsache wird bei der Extrapolation in die Zukunft häufig übersehen.[2] Die positiven Auswirkungen einer zunehmenden Kumulierung von Mengen, die ja auch darin bestehen, Preissenkungen durchführen zu können, die das Unternehmen bei den bereits bestehenden Anwendergruppen wettbewerbsfähiger machen, können unter diesen Bedingungen nicht eintreten.[3]

Porter[4] nennt neben den hier angeführten Anwenderbedürfnissen und den Kosten für die Bedienung auch die strukturelle Position von Abnehmern als ein Kriterium zu ihrer Auswahl. Die strukturelle Position der Abnehmer wird bestimmt durch ihre potentielle Verhandlungsstärke und die Neigung, diese Verhandlungsstärke zur Forderung nach niedrigen Preisen zu nutzen. "Gute"

---

1) Vgl. Gälweiler 1983b, S. 267; Abell 1980, S. 219.
2) Vgl. Gälweiler 1974, S. 281; vgl. auch Porter 1983, S. 254.
3) Vgl. Gälweiler 1974, S. 280 f.
4) Vgl. Porter 1983, S. 153. Das Wachstumspotential, von Porter als weiteres Kriterium zur Auswahl von Anwendern genannt, ist Gegenstand der Betrachtung auf den Seiten 210-223 dieser Arbeit.

Abnehmer verfügen über eine geringe Verhandlungsstärke, die tendenziell gegeben ist, wenn
- der Anteil dieser Abnehmer an den Umsätzen der Verkäufer gering ist,
- die Abnehmer nicht über qualifizierte alternative Bezugsquellen verfügen,
- sie hohen Einkaufs-, Transaktions- oder Verhandlungskosten gegenüberstehen,
- sie nicht glaubwürdig mit Rückwärtsintegration drohen können und
- sie sich mit hohen Fixkosten beim Wechsel ihrer Lieferanten konfrontiert sehen.[1]

Die Neigung der Abnehmer, ihre Verhandlungsstärke zur Durchsetzung geringerer Preise zu benutzen, ist dann nicht besonders ausgeprägt, wenn
- die Kosten des Produktes nur einen kleinen Teil der Produktionskosten und/oder des Einkaufsbudgets des Abnehmers ausmachen,
- die negativen Folgen für das Versagen des Produktes im Vergleich zum Preis hoch sind,
- durch die Effizienz des Produktes beträchtliche Kosten eingespart oder Leistungen erhöht werden können,
- die Strategie des Abnehmers auf hohe Qualität gerichtet ist, zu der das Produkt beitragen soll,
- der Abnehmer speziell gestaltete Produkte benötigt,
- der Abnehmer sehr rentabel arbeitet und/oder die Inputkosten leicht überwälzen kann,
- der Abnehmer über das Produkt schlecht informiert ist und/oder auf Basis unklarer Vorstellungen kauft und

---

1) Vgl. Porter 1983, S. 157 f.

- die Motivation des letztlich Entscheidenden
nicht auf die Inputkosten beschränkt ist.[1]
Grundsätzlich ist Porter zwar darin zuzustimmen, daß die
für ein Unternehmen lukrativen Abnehmer sich sowohl
durch eine geringe Verhandlungsstärke auszeichnen als
auch durch eine geringe Neigung, die vorhandene Verhandlungsstärke zur Durchsetzung von Preissenkungen zu nutzen.
Die vorangegangenen Ausführungen haben aber gezeigt, daß
einige Merkmale sehr hohe Kostenwirkungen zur Folge haben.
Eine Reihe von Kriterien zeigt das betreffende Unternehmen zudem in einer sehr herausragenden Wettbewerbsposition. Treten ernstzunehmende Konkurrenten auf, so
erhöht sich die Verhandlungsstärke der Abnehmergruppen
in dem Maße, in dem die Wettbewerber die Preise des
Unternehmens unterbieten können.

3. Bedingungen für die Auswahl von Produkt-Markt-Feldern
in den Markttypen

Die Bestimmung von Produkt-Markt-Feldern innerhalb
der einzelnen Markttypen stellt sich als Entscheidung
über das notwendige Ausmaß der Marktabdeckung unter
der Bedingung, eine im Markt führende Wettbewerbsposition einnehmen zu können. Durch die in der vorliegenden Arbeit vorgenommene Darstellung des Marktes in einem
dreidimensionalen Rahmen ist es möglich, jeweils diejenigen Dimensionen, an denen die Eingrenzung vorgenommen werden soll, in die Bedingungen einzubeziehen.
Dadurch gelingt es, die Aussagen zur Bestimmung von
Produkt-Markt-Feldern allgemeingültig zu konkretisieren.
Die folgenden Überlegungen beziehen explizit nicht die
Voraussetzungen ein, die für das Vorliegen gleicher
Erfahrungskurven erfüllt sein müssen. Jedem Unternehmen

---

1) Vgl. Porter 1983, S. 158-162.

ist nämlich in jedem Markttyp die Möglichkeit gegeben, Wettbewerbsnachteile, die aufgrund der Marktabdeckung entstehen, durch eine höhere Erfahrungsrate und/oder geringere Anfangskosten zu kompensieren. Die Berücksichtigung etwaiger Differenzen zwischen den Erfahrungskurven kann deshalb auch in der praktischen Anwendung separat und vorab erfolgen.

a) Markttyp 1

Die geringsten Möglichkeiten einer engeren Abgrenzung des Tätigkeitsbereiches bestehen im Markt vom Typ 1, weil hier bereits alle Wettbewerber eine konzentrierte Strategie entlang der Dimensionen verfolgen. Der geringe Grad der Differenzierung hat tendenziell sowohl Produktions- als auch Absatzleistungen zur Folge, die weitgehend homogen sind. Führt eine stärkere Konzentration nicht zu merklich homogeneren Leistungen, entstehen dadurch mengenbegründet negative Erfahrungskurvenwirkungen. Die Vermutung von Abell,[1] daß in einem anwenderproblemkonzentrierten, problemlösungskonzentrierten und anwendergruppenkonzentrierten Markt diejenigen Unternehmen als erfolgreich angesehen werden können, die insgesamt einen hohen Marktanteil aufweisen, stützt sich so auf die Annahme gleicher Erfahrungskurven und die der Entsprechung von Marktanteilen und kumulierten Mengen. Eine weiterreichende Konzentration der Anwenderprobleme ist darüber hinaus auch nur dann möglich, wenn der von der Anwendergruppe zur Kaufentscheidung als notwendig erachtete Verwendungs- und Einkaufsverbund nicht unterschritten wird.

---

1) Vgl. Abell 1980, S. 193.

b) Markttyp 2

Die im Markt vom Typ 2 bestehenden Möglichkeiten der engeren Abgrenzung des Tätigkeitsbereiches liegen auf der einen Seite in einer stärkeren Konzentration der Anwenderprobleme und Problemlösungen, auf der anderen Seite in der gänzlichen Vernachlässigung einzelner Anwendergruppen. Die bereits bestehende Konzentration auf ein sehr enges Anwenderproblem und eine Problemlösung führt zu sehr hohen Erfahrungskurvenwirkungen in den Bereichen Produktion und Forschung und Entwicklung. Im allgemeinen bringt hier eine weitere Eingrenzung einen nur geringen Zuwachs an Homogenität. Die Wirkungen der Erfahrungskurve sinken aber in den absatzbezogenen Funktionen durch zunehmende Unterschiede zwischen den verschiedenen Abnehmergruppen. Negative Wirkungen können auch in den Bereichen Produktion und Forschung und Entwicklung eintreten, wenn sich die Anwenderprobleme beim Übergang auf eine andere Anwendergruppe ändern und/oder zusätzlich bei diesen Anwendergruppen veränderte Verbundbeziehungen existieren, die über die bei den anderen Anwendergruppen bestehenden hinausreichen. Unternehmen, die über einen höheren "anwenderproblembezogenen Marktanteil"[1] verfügen, können deshalb häufig erfolgreich sein, obwohl sie für einige Anwendergruppen nicht tätig sind. Tendenziell wird in Märkten vom Typ 2 eine Anwendergruppe von einem Unternehmen um so eher vernachlässigt werden können,

- je erheblicher die zusätzlich zu erbringenden Absatzleistungen sind,
- je stärker auch die Produktionsleistung variiert,
- je mehr der Nachfrageverbund bei dieser Anwendergruppe den der anderen Anwendergruppen übersteigt und

---

1) Vgl. Abell 1980, S. 194.

- je geringer das Marktvolumen der vernachlässigten Anwendergruppe ausfällt.

c) Markttyp 3

Die im Markt vom Typ 3 bestehenden Möglichkeiten einer engeren Abgrenzung des Tätigkeitsbereiches sind denen des Typ 2 genau entgegengesetzt und können durch eine stärkere Konzentrierung der Anwendergruppe und/oder Problemlösung und/oder die Vernachlässigung einzelner Anwenderprobleme vorgenommen werden. Die bestehende Konzentration auf eine sehr eng abgegrenzte Anwendergruppe ermöglicht sehr hohe absatzbezogene Erfahrungskurvenwirkungen aufgrund der weitgehenden Homogenität dieser Leistungen. In der Produktion und im Bereich der Forschung und Entwicklung führen die zunehmenden Unterschiede zwischen den Anwenderproblemen zu ständig sinkenden Erfahrungskurvenwirkungen. Aufgrund dessen sind tendenziell die Unternehmen im Vorteil, die einen hohen "anwendergruppenbezogenen Marktanteil" aufweisen,[1] obwohl sie nicht für alle Probleme der Anwendergruppe Produkte in ihrem Programm führen. Analog zum Markttyp 2 können auch hier auf der Grundlage von Angebots- und Nachfrageverbund tendenzielle Aussagen über die Möglichkeiten der Vernachlässigung von Anwenderproblemen getroffen werden. Durch die sehr eng abgegrenzte Anwendergruppe kommt aber dem Nachfrageverbund in diesem Markttyp eine wichtigere Rolle zu als im Markt vom Typ 2. Ein Anwenderproblem kann deshalb von einem Unternehmen tendenziell um so eher vernachlässigt werden,

- je weniger das jeweilige Anwenderproblem mit anderen Anwenderproblemen verwendungs- und/oder einkaufsverbunden ist,
- je erheblicher die zusätzlich zu erbringenden Produktionsleistungen sind,

---

[1] Vgl. Abell 1980, S. 194.

- je stärker auch die Absatzleistung der
  einzelnen Anwenderprobleme, wie z.B. der
  Service variiert, und
- je geringer das Marktvolumen für das jeweilige Anwenderproblem ausfällt.

d) Markttyp 4

Die Beurteilung der im Markttyp 4 bestehenden Möglichkeiten der engeren Abgrenzung des Tätigkeitsbereiches stützt sich auf die Argumentationen, die für die Markttypen 2 und 3 verwendet wurden. Die Möglichkeiten, einzelne Produkt-Markt Felder zu vernachlässigen ergeben sich hier damit um so eher,

- je erheblicher die zusätzlich erforderlichen Produktions- und Absatzleistungen sind,
- je stärker auch die Absatz- und Produktionsleistung variiert,
- je geringer der Nachfrageverbund zwischen den einzelnen Anwenderproblemen und je unterschiedlicher er bei den einzelnen Anwendergruppen ist und
- je geringer das Marktpotential einzelner Anwenderprobleme und/oder Anwendergruppen ausfällt.

Die Vernachlässigung einzelner Segmente wird hier im allgemeinen eher möglich sein als im Markt vom Typ 1, weil mit zunehmender Breite der Dimensionen die Heterogenität zwischen den einzelnen Anwendergruppen und den einzelnen Anwenderproblemen zunimmt. Die Konzentration auf nur ein Segment ist in solchen Märkten jedoch wenig aussichtsreich, weil im allgemeinen die Produktions- und/oder die Absatzleistungen über eine Anzahl von Anwenderproblemen und/oder Anwendergruppen als relativ homogen angesehen werden können, wodurch es Konkurrenten gelingt, annähernd vollständige Erfahrungskurvenwirkungen zu realisieren. Dasjenige Unternehmen, **das bezogen auf den gesamten Markt den höchsten Markt-**

anteil hat[1], wird um so eher auch die beste Wettbewerbsposition innehaben, je homogener die Anforderungen aller Segmente an die betrieblichen Funktionen sind.

e) Markttyp 5

Bisher bezogen sich die Aussagen über die Bestimmung von Produkt-Markt-Feldern auf die Bedingungen, unter denen ein Unternehmen unter Wahrung einer führenden Wettbewerbsstellung einige Produkt-Markt-Felder vernachlässigen kann. Die für die Markttypen 2 und 3 formulierten Bedingungen gelten ebenso für die sich im Markttyp 5 überschneidenden Märkte. Jedes Unternehmen in den beiden Gruppen kann anhand der Bedingungen überprüfen, inwieweit das Segment, in dem sich die beiden Märkte überschneiden, für die Wettbewerbsfähigkeit in seinem Markt notwendig ist. Zur Beurteilung der Position im Überschneidungsbereich muß die Fragestellung aber umgekehrt werden, um Aussagen treffen zu können. Es wird daher geprüft, unter welchen Bedingungen die Marktführer in den Markttypen 2 und 3 die bessere Wettbewerbsposition auch in dem Überschneidungssegment innehaben. Der Marktanteil kann durch den Einfluß der übrigen Produkt-Markt-Felder in diesem Fall keine Hinweise mehr auf die Wettbewerbsstellung geben. Durch den Angebotsverbund, den Nachfrageverbund und das Marktvolumen lassen sich aber auch hier Bedingungen formulieren. Demnach muß die Position des Marktführers des anwenderproblemkonzentrierten, problemlösungskonzentrierten und anwendergruppendifferenzierten Marktes (Typ 2)[2] im Überschneidungsbereich als um so schlechter angesehen werden,
- je erheblicher die von ihm für den Überschneidungsbereich zusätzlich zu erbringenden Absatzleistungen sind,

---

1) Vgl. Abell 1980, S. 195.
2) Werden die Bedingungen ins Gegenteil verkehrt, so gelten sie für den Marktführer des Marktes vom Typ 3.

- je erheblicher auch die Produktionsleistung variiert,
- je stärker die restlichen Anwendergruppen geringere nachfragebezogene Verbundbeziehungen aufweisen,
- je geringer das Marktvolumen der sonstigen Anwenderprobleme in seinem Tätigkeitsbereich ausfällt,
- je stärker das Anwenderproblem mit den anderen Anwenderproblemen des Marktführers im Markttyp 3 (anwenderproblemdifferenzierter, problemlösungskonzentrierter, anwendergruppenkonzentrierter Markt) verwendungs- oder einkaufsgebunden ist,
- je geringer dessen zusätzlich zu erbringenden Produktionsleistungen ausfallen,
- je geringer auch dessen Absatzleistungen variieren und
- je höher das Volumen der sonstigen Anwenderprobleme in seinem Tätigkeitsbereich ausfällt.

Die Bedingungen lassen sich erweitern, geht man davon aus, daß sich die Kostenstrukturen der beiden Marktführer unterscheiden und das anwenderproblemkonzentrierte Unternehmen geringere Produktionskosten aufwenden muß, während das anwendergruppenkonzentrierte Unternehmen geringere Absatzkosten realisieren kann. Im dritten Teil (S. 95-98) wurde die Erfahrungskurve eines Produktes auf die darin enthaltenen Teilerfahrungskurven hin betrachtet. Entsprechend kann die in einem Produkt enthaltene Gesamtleistung in eine herstellungsbezogene und eine absatzbezogene Teilleistung aufgespalten werden, deren Kostenentwicklung durch jeweils eine Erfahrungskurve wiedergegeben wird. Die Kostenstruktur der im Überschneidungsbereich zu erbringenden Leistung erhält damit Einfluß auf die Wettbewerbsstellung der Unternehmen. Die Position des Marktführers im anwenderproblemkonzentrierten, problemlösungskonzentrierten und anwendergruppendifferenzierten Markt wird um so ungünstiger sein, je höher der Anteil der Absatzleistung ist, weil der Vorteil der im Verhältnis zum Konkurrenten geringeren Herstellungskosten unter diesen Bedingungen einen nur geringen Einfluß auf die Kosten der Gesamtleistung erhält.[1] Können zudem im Absatzbereich höhere Erfahrungsraten erzielt werden als im Produktionsbereich,[2] so ist die Position des Marktführers des anwenderproblemkonzentrierten, problemlösungskonzentrierten und anwendergruppendifferenzierten Marktes darüber hinaus um so schlechter einzuschätzen, je mehr die im Absatzbereich erreichbare Erfahrungsrate die im Produktionsbereich realisierbare übersteigt.

f) Markttyp 6

Im Markt vom Typ 6 ist ähnlich wie im Markttyp 5 zu prüfen, welcher branchenbezogene Marktführer im Überschneidungsbereich der Branchen die bessere Wettbewerbsposition hält. Die branchenbezogenen Marktführer können zunächst analog der Vorgehensweise im Markttyp 5 ermittelt werden. Die Überlegenheit eines Branchenführers im Überschneidungsbereich der Branchen wird dann einerseits durch die Position der Branche im Vergleich zu den anderen Branchen und andererseits durch den Abstand des Branchenführers zu seinen Konkurrenten innerhalb der Branche beeinflußt.

Die Position einer Branche ist als um so besser anzusehen,
- je größer das Volumen des Branchenmarktes,
- je größer die Homogenität der Branchenleistung und

---

1) Das anwenderproblemkonzentrierte, problemlösungskonzentrierte und anwendergruppendifferenzierte Unternehmen verfügt aber durchaus über Möglichkeiten, seine Position zu verbessern, indem es eine Substitution von Absatzleistungen durch Produktionsleistungen vornimmt und beispielsweise durch Verbesserungen an den physischen Bestandteilen des Produktes Serviceleistungen ersetzt.

2) Vgl. zu tätigkeitsbezogenen Abweichungen von Lernraten z. B. Schneider 1965, S. 508-512.

- je ausgereifter die verwendete Technologie ausfällt.

Das Volumen des Branchenmarktes wird durch den branchenbezogenen Markttyp beeinflußt, geht man von einem gleich hohen Volumen in den Marktsegmenten aus. Das Marktvolumen einer Branche ist dann im Markttyp 4 größer als in einem Markt vom Typ 5, im Markttyp 5 größer als in Markttypen 2 und 3 und dort wiederum größer als im Markt vom Typ 1. Die Homogenität der Branchenleistung wird neben dem Verlauf der Marktgrenzen von der Anwendungsbreite der verwendeten Technologie determiniert, die aber auch den Markttyp mitbestimmt. Der Reifegrad einer Technologie ist für die Position einer Branche von Bedeutung, weil mit steigender technologischer Ausreifung die Anwendungshäufigkeit zunimmt und die darin tätigen Unternehmen Produktmengen kumulieren können.

Neben der Branche, aus der die Wettbewerber stammen, ist auch die Stellung des Branchenführers gegenüber seinen Konkurrenten innerhalb der Branche für die Position im Überschneidungsbereich von Bedeutung. Die Branchenposition bestimmt den Anteil, den der jeweilige Branchenführer von der Bedeutung seiner Branche in den Überschneidungsbereich einbringt. Die Position des branchenbezogenen Marktführers ist im Überschneidungsbereich c. p. um so besser,

- je größer der Abstand zum nächstfolgenden Konkurrenten ist und
- je weniger Konkurrenten in einer Branche tätig sind.

Zur Beurteilung der Position innerhalb der Branche können jeweils die für die Markttypen 1-5 formulierten Bedingungen herangezogen werden.

B. Die Bestimmung von Produkt-Markt-Feldern unter
Berücksichtigung des Marktwachstums

Wenn auch die bisherige Analyse für praktische Entscheidungen als ein erster Schritt bei der Bildung strategischer Geschäftseinheiten angesehen werden kann, so reicht gerade dort eine nur statische Betrachtung nicht aus. Ein im Wettbewerb stehendes Unternehmen muß besonders daran interessiert sein, langfristig wirksame Entwicklungen zu erkennen, um den sich verändernden Marktbedingungen auch durch Veränderungen in Art und/oder Anzahl von Produkt-Markt-Feldern Rechnung tragen zu können bzw. veränderte, für sich günstige Bedingungen selbst herbeizuführen. Die Aussagen zur Bestimmung von Produkt-Markt-Feldern, die bisher ohne Berücksichtigung von Marktveränderungen gewonnen wurden, sind deshalb auf das Marktwachstum bezogen zu erweitern. Entsprechend der bisherigen Vorgehensweise werden im folgenden zunächst wiederum unabhängig von den einzelnen Markttypen die grundsätzlichen Zusammenhänge zwischen Marktanteil, Kostenposition und Gewinnspanne behandelt. Da die Bedingungen, unter denen die Verteilung der Marktanteile Aussagekraft besitzt, bekannt sind und sich auch in wachsenden Märkten nicht ändern, kann sich die Analyse auf die Veränderungsmöglichkeiten der Marktanteile, der Kostenposition und der Gewinnspanne unter Berücksichtigung von Wachstumsbedingungen beschränken. Der Bezug zu den einzelnen Markttypen wird im Anschluß daran in der Kenntnis der allgemeingültigen Zusammenhänge wieder aufgenommen, indem dann die Auswirkungen des Wachstums auf die Bedingungen für die Auswahl von Produkt-Markt-Feldern aufgezeigt werden.

1. Der Einfluß des Wachstums auf die Entwicklung
   von Mengen, Kosten und Gewinn

   a) Marktwachstum und Mengenentwicklung

   aa) Marktanteilsentwicklung

   Der Einfluß des Marktwachstums auf die Entwicklung von Marktanteilen soll zunächst anhand eines Beispiels gezeigt werden. Hierbei wird angenommen, daß sich in einem Markt vier Anbieter A, B, C und D befinden, die über einen Marktanteil von 60%, 20%, 10% und 10% verfügen. Der Markt wächst in den folgenden sechs Perioden um 30%. Die Annahme konstanter Wachstumsraten kann in Wachstumsphasen als Näherungslösung verwendet werden, da viele Märkte "...nach ihrer Anfangszeit über eine Reihe von Jahren hinweg im Mittel annähernd gleichbleibende Jahreswachstumsraten"[1] aufweisen. Weiterhin wird unterstellt, daß die Anteile, die sich die Unternehmen A - D am Marktwachstums sichern, 0%, 60%, 30% und 10% betragen. Die folgende Tabelle zeigt die sich ergebende Entwicklung innerhalb von sechs Perioden.

PERIODE	UNTERNEHMEN A		UNTERNEHMEN B		UNTERNEHMEN C		UNTERNEHMEN D		MARKT-VOLUMEN (STÜCK)	ÄNDERUNG DES MARKT-VOLUMENS (%)
	ABSATZ-MENGE (STÜCK)	MARKT-ANTEIL (%)	ABSATZ-MENGE (STÜCK)	MARKT-ANTEIL (%)	ABSATZ-MENGE (STÜCK)	MARKT-ANTEIL (%)	ABSATZ-MENGE (STÜCK)	MARKT-ANTEIL (%)		
0	600	60	200	20	100	10	100	10	1000	
1	600	46.15	380	29.23	190	14.62	130	10	1300	300
2	600	35.50	614	36.33	307	18.17	169	10	1690	390
3	600	27.31	918.2	41.79	459.1	20.90	219.7	10	2197	507
4	600	21	1313.6	46	656.8	23	285.6	10	2856	659
5	600	16.17	1827.1	49.22	913.6	24.61	371.3	10	3712	856
6	600	12.43	2495.5	51.71	1247.8	25.86	482.7	10	4826	1114

Abb. 25 : Beispielhafte Darstellung der Auswirkungen konstanter Wachstumsraten auf die Struktur der Marktanteile

---

1) Gälweiler 1977c, S. 71; vgl. Gälweiler 1979a, S. 176; zu einem Beispiel mit einem nicht linearen Wachstumsverlauf vgl. Grimm 1983, S. 89-92.

Bereits am Ende der zweiten Periode hat das Unternehmen B den ehemaligen Marktführer A überholt. Am Ende der sechsten Periode ist das Unternehmen A gegenüber B in einer schlechteren Position als es B gegenüber A im Ausgangszustand war. Unternehmen D hat den Marktanteil der Ausgangssituation konstant gehalten. Die prozentuale Änderung der von Unternehmen D in jeder Periode produzierten Menge ist dabei gleich der prozentualen Änderung des Marktvolumens in jeder Periode. Bei weiterhin anhaltendem Wachstum würden die Marktanteile sich den Anteilen an den Zuwächsen nähern, so daß der Marktanteil von A gegen 0%, der von B gegen 60%, der von C gegen 30% und der von D gegen 10% strebt. Die aus diesem Beispiel gewonnenen Ergebnisse lassen sich zu grundlegenden Zusammenhängen zwischen Marktwachstum, Marktanteilsveränderungen und Unternehmenswachstum generalisieren:[1]

- Marktanteile bezeichnen in % Mengenanteile eines oder mehrerer Unternehmen am gesamten Marktvolumen.
- Da die Summe aller Marktanteile stets 100% beträgt, ist eine Aussage über den Marktanteil eines Unternehmens implizit auch eine Aussage über die Marktanteile der Konkurrenten insgesamt.
- Kein Wettbewerber kann Marktanteile verlieren, ohne daß (ein) andere(r) Wettbewerber Marktanteile gewinnen (gewinnt) und umgekehrt.
- In stetig wachsenden Märkten nähert sich die Verteilung der Marktanteile der Verteilung der Anteile am Marktwachstum, wobei die Ausgangsposition unerheblich ist und die Annäherung um so schneller erfolgt, je höher die Zuwachsraten des Marktvolumens sind.[2]

---

1) Vgl. Gälweiler 1982, S. 444.
2) Vgl. auch Grimm 1983, S. 91.

- Die Behauptung eines Marktanteils setzt deshalb ein Wachstum in Höhe des Marktwachstums voraus, "...d. h. eine gleiche Mengenveränderung in % wie beim Marktvolumen"[1].

Das Marktwachstum beeinflußt die Möglichkeiten zum Wachstum für ein Unternehmen erheblich. Wie das Beispiel auch zeigt, können in wachsenden Märkten Marktanteile gewonnen werden, ohne daß sie den Konkurrenten abgenommen werden müssen. Allein ein höherer Anteil am Marktwachstum als die Konkurrenz hat eine Erhöhung des Marktanteils zur Folge. Stagniert der Markt, so sind Marktanteilsgewinne mit Absatzeinbußen bei den Konkurrenten verbunden. Ihr Widerstand und damit auch die zur Marktanteilserweiterung notwendigen finanziellen Aufwendungen werden erheblich sein, so daß in den meisten Fällen die Verteilung der Marktanteile nur in den Wachstumsphasen stattfinden wird. Das Beispiel zeigt nicht die für ein Unternehmen mit der Steigerung des Marktanteils in wachsenden Märkten verbundenen Konsequenzen. Diese Auswirkungen des Marktwachstums auf das Unternehmenswachstum werden im folgenden dargestellt, weil die Folgen einer Behauptung oder gar einer Steigerung der Marktanteile in einem wachsenden Markt, betrachtet man nur die Veränderungsraten, leicht unterschätzt werden können.

bb) Unternehmenswachstum

Das Wachstum (uw) der von einem Unternehmen produzierten Menge (v) in einer Periode (t) steht in einem zwingenden arithmetischen Zusammenhang mit der Veränderung des Marktanteils (ma) und des Marktwachstums (mw).[2] Es läßt sich anhand der Formel (4.1.) berechnen:[3]

---

1) Gälweiler 1982, S. 444.
2) Vgl. Gälweiler, 1983b, S. 263.
3) Vgl. Grimm 1983, S. 95.

$$(4.1.) \quad uw = \frac{ma_{t+1}(1+mw) - ma_t}{ma_t} \cdot 100 \, (\%)$$

Dabei bedeuten: uw = Unternehmenswachstum
ma = Marktanteil
mw = Wachstumsrate des Marktes
t = Periode

Anstelle der Verwendung eines Prozentsatzes mit negativem oder positivem Vorzeichen, bezogen auf die Basismenge, kann die Veränderung einer Größe auch in einem Veränderungsfaktor ausgedrückt werden, der Werte $\gtreqless 1$ annehmen kann, wobei 1 den Ausgangswert darstellt.[1] Die Verwendung von Veränderungsfaktoren führt bei mehrfach miteinander verbundenen Veränderungsgrößen zu einer erheblich übersichtlicheren und einfacheren Rechnung. Zur Überführung in eine Gleichung mit Veränderungsfaktoren wird (4.1.) zunächst aufgelöst:

$$uw = \frac{ma_{t+1}}{ma_t} \cdot (1+mw) - \frac{ma_t}{ma_t}$$

Dafür kann man schreiben:

$$1 + uw = \frac{ma_{t+1}}{ma_t} (1+mw)$$

Da $(1+mw) = \dfrac{mv_{t+1}}{mv_t}$ wobei

mv = Marktvolumen und

$$(1+uw) = \frac{v_{t+1}}{v_t} \, , \text{ folgt}$$

---
1) Vgl. Gälweiler 1983b, S. 263.

$$\frac{v_{t+1}}{v_t} = \frac{ma_{t+1}}{ma_t} \cdot \frac{mv_{t+1}}{mv_t}$$

Diese Ausdrücke können nun durch Veränderungsfaktoren ersetzt werden:

(4.2.) $\quad \Delta v = \Delta uw = \Delta ma \cdot \Delta mv$

Dabei bedeuten: $\Delta v = \Delta uw$ = Unternehmenswachstumsfaktor
Δma = Marktanteilsveränderungsfaktor
Δmv = Marktvolumensveränderungsfaktor

Den in(4.2.)dargestellten Zusammenhang zwischen dem Marktwachstum, der Marktanteilsveränderung und dem Unternehmenswachstum kann man als die "Grundformel der Unternehmensplanung"[1] ansehen. Mit Hilfe dieser Formel lassen sich die Auswirkungen von Marktanteilsveränderungen und Marktvolumensveränderungen auf die von Unternehmen zu produzierende Menge sehr einfach bestimmen. Dabei werden dann die relativ hohen Auswirkungen relativ gering erscheinender Veränderungen deutlich. Soll beispielsweise in einem mit 10% wachsenden Markt der Marktanteil von 5% auf 6% erhöht werden, so ergibt sich eine dafür zu produzierende Menge, die die Ausgangsmenge um das 1,32-fache übersteigt:

$$\begin{aligned}\Delta v &= \Delta ma \cdot \Delta mv \\ &= 1,2 \cdot 1,1 \\ &= 1,32\end{aligned}$$

Für den wichtigen Fall der Marktanteilserweiterung in stark wachsenden Märkten resultieren so erhebliche Anforderungen an die finanziellen Ressourcen eines Unternehmens,dessen sich die Unternehmensleitung bewußt sein muß, will sie sich nicht nach wenigen Jahren in einer aussichtslosen Randposition sehen. Die Forderung nach

---

[1] Gälweiler 1983b, S. 263.

Marktführerschaft ist zwar nicht so zu verstehen, daß sämtliche Konkurrenten vom Markt verdrängt werden müssen. Es reicht aus, wenn die Kostenposition es einem Unternehmen erlaubt, die anderen Anbieter wirksam an der Steigerung ihrer Marktanteile zu hindern und gleichzeitig die finanziellen Mittel erwirtschaften zu können, die für die Aufrechterhaltung des Marktanteils notwendig sind.[1] In stark wachsenden Märkten sind die dafür notwendigen Investitionen in Personal, Sachmittel und Organisation aber so erheblich, daß die permanente Bereitstellung neuer Kapazitäten und der dafür notwendigen Finanzmittel in solchen Situationen zur Haupttätigkeit des Mangements wird.[2] Soll beispielsweise ein jährliches Unternehmenswachstum von 32% über mehrere Jahre hinweg beibehalten werden, erfordert dies alle 2,5 Jahre eine Verdoppelung der Kapazitäten, von dem seltenen Fall abgesehen, daß diese ungenutzt im Unternehmen bereits vorhanden sind.[3] Henderson[4] verweist darauf, daß der notwendige Investitionsaufwand häufig sogar exponentiell ansteigt, weil gleichzeitig Fortschritte in der Verfahrenstechnik erzielt werden. Eine damit verbundene Automatisierung[5] führt dann zu mutierenden Betriebsgrößenvariationen. Mit diesem Begriff kennzeichnet Gutenberg die Tendenz großer Betriebe, überzugehen "...auf mehr kapitalintensive (anlagenintensive) Fertigungstechniken... Das Verhältnis zwischen der technischen Apparatur und der menschlichen Arbeit verschiebt sich mit zunehmender Betriebsgröße zugunsten der letzteren"[6]. Eine Folge davon ist die Notwendigkeit der zu-

---

1) Vgl. Henderson 1974, S. 67.
2) Vgl. Henderson 1974, S. 51; Pfeiffer u.a. 1982, S. 39.
3) Zu den Auswirkungen unterschiedlich hoher Wachstumsraten auf die zur Verdoppelung der kumulierten Menge benötigte Zeit vgl. die auf S. 201 dieser Arbeit abgebildete Tabelle.
4) Vgl. Henderson 1974, S. 52.
5) Vgl. Gälweiler 1974, S. 288.
6) Gutenberg 1973, S. 429.

nehmenden Vorfinanzierung des betrieblichen Wachstums,[1] weil die Fixkosten steigen, während der Anstieg proportionaler Kosten geringer wird.[2] Fehlen einem Unternehmen die finanziellen Mittel und hält der Ausbau der Kapazitäten mit dem Marktwachstum nicht Schritt, so ist ein Verlust an Marktanteilen die Folge. Dies kann in einer aussichtslosen Randposition enden, die immer verlustreicher und unhaltbarer wird. Eine solche Entwicklung ist insbesondere für diejenigen Unternehmen tragisch, die die Innovation getätigt haben, durch die die Marktentwicklung in Gang gesetzt wurde.[3]

Die fehlenden finanziellen Mittel zur Aufrechterhaltung der Wettbewerbsstellung können auch nicht über eine Hochpreispolitik beschafft werden, wenn das Unternehmen langfristig Marktführer bleiben will. Wie sich an der Abb. auf Seite 159 durch eine Verschiebung der Preisgeraden nach oben zeigen läßt, führt eine Preiserhöhung und in Wachstumsphasen ebenso eine unterlassene Preissenkung zu einer um so größeren relativen Veränderung in der Gewinnspanne, je geringer die Marktanteile der Unternehmen sind.[4] Dadurch wird es sowohl für die nachrangigen Anbieter interessant, ihre Marktanteile auszu-

---

1) Vereinzelt kann auch die Möglichkeit des externen Wachstums bestehen. Dadurch könnte ein geringerer Kapitalbedarf erforderlich sein, da die angebotenen Anlagen aufgrund ihres Alters bereits an Wert verloren haben. Dabei ist aber zu bedenken, daß gerade in stark wachsenden Märkten sehr hohe Prämien für die vergangenen Risiken bezahlt werden müssen. Deshalb kann nicht generell beurteilt werden, ob ein interner Aufbau der notwendigen Kapazitäten oder ein externer Zukauf mit geringerem Finanzierungsaufwand verbunden ist. Vgl. Ansoff 1966, S. 2o3 f; Zakon 1972, S. 27o-272; Küting 198o, S. 266 f. und die dort angegebene Literatur.
2) Vgl. dazu u.a. Kilger 1972, S. 112; Heinen 1974, S. 457-459. Heinen betont, daß die Betrachtung auf den Fertigungsbereich beschränkt ist. Zu den Auswirkungen einer Ausdehnung der Betriebsgröße im Beschaffungs-, Absatz- und Führungsbereich vgl. Heinen 1974, S. 459-463 und die dort angegebene Literatur.
3) Vgl. Gälweiler 1983b, S. 273.
4) Vgl. Henderson 1974, S. 69.

dehnen, als auch für potentielle Konkurrenten in den Markt einzutreten. Hier wird deutlich, daß sich Markteintrittsbarrieren, zu denen neben den erstmals von Bain[1] diskutierten

- Größenersparnissen bei der Produktion,
- absoluten Kostennachteilen und
- Produktdifferenzierung

von Porter[2] auch

- Kapitalbedarf,
- Umstellungskosten,
- Zugang zu Vertriebskanälen und
- Maßnahmen staatlicher Politik

gezählt werden, zusammenfassen lassen zur Höhe des Kapitalbedarfes und zum für den Eintritt kritischen Preis. Der für den Eintritt kritische Preis kennzeichnet dabei "...diejenige vorherrschende Struktur der Preise (und verwandter Konditionen wie Produktqualität und Service), die gerade die Ertragschancen aus dem Eintritt (so wie der mögliche Neuanbieter sie einschätzt) mit den erwarteten Kosten (aus der Überwindung struktureller Eintrittsbarrieren und drohender Vergeltungsmaßnahmen) ins Gleichgewicht bringt".[3] Die Überwindung der Marktbarrieren dürfte für Unternehmen, die bereits in der betrachteten Branche tätig sind, leichter sein als für Unternehmen, die in die Branche selbst neu eintreten müssen. Je höher aber das Preisniveau angesetzt wird, desto höher wird im allgemeinen auch die Gefahr sein, daß neue Konkurrenten auftreten. Dabei kann es geschehen, daß der Marktführer "...nach einer kurzen Periode einer erfolgreichen Hochpreispolitik zwar das angestrebte Geld für eine Kapazitätserweiterung in der Kasse hat, aber den Verlust der Marktanteile feststellt, für deren Sicherung er sich das Geld über die hohen Preise holen wollte".[4]

---

1) Vgl. Bain 1968, S. 255; Kaufer 1980, S. 31.
2) Porter 1983, S. 29-42.
3) Porter 1983, S. 38.
4) Gälweiler 1980b, S. 185.

b) Unternehmenswachstum, Kostensenkungs- und Gewinnzuwachsrate

Auf der einen Seite beeinflußt das Marktwachstum wesentlich die Möglichkeiten des Unternehmenswachstums und darüber die Gelegenheit zur Veränderung von Marktanteilen. Auf der anderen Seite entsprechen unter bestimmten Bedingungen die Marktanteile den kumulierten Mengen. Aus diesem Grunde ist es möglich, über das Instrument der Erfahrungskurve die aus dem Wachstum resultierenden Auswirkungen auf die Entwicklung von Kosten und Gewinn aufzuzeigen.

Bevor jedoch der Zusammenhang zwischen der Unternehmenswachstumsrate und der Kostensenkungs- und Gewinnzuwachsrate näher betrachtet und konkretisiert werden kann, ist zu berücksichtigen, daß die Möglichkeiten der Kostensenkung und des Gewinnzuwachses von der Veränderung der kumulierten Menge und nicht von der Veränderung der Periodenmenge abhängig sind.[1] Die Wachstumsrate (uw), die die Veränderung der in einer Periode von einem Unternehmen hergestellten Mengen im Verhältnis zur Vorperiode wiedergibt, ist deshalb in Beziehung zu setzen zur Erfahrungszuwachsrate (ew) als der periodenbezogenen Veränderung der kumulierten Menge. Bezeichnet man die Anzahl der Perioden, in denen ein Unternehmen mit uw gewachsen ist, mit t, so gilt die Beziehung:

$$ew = \frac{uw}{1-(1+uw)^{-t}} \quad [2]$$

Mit zunehmendem t nähern sich ew und uw immer stärker aneinander an, weil

$$\lim_{t\to\infty}(1+uw)^{-t} = \lim_{t\to\infty}\frac{1}{(1+uw)^{-t}} = 0.$$

---

1) Vgl. Henderson 1974, S. 66.
2) Zu Ableitung der Formel vgl. Sallenave 1976, S. 38 f. und Grimm 1983, S. 155-157.

Die Entsprechung von ew und uw wird als "eingeschwungener Zustand" bezeichnet,[1] der nach Sallenave für praktische Zwecke t > 15 angenommen werden kann.[2] Die Annäherung geht allerdings um so schneller voran, je höher die Wachstumsrate ausfällt.[3] Ausgehend von einem eingeschwungenen Zustand können nun die Auswirkungen des Wachstums auf Kosten und Gewinn gezeigt werden.

aa) Kostensenkungsrate

Die Kostensenkungsrate (K) "...ist definiert als die Veränderung der Kosten der letztproduzierten Einheiten in zwei aufeinanderfolgenden Perioden."[4] Die Kosten der letzten Einheit in der Periode t-1, in der v_{t-1} Einheiten hergestellt wurden, werden nun mit $k_n = k_1 \cdot n^b$ gleichgesetzt.[5] Die bis zum Ende der Periode t-1 kumulierte Menge beträgt bei einer Produktion von v_t pro Periode:

$$n = \sum_{t=0}^{t-1} v_t$$

Wächst die Produktion mit der konstanten Rate uw, so werden in der Periode t $v_t = v_{t-1}(1+uw)$ Einheiten produziert. Die Kosten der letzten Einheit in Periode t

---

1) Vgl. Henderson 1974, S. 48.
2) Vgl. Sallenave 1976, S. 39.
3) Vgl. Grimm 1983, S. 157. Grimm errechnet für t = 16 und uw = o,4 ein ew von o,4o16 und für t = 16 und uw = o,1 ein ew von o,1278. Dies zeigt, daß für geringe Wachstumsraten längere Zeiträume zur Erreichung des eingeschwungenen Zustandes notwendig sind. Gälweilers Vorschlag, für die Wachstumsphase die langfristig gemittelte Wachstumsrate der Periodenmengen als Wachstumsrate der kumulierten Mengen zu verwenden, wenn keine Statistiken über die bisherigen kumulierten Mengen vorhanden sind, beruht auf der Tatsache der hohen Wachstumsraten in dieser Phase. Vgl. Gälweiler 1983b, S. 286.
4) Grimm 1983, S. 158.
5) Vgl. dazu Sallenave 1976, S. 39; Grimm 1983, S. 159-160.

ergeben sich dann als

$$k_{n+v_t} = k_1 (n+v_t)^{-b} .$$

Weil $k_1 = \dfrac{k_n}{n^{-b}}$ kann man auch schreiben:

$$k_{n+v_t} = k_n \left\{ \dfrac{n+v_t}{n} \right\}^{-b}$$

Weil nun $v_t = v_{t-1} \cdot (1+uw)$, gilt außerdem:

$$k_{n+v_t} = k_n \left\{ 1 + \dfrac{v_{t\pm 1}}{n} (1+uw) \right\}^{-b}$$

Die Kostensenkungsrate K ergibt sich durch den Vergleich von k_n und k_{n+v_t}:

$$K = \dfrac{k_n - k_{n+v_t}}{k_n}$$

$$= 1 - \dfrac{k_{n+v_t}}{k_n}$$

Weil $k_{n+v_t} = k_n \left\{ 1 + \dfrac{v_{t-1}}{n} (1+uw) \right\}^{-b}$,

ergibt sich:

$$K = 1 - \left\{ 1 + \dfrac{v_{t-1}}{n} (1+uw) \right\}^{-b}$$

Die Erfahrungszuwachsrate (ew) war definiert als periodenbezogene Veränderung der kumulierten Menge dn/n. Sie ermittelt sich für die Periode t als:

$$ew = \frac{\sum_{t=0}^{t} v_t - \sum_{t=0}^{t-1} v_t}{\sum_{t=0}^{t-1} v_t}$$

$$= \frac{v_t}{\sum_{t=0}^{t-1} v_t} = \frac{v_t}{n}$$

Deshalb gilt:

$$ew = \frac{v_{t-1}}{n} (1+uw)$$

Weil im eingeschwungenen Zustand (ew=uw) gilt, ergibt sich die Kostensenkungsrate als:

(4.3.) $\quad K = 1 - (1+uw)^{-b}$ [1]

Die periodenbezogene Kostensenkungsrate ist damit im

---

[1] Sallenave ermittelt die Kostensenkungsrate mit der Formel $K = 1 - (1+uw+uw^2)^{-b}$. Er ersetzt dabei aber ohne erkennbaren Grund die zuvor als $dn/n = v_t/n$ definierte Erfahrungszuwachsrate durch v_{t-1}/n. Vgl. Sallenave 1976, S. 38 f. Die Richtigkeit der Formeln (4.3.) und (4.4.) läßt sich zeigen, indem man an die formale Entwicklung von b auf Seite 103 dieser Arbeit anknüpft. Hier galt:
$-b = \frac{\log(1-p)}{\log 2}$. Durch Umformung ergibt sich:
$\log(1-p) = -b \log 2$; und schließlich $p = 1-2^{-b}$.
Dafür kann man auch schreiben: $p = 1- (1+1)^{-b}$. Für $uw = 1$, d. h. $v_t = n$, muß aber gelten: $K = p$. Daraus folgt $K = p = 1-(1+uw)^{-b}$. Die Kostensenkungsrate der Grenzkosten ist damit identisch mit der Kostensenkungsrate der Durchschnittskosten. Vgl. zu deren Ableitung Sallenave 1976, S. 35.

eingeschwungenen Zustand abhängig von

- der Kostenelastizität (b) oder,

weil $b = -\frac{\log(1-p)}{\log 2}$, von

- der Erfahrungsrate (p) und
- der Wachstumsrate (uw).

Durch die Überlegung, daß die Möglichkeit der Kostensenkung generell von der kumulierten Menge und ihrer Entwicklung abhängig ist, gelingt es, die Einflußgrößen auf die Kostensenkungsrate zu verallgemeinern. Die Kostensenkungsrate kann nämlich auch unabhängig vom eingeschwungenen Zustand dargestellt werden, indem uw durch ew ersetzt wird:

(4.4.) $$K = 1 - (1+ew)^{-b}$$

Wenn die Erfahrungszuwachsrate das Verhältnis zwischen der Periodenmenge und der bis dahin kumulierten Menge ausdrückt, so ist sie und damit auch die Kostensenkungsrate um so höher

- je höher die in einer Periode produzierte Menge (v_t) und
- je geringer die bis dahin kumulierte Menge ($n = \sum_{t=1}^{t-1} v_t$) ausfällt.

Weil darüberhinaus, unabhängig vom eingeschwungenen Zustand,

$$v_t = v_{t-1}(1+uw)$$

steigt die Kostensenkungsrate (K) mit steigender Wachstumsrate der Periodenmenge (uw).

Mit Hilfe der Formel (4.4.) lassen sich nun in Abhängigkeit von der Erfahrungszuwachsrate und der Erfahrungsrate jährliche Kostensenkungsraten ermitteln:

ERFAHRUNGSZU-WACHSRATE ew IN %	KOSTENSENKUNGS-RATE K IN % $K = 1-[1+ew]^{-b}$ $q = 0,8$	$\Delta K/\Delta ew = 10$ (PROZENTPUNKTE)	$\Delta K/\Delta q = 10$ (PROZENTPUNKTE)	KOSTENSENKUNGS-RATE IN % $K = 1-[1+ew]^{-b}$ $q = 0,7$	$\Delta K/\Delta ew = 10$ (PROZENTPUNKTE) $q = 0,7$	VERDOPPELUNGS-ZEIT DER KUMU-LIERTEN MENGE $(1+ew)^t = 2$ $t = \frac{\log 2}{\log(1+ew)}$
1	2	3	4	5	6	7
1	0,32		0,19	0,51		69,66
		2,98			4,72	
11	3,3		1,93	5,23		6,64
		2,65			4,11	
21	5,95		3,39	9,34		3,64
		2,38			3,63	
31	8,33		4,64	12,97		2,57
		2,14			3,24	
41	10,47		5,74	16,21		2,02
		1,95			2,9	
51	12,42		6,69	19,11		1,68
		1,79			2,62	
61	14,21		7,52	21,73		1,46
		1,65			2,39	
71	15,86		8,26	24,12		1,29
		1,53			2,19	
81	17,39		8,92	26,31		1,17
		1,41			2,01	
91	18,8		9,52	28,32		1,07
		1,33			1,86	
101	20,13		10,05	30,18		0,99

Abb. 26: Jährliche Kostensenkungsraten in Prozent als Funktion der Erfahrungszuwachsrate und der Erfahrungsrate[1]

---

[1] Vgl. dazu auch die Tabellen in Henderson 1974, S. 49 und 56; Gälweiler 1979a, S. 176; Gälweiler 1977c, S. 72; Gälweiler 1983b, S. 285 f. Gälweiler verwendet zur Ermittlung der Kostensenkungsrate (K) und der Verdoppelungszeit hier allerdings nur Näherungsrechnungen. K ermittelt Gälweiler als p/Verdoppelungszeit in Jahren. Eine Näherungslösung zur Ermittlung der Verdoppelungszeit ergibt sich als 7o/Wachstumsrate in % p.a. (7o% Satz). Vgl. auch Gälweiler 1982, S. 445. Beim Ausweis jährlicher Kostensenkungsraten ist zu berücksichtigen, daß die Kostensenkung normalerweise nicht kontinuierlich, sondern diskontinuierlich verläuft.

Die Wirkungen der beiden Komponenten auf die Möglichkeit der jährlichen Kostensenkungen werden im folgenden grafisch veranschaulicht:

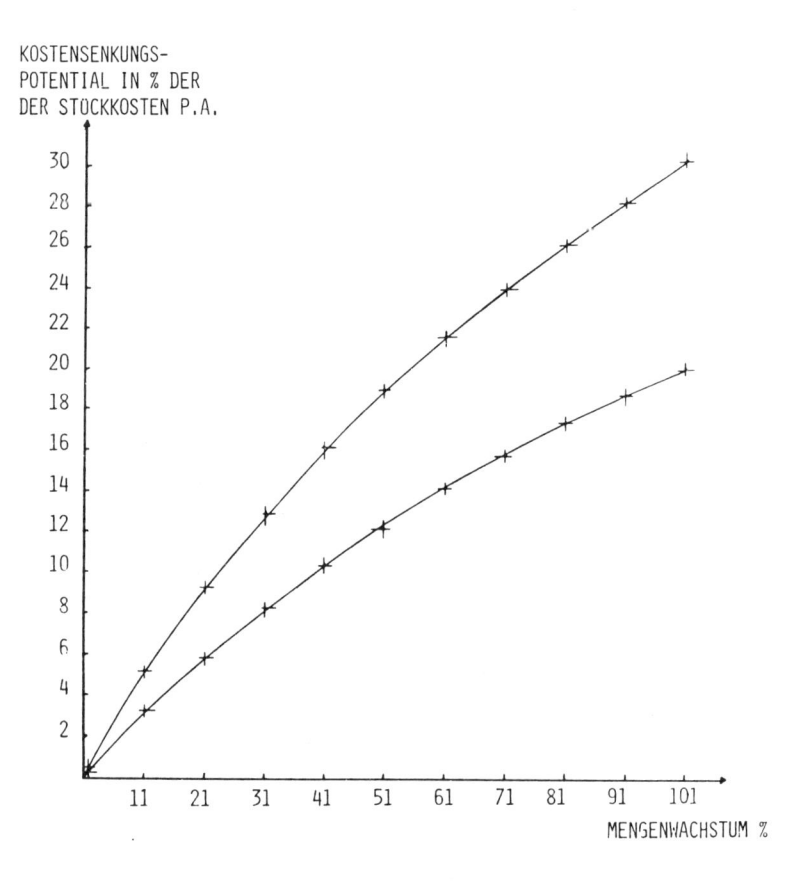

KOSTENSENKUNGS-
POTENTIAL IN % DER
DER STÜCKKOSTEN P.A.

MENGENWACHSTUM %

Abb. 27: Graphische Darstellung der jährlichen Kostensenkungsrate in Prozent als Funktion des Jahreszuwachses der kumulierten Menge und der Erfahrungsrate

Die Abbildung verdeutlicht:
- die mit steigenden Erfahrungszuwachsraten abnehmenden Kostensenkungszuwächse und
- die mit steigenden Erfahrungszuwachsraten erzielbaren Zuwächse der Kostensenkungsrate beim Übergang auf eine höhere Erfahrungsrate.

Demnach ist es um so wichtiger für ein Unternehmen, die potentielle Erfahrungsrate auszuschöpfen, je größer die realisierbaren Erfahrungszuwachsraten sind. Ein Nachteil in der Erfahrungsrate kann durch eine Steigerung der Erfahrungszuwachsrate um so weniger ausgeglichen werden, je höher das Niveau der Erfahrungszuwachsraten ist. In der folgenden Tabelle sind die Angaben für zwei Unternehmen A und B einander gegenübergestellt.

Unternehmen A $p = 70\%$		Δ K p.a. Prozentpunkte		Unternehmen B $p = 80\%$	
ew	K	Unternehmen A	Unternehmen B	ew	K
11	5,23	-0,72	+0,72	21	5,95
21	9,34	+1,01	-1,01	31	8,33
31	12,97	+2,50	-2,50	41	10,47
41	16,21	+3,79	-3,79	51	12,42

Während das Unternehmen B einen Rückstand von 10%-punkten in der Erfahrungsrate bei einer Erfahrungszuwachsrate des Unternehmen A von 11% durch eine 10%-punkte höhere Erfahrungszuwachsrate mehr als ausgleichen kann, ist dies bei einer Erfahrungszuwachsrate, die gleich oder größer als 21% ist, schon nicht mehr möglich. Kann Unternehmen A eine Erfahrungszuwachsrate von 31% erzielen, so muß Unternehmen B bereits um über 20%-punkte stärker wachsen, will es keine Kostennachteile hinnehmen. Die Ergebnisse zeigen den starken Einfluß der Erfahrungsrate im Verhältnis zur Erfahrungszuwachsrate. Die Wirkung der Erfahrungszuwachsrate und damit die Bedeutung der Phasen, in denen hohe Zuwachsraten erzielt werden können, dürfen jedoch nicht unterschätzt werden. Sie allein entscheiden über Kostensenkungsmöglichkeiten, gleiche Erfahrungsraten der Wettbewerber vorausgesetzt.

bb) Gewinnzuwachsrate

Zusätzliche Informationen über die Wettbewerbsstellung eines Unternehmens, die über die Prognose von Kosten und der zwischen ihnen zu verschiedenen Zeitpunkten bestehenden Beziehungen hinausgehen, werden erzielt, wenn die Preisentwicklung in den Kalkül mit einbezogen wird. Dadurch wird es möglich, zu Prognosen über den Gewinn und seine zukünftige Entwicklung zu gelangen. Die Beziehung zwischen den zu verschiedenen Zeitpunkten erzielten Gewinnen wird als Gewinnrate oder Gewinnzuwachsrate bezeichnet. Diese Größe kann als das entscheidende Kriterium der Wettbewerbsfähigkeit angesehen werden.[1] Die Tatsache, daß eine auf Grenzkosten beruhende Gewinnrate weniger aussagefähig ist als eine auf der Grundlage von periodenbezogenen Durchschnittskosten, macht es notwendig, zunächst diese Größe zu bestimmen. Sie ermittelt sich als Quotient aus den Gesamtkosten und der produzierten Menge einer Periode:

$$\bar{k}_t = \frac{S_t}{v_t}$$

Dabei bedeutet:

$\bar{k}_t$ = durchschnittliche Stückkosten der Periode t

---

[1] Vgl. Grimm 1983, S. 167.

Sind die Gesamtkosten (S_t) und die produzierten Mengen der Periode (v_t) bekannt, so können bei Kenntnis der jährlichen Wachstumsrate (uw)[1] S_{t-1} und v_{t+1} ermittelt werden:

$$v_{t+1} = v_t \cdot (1+uw)$$

$$S_{t+1} = S_t \cdot (1+uw)^{1-b} \text{ [2]}$$

Die Durchschnittskosten in der Periode t+1 ($\bar{k}_{t+1}$) ergeben sich dann als:

$$\bar{k}_{t+1} = \frac{S_t (1+uw)^{1-b}}{v_t (1+uw)}$$

$$= \frac{S_t}{v_t} (1+uw)^{-b}$$

$$= \bar{k}_t (1+uw)^{-b}$$

Die Zuwachsrate des Gewinns (gw) ermittelt sich als Quotient der Gewinnänderung zwischen zwei Perioden und dem Gewinn der Ausgangsperiode (G_t):

$$gw = \frac{G_{t+1} - G_t}{G_t}$$

$$= \frac{G_{t+1}}{G_t} - 1$$

Der Gesamtgewinn in einer Periode setzt sich zusammen aus dem durchschnittlichen Stückgewinn ($\bar{g}_t$) und der

---

[1] Da sich die folgenden Überlegungen auf Periodengrößen beziehen, sind die Aussagen auf den eingeschwungenen Zustand begrenzt.

[2] Zur Bestimmung der Gesamtausgaben der folgenden Periode (S_{t+1}) vgl. Sallenave 1976, S. 32-34; Grimm 1983, S. 168-172.

produzierten Menge (v_t):

$$G_t = v_t \cdot \bar{g}_t \quad \text{dabei ist} \quad \bar{g}_t = \bar{p}_t - \bar{k}_t$$

Daraus folgt:[1)]

$$G_t = v_t \cdot (\bar{p}_t - \bar{k}_t) \quad \text{und für Periode } t+1$$

$$G_{t+1} = v_{t+1} (\bar{p}_{t+1} - \bar{k}_{t+1}).$$

Die Gewinnzuwachsrate bestimmt sich so als:

(4.5.) $$gw = \frac{v_{t+1} (\bar{p}_{t+1} - \bar{k}_{t+1})}{v_t (\bar{p}_t - \bar{k}_t)} - 1$$

Da die Gewinnzuwachsrate neben der Entwicklung der Kosten auch von der Preisentwicklung abhängig ist, wird sie unterschiedlich hoch ausfallen, je nachdem ob von im Zeitablauf konstanten oder veränderten Preisen ausgegangen werden muß. Zunächst sei der Fall betrachtet, in dem die Preise in den betrachteten Perioden gleich hoch sind:

$$\bar{p}_{t+1} = \bar{p}_t = \bar{p}$$

Die Gewinnzuwachsrate ermittelt sich dann als:

$$gw = \frac{v_{t+1} (\bar{p} - \bar{k}_{t+1})}{v_t (\bar{p} - \bar{k}_t)} - 1$$

Weil $v_{t+1} = v_t (1+uw)$ und

$\bar{k}_{t+1} = \bar{k}_t (1+uw)^{-b}$ kann man dafür auch schreiben:

$$gw = \frac{(1+uw) v_t \left\{ \bar{p} - (1+uw)^{-b} \bar{k}_t \right\}}{v_t (\bar{p} - \bar{k}_t)} - 1 \quad \text{oder}$$

---

1) Zum folgenden vgl. Sallenave 1976, S. 35-37.

(4.6.) $$gw = \frac{(1+uw)\,\bar{p} - (1+uw)^{-b}\,\bar{k}_t}{\bar{p} - \bar{k}_t} - 1$$

Zur Vereinfachung kann auf die durchschnittliche Gewinnspanne pro Stück zurückgegriffen werden. Sie ergibt sich als:

$$\bar{g}_{s,t} = \frac{\bar{g}_t}{\bar{p}} = \frac{\bar{p} - \bar{k}_t}{\bar{p}} = 1 - \frac{\bar{k}_t}{\bar{p}} \quad \text{für Periode } t$$

und als

$$\bar{g}_{s,t+1} = \frac{\bar{g}_{t+1}}{\bar{p}} = \frac{\bar{p} - \bar{k}_{t+1}}{\bar{p}} = 1 - \frac{\bar{k}_{t+1}}{\bar{p}} \quad \text{für}$$

Periode t+1.

Wird die Formel (4.6.) umgeformt zu

$$1+gw = (1+uw)\,\frac{\bar{p} - (1+uw)^{-b}\,\bar{k}_t}{\bar{p} - \bar{k}_t} \quad \text{und}$$

der rechte Ausdruck der rechten Seite um $1/\bar{p}$ erweitert, so ergibt sich:

$$1+gw = (1+uw)\,\frac{1-(1+uw)^{-b}\,\frac{\bar{k}_t}{\bar{p}}}{1-\frac{\bar{k}_t}{\bar{p}}} \quad \text{oder}$$

$$gw = (1+uw)\,\frac{1-(1+uw)^{-b}\,(1-\bar{g}_{s,t})}{\bar{g}_{s,t}} - 1.$$

Die Gewinnzuwachsrate wird damit bestimmt durch:

- die Wachstumsrate (uw)
- die Kostenelastizität (b) oder, weil

$$b = - \frac{\log (1-p)}{\log 2} , \text{ durch}$$

- die Erfahrungsrate (p) und durch
- die durchschnittliche Gewinnspanne pro Stück, als dem Wert des Quotienten aus dem durchschnittlichen Stückgewinn und dem durchschnittlichen Preis.

Für einen in Periode t+1 veränderten Preis ($\bar{p}_{t+1}$) gilt anstelle von (4.6.):

$$gw = \frac{(1+uw) \left\{ \bar{p}_{t+1} - (1+uw)^{-b} \bar{k}_t \right\}}{\bar{p}_t - \bar{k}_t} - 1$$

Durch analoge Erweiterung um $1/\bar{p}$ ergibt sich:

$$gw = \frac{(1+uw) \left\{ \dfrac{\bar{p}_{t+1}}{\bar{p}_t} - (1+uw)^{-b} \dfrac{\bar{k}_t}{\bar{p}} \right\}}{1 - \dfrac{\bar{k}_t}{\bar{p}}} - 1$$

oder

$$gw = (1+uw) \frac{\dfrac{\bar{p}_{t+1}}{\bar{p}_t} - (1+uw)^{-b} (1-\bar{g}_{s,t})}{\bar{g}_{s,t}} - 1.$$

Die Gewinnzuwachsrate wird nun über die bereits bekannten Größen hinaus auch beeinflußt durch die Preisentwicklung ($\bar{p}_t \rightarrow \bar{p}_{t+1}$).

Nicht betrachtet wird von Sallenave der in der Erfahrungskurvendiskussion häufig unterstellte Fall einer auch erfahrungskurvendeterminierten Preisentwicklung. Gelten für Preise und Kosten identische Erfahrungsraten,[1]

---

1) Vgl. dazu auch die Ausführungen auf S. 100 Fn 2.

dann reduzieren sich die Einflußgrößen auf die Gewinnspanne erheblich. Für diesen Fall gilt:

$$\bar{p}_{t+1} = \bar{p}_t (1+uw)^{-b}$$

Deshalb kann man für (4.6.) auch schreiben:

$$gw = \frac{(1+uw) \left\{ (1+uw)^{-b} \bar{p}_t - (1+uw)^{-b} \bar{k}_t \right\}}{\bar{p} - \bar{k}_t} - 1$$

$$= \frac{(1+uw)(1+uw)^{-b}(\bar{p}_t - \bar{k}_t)}{\bar{p}_t - \bar{k}_t} - 1$$

(4.7.) $gw = (1+uw)^{1-b} - 1$

Der Ausdruck (4.7.) zeigt, daß in diesem Fall die Gewinnzuwachsrate nur noch durch diejenigen Größen beeinflußt wird, die auch die Kostensenkungsrate bestimmen.[1]

Mit der Darstellung von Marktwachstumswirkungen auf die Möglichkeiten der Veränderung von Marktanteilen, das dazu notwendige Unternehmenswachstum und die aus hohen Unternehmenswachstumsraten resultierenden finanziellen Anforderungen an ein Unternehmen einerseits und mit der Diskussion der Auswirkungen des Unternehmenswachstums auf die Kosten- und Gewinnentwicklung sind die wesentlichen wachstumsbedingten Zusammenhänge bekannt. Auf der Grundlage dieser Erkenntnisse können nun die für die einzelnen Markttypen formulierten Bedingungen modifiziert werden. Da die Grundstruktur der Bedingungen in den Markttypen 1-4 identisch ist, können diese Markttypen im folgenden zusammengefaßt behandelt werden.

---

1) Vgl. dazu S. 199 f.

2. Auswirkungen des Marktwachstums auf die Bedingungen für die Auswahl von Produkt-Markt-Feldern in den Markttypen

a) Markttypen 1 - 4

Die unter Vernachlässigung des Wachstums formulierten Bedingungen sind insbesondere im Hinblick auf den Einfluß der Erfahrungszuwachsrate (ew), die sich als zentrale Einflußgrößen auf die Wettbewerbsposition einer Unternehmung erwiesen hat, zu modifizieren. Die Beurteilung zusätzlich zu erbringender Leistungsbestandteile muß unter Berücksichtigung von Wachstumsmöglichkeiten in all den Fällen überprüft werden, in denen zusätzliche Leistungsbestandteile erstmalig von Unternehmen zu erbringen sind oder bisher selten erbracht wurden. Die Notwendigkeit zur Überprüfung der Beurteilung zusätzlich zu erbringender Leistungsbestandteile soll im folgenden anhand eines Beispiels demonstriert werden.[1] Hierin wird unterstellt, daß sich ein Produkt aus den beiden Teilleistungen P (Produktionsleistung) und A (Absatzleistung) zusammensetzt. Während die Teilleistung A bereits 1oo.ooo mal erbracht worden ist, erfolgten Produktionsleistungen bisher noch nicht. Das erste Produkt (P+A) verursacht Kosten in Höhe von 1oo Geldeinheiten (1o Geldeinheiten für Teilleistung A, 9o Geldeinheiten für Teilleistung P). Wird in beiden Funktionsbereichen eine Erfahrungsrate von 2o% erzielt, ergeben sich für kumulierte Mengen des gesamten Produktes in Höhe von 1, 1oooo, 4oooo und 16oooo folgende Werte:

---

[1] Zu ähnlichen Beispielen vgl. Abell/Hammond 1979, S. 124-127; Day/Montgomery 1983, S. 52 f. Gleiche Wirkungen haben unterschiedlich hohe Periodenmengen (v_t), unterschiedlich hohe Wachstumsraten (ew, uw) und unterschiedlich hohe Erfahrungsraten (p)/Kostenelastizitäten (-b).

Kumulierte Menge des Produktes		1	10.000	40.000	160.000
Kosten in GE	Komponente P	90	4.64	2.97	1.90
	Komponente A	10	9.70	8.97	7.35
	Produkt (P+A)	100	14.34	11.94	9.25
Anteil an den Gesamtkosten in %	Komponente P	90	32.35	24.87	20.55
	Komponente A	10	67.65	75.13	79.45
	Produkt (P+A)	100	100	100	100

Während sich die Kosten der Komponente P nach der Formel (3.1.) $k_n = k_1 n^{-b}$ ermitteln lassen, ist bei der Komponente A zu berücksichtigen, daß bereits eine kumulierte Menge von 100000 Stck. vorliegt. Deshalb gilt hier

$$(3.10.) \qquad k_{n+m} = k_n \left\{ \frac{n+m}{n} \right\}^{-b},$$

wobei n für die bis zum Zeitpunkt der Betrachtung kumulierte Menge (100000) steht. Das Beispiel zeigt die sehr rasch abnehmenden Kosten der Komponente P und ihren sehr schnell sinkenden Einfluß auf die Kostenentwicklung der Gesamtleistung. Bereits nach einer kumulierten Menge von 10000 Produkten ist ihr Anteil an den Gesamtkosten von 90% auf nur 32,35% abgesunken. Der Einfluß unterschiedlich hoher Ausgangsmengen auf die Kostensenkungsrate wird noch deutlicher herausgestellt, wenn man davon ausgeht, daß die 10000 Einheiten des Produktes innerhalb eines Jahres produziert und abgesetzt werden. Dann beträgt die Kostensenkungsrate für die Komponente P 86,73%, während sie aufgrund der bereits von der Teilleistung A kumulierten 100000 Einheiten auf ca. 3% absinkt.

Als realistisches Beispiel für eine im Ausmaß so unterschiedlich verlaufende Kostenveränderung einzelner Produktkomponenten kann die Entwicklung bei Digitaluhren angesehen werden. Hier sank der Kostenanteil der Elektronik innerhalb eines Jahres von etwa 80% auf 10-20%, insbesondere auch deshalb, weil für die anderen Bestandteile der Uhr wie Anzeige, Gehäuse und Armband eine sehr viel höhere kumulierte Menge bereits vorlag.[1] Aber auch in Fällen, in denen die Unterschiede in den Kostensenkungsmöglichkeiten weniger groß sind, sind die daraus resultierenden Wirkungen längerfristig für die Bestimmung von Produkt-Markt-Feldern von Bedeutung. Zusätzlich zu erbringende Leistungen aufgrund eines veränderten Anwenderproblems und/oder eines veränderten Nachfrageverbundes sind, unter Berücksichtigung der Erfahrungsrate, der Gewinnspanne und der Preisentwicklung als weitere Einflußgrößen, um so weniger als ein Grund anzusehen, Anwenderprobleme und/oder Anwendergruppen zu vernachlässigen,

- je höher die Erfahrungszuwachsrate,
- je höher die realisierbare Erfahrungsrate bei der Erstellung der zusätzlichen Leistungen,
- je höher die Gewinnspanne und
- je günstiger die Preisentwicklung ausfällt.

Über die Erfahrungszuwachsrate gewinnt neben der bisher kumulierten Menge bzw. dem Marktvolumen die in Zukunft kumulierbare Menge bzw. die Marktwachstumsrate oder das Marktpotential eine entscheidende Bedeutung. Ein im Zeitpunkt der Betrachtung geringes Marktvolumen kann deshalb nicht mehr als ausreichender Grund für die Vernachlässigung von Anwenderproblem und/oder Anwendergruppen angesehen werden. Ist die hier in Zukunft absetzbare Menge hoch, so beinhalten gerade diese Segmente erhebliche Möglichkeiten zur Verbesserung der Wettbewerbsposition auch in den bereits bestehenden Produkt-Markt-Feldern. Dies wird im angeführten Beispiel deutlich, wo die erstmalige Verbindung der Teilleistungen P und A zu einer Kostensenkung der Komponente A von 26,5% führte.

---

1) Vgl. Henderson 1980, S. 95.

Geht man davon aus, daß das Unternehmen die Teilleistung A für andere Anwenderprobleme weiterhin einsetzt, so verbessert es in diesen Segmenten seine Position nicht unerheblich.

b) Markttyp 5

Analog den Bedingungen zur Auswahl von Produkt-Markt-Feldern gelten die Modifikationen der Bedingungen zu den Markttypen 1-4 auch für den Markt vom Typ 5. Die Überlegungen zur Modifikation beziehen sich im folgenden deshalb nur auf den Bereich der Überschneidung und somit auf die Struktur der Gesamtleistung. Die Berücksichtigung von Wachstumswirkungen verändert hier die Situation, weil die ungünstige Position eines Wettbewerbers nicht von Dauer sein muß. Um dieses zu zeigen, wird die Kostensenkungsrate eines wiederum aus zwei Teilleistungen bestehenden Produktes ($K_{Produkt}$) näher betrachtet. Sie wird neben der Erfahrungsrate (p)/Kostenelastizität (-b) bestimmt durch die Kostensenkungsrate der Teilleistungen (K_P, K_A) und deren Anteile (A_P, A_A):

$$K_{Produkt} = \frac{K_P \cdot A_P + K_A \cdot A_A}{A_P + A_A}$$

Nur wenn die Teilleistungen und ihre Kostensenkungsraten gleich sind ($A_P = A_A$ und $K_P = K_A$), üben beide Teilleistungen im Zeitablauf einen gleich hohen Einfluß auf die Kostensenkungsrate des Produktes aus ($K_{Produkt} = K_P = K_A$). Sind die Anteile und/oder die Kostensenkungsraten unterschiedlich hoch, so ist der Einfluß derjenigen Teilleistung auf die Kostensenkungsrate des Produktes am höchsten, deren Anteil und/oder deren Kostensenkungsrate am größten ausfällt. Die ungünstige Position des anwenderproblemkonzentrierten, problemlösungskonzentrierten und anwendergruppendifferenzierten Unternehmens[1] kann

---
1) Vgl. dazu S. 183-185 dieser Arbeit.

sich im Zeitablauf gegenüber seinem Konkurrenten zunehmend verbessern. Einerseits ist der Kostenanteil der Absatzleistung an den Gesamtkosten seiner Problemlösung sehr hoch. Andererseits ist aber auch die Kostensenkungsrate der Absatzleistung bei ihm höher als bei seinem Konkurrenten, da er aufgrund einer geringeren kumulierten Menge c. p. eine höhere Erfahrungszuwachsrate realisieren kann. Der Einfluß der Kostensenkungsrate der Absatzleistung verringert sich im Laufe der Zeit aber um so stärker, je höher sie ausfällt. Damit nähert sich die Kostensenkungsrate eines Produktes immer der niedrigsten Teilleistungskostensenkungsrate an. Kostenstrukturen sind deshalb fortgesetzt in Bewegung. Jede Kostensenkung verändert die vordem bestehende und schafft eine neue Kostenstruktur, und zwar umso stärker, je höher die Erfahrungszuwachsrate ist.[1] Daß die Marktstellung unterschiedlich ausgerichteter Wettbewerber sich dadurch ändern kann, zeigt die Entwicklung im Markt für elektronische Taschenrechner. Hedley[2] unterscheidet anhand der wesentlichen Kostenelemente Halbleiter, Montage, integrierte Schaltkreise und Montage/Vertrieb insgesamt vier Phasen, in denen unterschiedliche Wettbewerber eine führende Marktstellung einnehmen.

	Wesentliche Kostenelemente	Führende Wettbewerber
Phase 1	Halbleiter	Amerikanische Unternehmen z. B. Wang
Phase 2	Montage	Japanische Unternehmen z. B. Casio, Sharp
Phase 3	Integrierte Schaltkreise	Amerikanische Unternehmen z. B. Texas Instruments
Phase 4	Montage und Vertrieb	Tesco, Woolworth, Boots

Abb. 28: Die Bedeutung von Kostenelementen und Wettbewerbern in unterschiedlichen Phasen[3]

---

1) Vgl. ähnlich Gälweiler 1977c, S. 73.
2) Vgl. Hedley 1976, S. 4-7; zu ähnlichen Beispielen vgl. Berger/Johnssen/Kalthoff 1983, S. 371-375; Scheel 1981, S. 231; Hayes/Wheelright 1981, S. 86.
3) Quelle: Hedley 1976, S. 4.

Während der hohe Kostenanteil technologischer Elemente amerikanischen Unternehmen Vorteile brachte, konnten japanische Wettbewerber ihre Position in der Phase verbessern, in der die Kosten der Montage über die der Halbleiter stieg. Die Entwicklung integrierter Schaltkreise brachte den Vorteil an amerikanische Unternehmen zurück. Die mittlerweile sehr geringen Produktionskosten veränderten auch die Bedeutung der Vertriebskanäle. Während Taschenrechner zunächst über den Büromaschinenhandel vertrieben wurden, führte die technologische Entwicklung und die damit einhergehende Preisentwicklung dazu, daß nun solchen Unternehmen eine hohe Bedeutung zukommt, die über Vertriebskanäle für Massengüter verfügen. Die Beurteilung der Position eines Wettbewerbers im Überschneidungsbereich ist deshalb vor dem Hintergrund der mengenmäßigen Entwicklung der einzelnen Komponenten im Laufe der Zeit zu sehen. Eine nur gegenwartsbezogene Betrachtung kann nämlich zu einer erheblichen Fehleinschätzung der langfristig möglichen Wettbewerbsstellung eines Unternehmens führen.

c) Markttyp 6

Auch für den Markttyp 6 muß die Beurteilung der Wettbewerbsposition eines Branchenführers im Überschneidungsbereich der Branchen durch die Berücksichtigung der Wachstumsmöglichkeiten modifiziert werden. Langfristig kann sich die gute Position des Marktführers der Branche, die ihre Problemlösung auf der Grundlage einer ausgereiften Technologie erstellt, erheblich verschlechtern. Zur Verdeutlichung können die Ausgangswerte des auf Seite 210 f. angeführten Beispiels verwendet werden. Im Zeitpunkt der Betrachtung produziert ein Wettbewerber eine Problemlösung auf der Grundlage einer ausgereiften Technologie (Wettbewerber A = Komponente A), während sein Konkurrent eine neue Technologie anwendet (Wettbewerber P = Komponente P). Der Kostenvorteil von Wettbewerber A beläuft sich auf 8oo%, da er nur 1o GE für die Lösung des Anwenderproblems aufwenden muß, während sein Konkurrent dafür 9o GE benötigt. Nachdem beide Unternehmen weitere 9999 Stck. abgesetzt haben, ist dieser erhebliche Kostenvorteil in einen Kostennachteil von 52,16% umgeschlagen (Kosten des Wettbewerbers A = 9,7o GE; Kosten des Wettbewerbers B = 4,64 GE). Durch den Absatz weiterer 3oooo Stck. (15oooo Stck.) erhöht sich der Kostennachteil von Wettbewerber A auf 66,89 % (74,15%). Die zu einem Zeitpunkt gute Position der Unternehmen einer Branche ist deshalb um so gefährdeter,

- je weniger die eigene Problemlösung selbst einer fortschreitenden technisch-ökonomischen Verbesserung zugänglich ist,
- je größer die zukünftigen Anwendungsmöglichkeiten konkurrierender Technologien einzuschätzen und
- je weniger die konkurrierenden Technologien bisher verbreitet sind.

Als realistisches Beispiel für eine solche Entwicklung lassen sich die meisten Märkte anführen, auf denen Unternehmen, die ihre Problemlösungen mithilfe der Mikroelektronik erstellen, mit etablierten Unternehmen in Konkurrenz treten, die mechanische und/oder elektromechanische Technologien verwenden.

Die Beurteilung der zukünftigen Anwendungsmöglichkeiten einer Technologie erfordert sowohl eine potentialseitig artmäßige Bewertung ihrer Weiterentwickelbarkeit und des Zeitbedarfes bis zur nächsten Entwicklungsstufe als auch von der Bedarfsseite ausgehend die Notwendigkeit, Arten und Mengen der Technologieanwendungen und ihren zeitlichen Verlauf abzuschätzen.[1] Hinweise über den zeitlichen Verlauf einer technologischen Substitution können mit Hilfe der Substitutionszeitkurve gewonnen werden.

---

1) Vgl. Pfeiffer u. a. 1982, S. 85-88.

Sie sind für die etablierten Unternehmen von wesentlicher Bedeutung, da dann frühzeitig über strategische Alternativen (Erhaltung oder Abbau von Kapazitäten, Aufgabe der Produktion und/oder Investition in Kapazitäten, die auf der Grundlage der neuen Technologie arbeiten) entschieden werden kann. Die Arbeiten zur Substitutionszeitkurve[1], auf deren Bedeutung für die strategische Planung in der deutschsprachigen Literatur nur von Gälweiler[2] verwiesen wird, gehen auf eine empirische Untersuchung von Fisher und Pry, zwei Mitarbeitern von General Electic, aus dem Jahre 1971 zurück. Fisher/Pry untersuchten 17 Substitutionsprozesse sehr unterschiedlicher Produkte und Prozesse wie z. B. synthetische/natürliche Fasern, Margarine/Butter, Plastik/Leder und Elektro-Bogen-Stahl/Ofen-Herd-Stahl.[3] Die Ergebnisse, die auch durch andere Arbeiten[4] gestützt werden, zeigen, daß nur sehr wenige Innovationen eine sofortige allgemeine Akzeptanz erreichen, sondern weit typischer ein S-förmiger Substitutionsverlauf entsteht. Er ist durch ein schnelles Wachstum nach einer anfänglichen Phase nur langsamer Steigerung und durch ein Abflachen hin zu einem Sättigungswert charakterisiert.[5] Dieser Substitutionsprozeß kann durch die Hyperbeltangensfunktion

(4.8.) $f = 1/2 \left\{ 1 + \tan h\, \alpha\, (t-t_0) \right\}$

abgebildet werden.[6] Die Funktion ist durch die Konstanten anfängliche Wachstumsrate und Zeitpunkt, zu dem die Substitution genau zur Hälfte fortgeschritten ist, gekennzeichnet.

---

1) Einen Überblick bietet das von Linstone/Sahal 1976 herausgegebene Werk mit insgesamt 16 Einzelbeiträgen.
2) Vgl. Gälweiler 1979, S. 37-40; Gälweiler 1980c, S. 36.
3) Vgl. Fisher/Pry 1971, S. 87.
4) Vgl. Blackmann 1976, S. 96-106; Floyd 1968, zitiert nach Sharif/Kabir 1976, S. 4.
5) Vgl. Linstone/Sahal 1976, S. 3.
6) Vgl. Fisher/Pry 1971, S. 76.

Dabei bedeuten:

f = Anteil des neuen Produktes/Prozesses

α = Die Hälfte der anfänglichen jährlichen Wachstumsrate des neuen Produktes/Prozesses

t = Zeitpunkt der Betrachtung bei Ermittlung von t_o / zu prognostizierender Zeitpunkt, wenn t_o bekannt ist

t_o = Zeitpunkt, zu dem das neue Produkt/der neue Prozeß einen Anteil von 5o% erreicht hat

Der Funktionsverlauf gründet sich auf die folgenden Annahmen:[1]

- Zwei technologische Entwicklungen können als substitutiv betrachtet werden.
- Eine Technologie hat ihre ökonomische Lebensfähigkeit bewiesen, wenn es ihr gelingt, eine andere auch nur zu einem geringen Teil zu substituieren. Die Substitution wird sich bis zur vollständigen Verdrängung ausweiten, weil mit steigenden Mengen Verbesserungen und Kostenreduktionen erzielt werden können.
- Zwischen den Anteilen beider Technologien besteht ein proportionales Verhältnis.

Da der Hyperbeltangens (tan h) definiert ist als

$$\tan h \; x = \frac{e^x - e^{-x}}{e^x + e^{-x}} \qquad [2]$$

kann man für (4.8.) auch schreiben:

$$f = 1/2 \left\{ 1 + \frac{e^x - e^{-x}}{e^x + e^{-x}} \right\} \qquad [3]$$

---

1) Vgl. Fisher/Pry 1971, S. 75 f.
2) Vgl. Bronnstein/Semendjajew 197o, S. 165.
3) Dabei gilt: $x = \alpha \, (t-t_o)$.

Durch Äquivalenzumformung lassen sich die Anteile der substitutiven Technologien als Quotient schreiben:

$$2f - 1 = \frac{e^x - e^{-x}}{e^x + e^{-x}} \quad / \cdot e^x + e^{-x}$$

$$(2f - 1)(e^x + e^{-x}) = e^x - e^{-x}$$

$$2fe^x + 2fe^{-x} - e^x - e^{-x} = e^x - e^{-x}$$

$$2fe^x + 2fe^{-x} - e^x = e^x \quad / + e^x$$

$$2fe^x + 2fe^{-x} = 2e^x \quad / : 2$$

$$fe^x + fe^{-x} = e^x \quad / - fe^x$$

$$fe^{-x} = (1-f)e^x \quad / : (1-f)$$
$$\quad : e^{-x}$$

$$\frac{f}{1-f} = \frac{e^x}{e^{-x}}$$

Der S-förmige Verlauf läßt sich nun auch als Gerade darstellen, wenn auf der Ordinate anstelle des Anteils der Substitution (f) das Verhältnis der Anteile $\frac{f}{1-f}$ in logarithmischem Maßstab abgebildet wird:

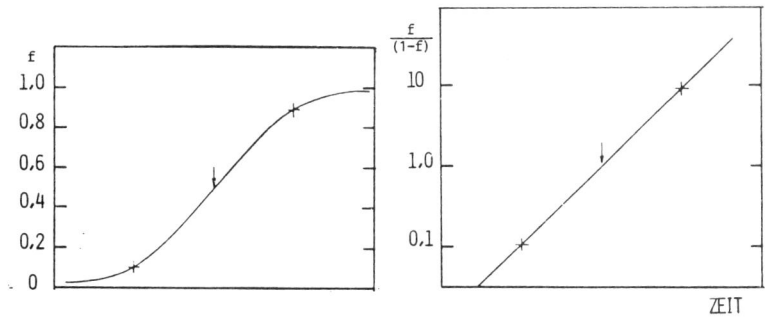

Abb. 29: Allgemeine Form der Substitutionszeitkurve[1]

---

1) Quelle: Fisher/Pry 1971, S. 76.

Fisher/Pry veranschaulichen den weitgehend identischen Verlauf der von ihnen untersuchten Substitutionsprozesse grafisch. Um sie miteinander vergleichen zu können, werden die unterschiedlich langen Übernahmezeiten durch den Faktor $2(t - t_o)/\Delta t$ normalisiert. Δt stellt die zur Übernahme notwendige Zeit dar und ist gleich der Zeitspanne, die benötigt wird, um den Anteil des substitutiven Produktes/Prozesses von $f = 0,1$ auf $f = 0,9$ zu erhöhen.[1] Die folgende Abbildung zeigt die weitgehende Übereinstimmung der empirischen Daten der 17 Substitutionsprozesse mit der angenommenen Funktion:

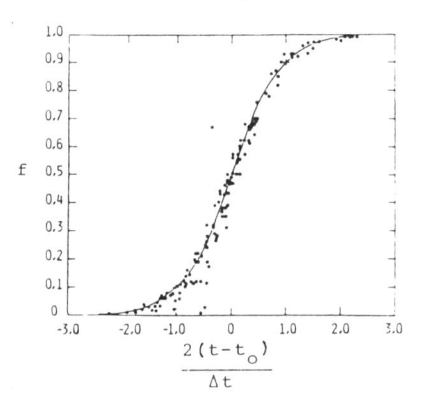

Abb. 30: Gegenüberstellung der Substitutionszeitkurve mit empirischen Daten von 17 Substitutionsprozessen auf Grundlage einer normierten Zeitskala[2]

Mit Hilfe der Substitutionszeitkurve ist es möglich,

- den Zeitpunkt, zu dem das neue Produkt/der neue Prozeß genau die Hälfte der Anteile hält,
- die Anteile eines Produktes/Prozesses zu unterschiedlichen Zeitpunkten und
- die für die Übernahme benötigte Zeit zu schätzen, wenn die anfängliche Wachstumsrate (2α) ermittelt werden kann.

---

1) Vgl. Fisher/Pry 1971, S. 85.
2) Quelle: Fisher/Pry 1971, S. 87.

Lenz/Lanford zeigen am Beispiel der Substitution der Segelschiffahrt durch die Dampfschiffahrt auf der Grundlage historischer Daten, daß in diesem Falle eine annehmbare Vorhersage bereits bei einer 2%-igen Substitution und eine sehr gute Prognose bei einem Anteil der Dampfschiffahrt von 16% erreicht wird. Die folgende Abbildung gibt den empirischen Substitutionsverlauf im Vergleich zu den Prognosen auf der Grundlage eines 2%-igen (1830) und eines 16%-igen (1860) Anteils wieder.

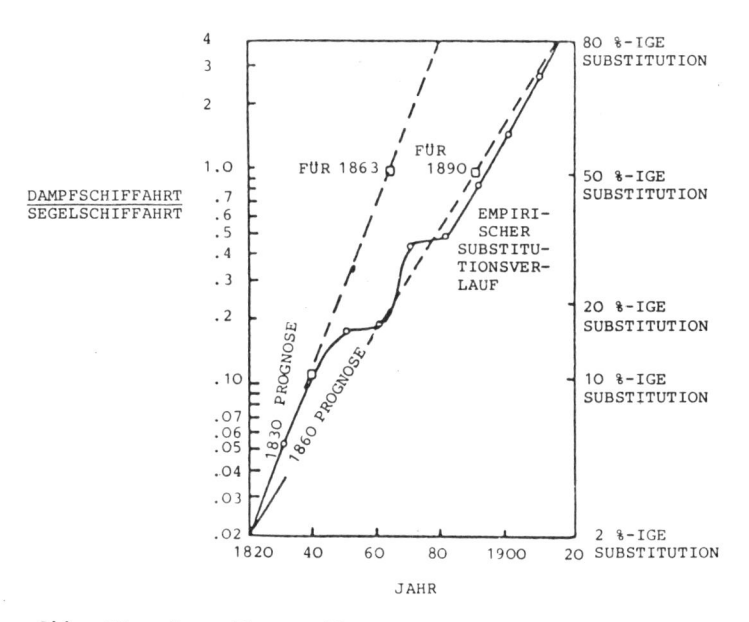

Abb. 31 : Gegenüberstellung von prognostizierten und empirischen Substitutionsverläufen der Segel- und Dampfschiffahrt.[1]

Den wesentlichen Vorteil dieses Modells sehen Linstone/Sahal[2] in der Einfachheit der notwendigen Daten. Für die praktische Anwendung darf jedoch nicht übersehen wer-

---

1) Quelle: Lenz/Lanford 1972, S. 67.
2) Vgl. Linstone/Sahal 1976, S. 4.

den, daß eine ständige Überprüfung der Prognose auf
Grundlage aktueller Informationen über die Faktoren notwendig
ist, die den Verlauf der Substitution beeinflussen.[1]
Dazu gehört auch das Auftreten erneuter Substitutionsvorgänge
vor Abschluß des ersten, wie im Falle
von Kolben-, Propeller- und Düsenantrieben für Flugzeuge.[2]
Mit Hilfe der Substitutionszeitkurve wird es aber dennoch
kaum möglich sein, den präzisen Verlauf einer Substitution
in jedem Zeitpunkt oder Zeitabschnitt vorauszusagen.
Dazu sind die den Verlauf bestimmenden Faktoren
zu vielfältig. Außerdem können im Zeitablauf neue
beeinflussende Größen auftreten, die vordem nicht abzusehen
waren. Für den Bereich der Mikroelektronik, deren
Verbreitung häufig als Beispiel für eine zunehmende Dynamik
der technologischen Entwicklung und der damit einhergehenden
Verkürzung der Marktzyklen angeführt wird,[3]
zählt Staudt[4] eine ganz Reihe technisch, personell,
sozial und ökonomisch bedingter Innovationswiderstände
auf, die die Ausnutzung des erheblichen Anwendungspotentials
verhindern. Solche Tatbestände, wie beispielsweise
die Vielfalt der von den Unternehmen angebotenen
technischen Varianten, die Kompatibilität der einzelnen
Problemlösungen und der Entwicklungsstand in den angrenzenden
technologischen Bereichen, die die Verbreitung
einer Technologie beeinflussen, lassen sich langfristig
nicht mit hinreichender Genauigkeit prognostizieren.
Die Möglichkeiten der Anwendung der Substitutionszeitkurve
verbessern sich aber mit abnehmender Breite

---

1) Vgl. Lenz/Lanford 1972, S. 66f.
2) Vgl. dazu Sharif/Kabir 1976a, S. 21-45, insbesondere
   S. 27-31; zu weiteren Möglichkeiten der Anpassung vgl.
   Stapelton 1976.
3) Vgl. Staudt 1983, S. 344; Gälweiler 1974, S. 237;
   Pfeiffer u.a. 1982, S. 13-15; Lamborghini 1982, S. 165;
   Gruppe 1984, S. 335. Zur Diskussion der These einer zunehmenden
   Dynamik der technologischen Entwicklung im
   Hinblick auf die Entstehungsphase vgl. Mensch 1977, insbesondere
   S. 189 f. und 200; Gälweiler 1979, S. 33 f.
4) Vgl. Staudt 1983, S. 345-349. Zu Akzeptanzbarrieren
   bei der Verbreitung von Informationstechnologien vgl.
   auch Meffert 1984, S. 462 und 464.

des bearbeiteten Anwenderproblems. Hat hier die neue Technologie einmal Fuß gefaßt, so ist mit der Substitutionszeitkurve durchaus eine grobe Vorstellung über den Substitutionsverlauf zu erzielen, die häufig völlig ausreicht, um zu einer relativ frühzeitigen Kenntnis der verfügbaren Zeitspanne und vor allem des annäherungsweisen zeitlichen Endpunktes einer Substitution zu gelangen.[1] Reichen die finanziellen Mittel des etablierten Unternehmens nicht aus, um auch die neue Technologie anzuwenden und das damit verbundene Wachstum zu finanzieren, so kann es versuchen, sich auf die Produkt-Markt-Felder zu beschränken, die durch die neue Technologie am wenigsten gefährdet sind. Solche Möglichkeiten bestehen häufig, weil sich einige Technologien für einige Anwenderprobleme nach wie vor besser eignen als andere.

---

1) Vgl. Gälweiler 1979, S. 4o.

Thesenförmige Zusammenfassung

1. Zur Eingrenzung der Komplexität bei der Bestimmung von Produkt-Markt-Feldern werden ähnlich dem Konzept strategischer Gruppen, Markttypen gebildet. Weil die Tätigkeitsbereiche der einzelnen Wettbewerber die Grenzen des relevanten Marktes bestimmen, werden zuvor mit der konzentrierten und der differenzierten Strategie die beiden wesentlichen Alternativen der Marktabdeckung dargestellt, die jedem Wettbewerber zur Verfügung stehen.

2. Typische Verläufe von Markttypen entstehen durch die im Markt wirksamen Kräfte Differenzierung von Anwenderproblemen, Adoption von Problemlösungen, Erweiterung des Nachfrageverbundes, Strandardisierung und technologische Substitution. Die Darstellung ihrer Auswirkungen in einem dreidimensionalen Rahmen führt zu sechs Markttypen; dabei wird neben der isolierten Wirkung der einzelnen Kräfte auch der Fall in Betracht gezogen, in dem die Adoption von Problemlösungen und die Erweiterung des Nachfrageverbundes gleichzeitig auftreten. Die These, daß die Tätigkeitsbereiche der Wettbewerber die Grenzen des Marktes bestimmen, ist mit der Bildung von Markttypen vereinbar.

3. Die Aussagen über die Bestimmung von Produkt-Markt-Feldern beschränken sich zunächst auf eine das Marktwachstum vernachlässigende Betrachtung. Da der Marktanteil in denjenigen Markttypen, in denen alle wesentlichen Wettbewerber ihre Produkt-Markt-Felder sehr ähnlich abgrenzen, allgemein als Indikator für die Kostenposition und damit für die Wettbewerbsstellung des Unternehmens angesehen wird, werden in einem ersten Schritt mit Hilfe der Erfahrungskurve, die dazu notwendigen Bedingungen herausgestellt.

4. Insbesondere die Homogenitätsbedingung der Erfahrungskurve dient in einem zweiten Schritt dazu, die Auswirkungen zunehmend differenzierter Strategien zu

diskutieren. Dadurch können wichtige angebotsbedingte Anhaltspunkte für die Bestimmung von Produkt-Markt-Feldern gewonnen werden.

5. Auf der Grundlage des Angebotsverbundes, des Nachfrageverbundes und des Marktvolumens werden dann Bedingungen für die Auswahl von Produkt-Markt-Feldern formuliert. Die Aussagen beziehen sich auf die einzelnen Markttypen, berücksichtigen aber keine Marktveränderungen.

6. Weil die Bestimmung von Produkt-Markt-Feldern ohne Berücksichtigung von Marktveränderungen auch in realistischen Situationen nicht ausreicht, müssen die nur statisch orientierten Bedingungen erweitert werden. Dazu erfolgt zunächst wiederum die Darstellung grundlegender Zusammenhänge, indem der Einfluß des Marktwachstums auf die Entwicklung des Marktanteils, des Unternehmenswachstums und auf die Möglichkeiten von Kostensenkung und Gewinnzuwachs herausgestellt wird. Das Erfahrungskurvenkonzept ermöglicht dabei eine weitgehend formalisierte Darstellung der Zusammenhänge.

7. Durch den erheblichen Einfluß des Marktwachstums auf die Wettbewerbsstellung beziehen sich die Erweiterungen der Bedingungen zur Bestimmung von Produkt-Markt-Feldern insbesondere auf die zu erwartenden Änderungen des Marktvolumens in den einzelnen Segmenten. In Märkten, in denen die Konkurrenten sehr ähnliche Tätigkeitsbereiche aufweisen (Markttyp 1-4), erhalten Segmente, die von einem Unternehmen zusätzliche Leistungen erfordern, eine höhere Bedeutung, wenn das Marktpotential dort hoch ist. Weisen die Wettbewerber sehr voneinander verschiedene Tätigkeitsbereiche auf, verändert sich einerseits der Einfluß der Teilleistungen einer Problemlösung (Markttyp 5), andererseits der der einzelnen, zur Lösung verwendeten Technologien (Markttyp 6) im Zeitablauf. Maßgeblich dafür ist die zukünftig zu erwartende Entwicklung und/oder die bisher kumulierten Mengen der Teilleistungen bzw. der Technologien.

Fünfter Teil

Aggregation von Produkt-Markt-Feldern zu strategischen Geschäftsfeldern und ihre Integration in die Unternehmensorganisation - Der organisatorische Problembereich

Nachdem für die inhaltliche Bestimmung von Produkt-Markt-Feldern Bedingungen formuliert werden konnten, soll nun der zuvor zurückgestellte organisatorische Problembereich betrachtet werden. Er wurde zu Anfang der vorliegenden Arbeit auf der einen Seite in der Aggregation von Produkt-Markt-Feldern zu strategischen Geschäftsfeldern, auf der anderen Seite in der organisatorischen Konkretisierung in Form von Produkt-Markt-Einheiten und/oder strategischen Geschäftseinheiten und der damit verbundenen Integration in die bestehende Aufbaustruktur der Unternehmung gesehen.

Die strategische Planung ist, wie auch die operative Planung, durch organisatorische Regelungen zu strukturieren, um die mit der Durchführung dieser Aufgabe verknüpften Teilaufgaben und Prozesse bewußt steuern zu können, weil ein System der strategischen Planung "...nicht als ein organisch gewachsenes und sich quasi selbst entwickelndes Gebilde angesehen werden"[1] kann. Gerade die strategische Planung ist eine zeit- und ressourcenintensive Aktivität, die zu degenerieren droht, würde ihre Bedeutung nicht herausgestellt, sie nicht in der gleichen sorgfältigen Weise behandelt, wie die anderen Aufgaben in einer Organisation und die Menschen dazu nicht motiviert.[2] Dabei sind, worauf auch Götzen/Kirsch verweisen, alle Instrumente der Aufbau- und Ablauforganisation relevant.[3] Bei der Darstellung des organisatorischen Problembereiches wird im folgenden jedoch nicht der im deutschen Sprachraum seit Nordsiek

---

1) Kreikebaum 1981, S. 84. Zu den wechselseitigen Beziehungen zwischen Planung und Organisation als Bestandteil der Unternehmensführung vgl. Kreikebaum 1975a, S. 13 f.
2) Vgl. King/Cleland 1978, S. 36.
3) Vgl. Götzen/Kirsch 1983, S. 317.

und Henning üblichen Vorgehensweise[1] gefolgt und das Organisationsproblem explizite in einen Aufbau- oder Strukturaspekt und einen Ablauf- oder Prozeßaspekt getrennt. Das Problem der Aggregation von Produkt-Markt-Feldern und das ihrer Integration in die Aufbauorganisation der Unternehmung ist zwar in erster Linie ein Problem der Aufbauorganisation der strategischen Planung, da es sich dabei auch um die Abgrenzung von Aufgaben- und Verantwortungsbereichen und deren Koordination handelt. Die gedankliche Trennung in Aufbau- und Ablauforganisation ist aber problematisch, weil sich beide nicht mit getrennten Organisationsteilen beschäftigen,[2] sondern den gleichen einheitlichen Gegenstand, allerdings unter verschiedenen Gesichtspunkten, betrachten.[3] Ablaufgesichtspunkte sind deshalb von Bedeutung, weil das erzielte Ergebnis von den einzelnen Tätigkeiten abhängig ist, diesen jedoch durch die Aufbauorganisation ein Rahmen gesetzt wird. Aus diesem Grunde kann die Struktur der Aufbauorganisation nicht unabhängig von den ablauforganisatorischen Regelungen festgelegt werden. "Eine derartige starre Folge organisatorischer Überlegungen gibt es nicht."[4] Darüber hinaus wird seit längerem auch die Ansicht vertreten, daß die durch die Ablauforganisation geregelten Bereiche vorwiegend ausführende Tätigkeiten in Produktion und Verwaltung betreffen,[5] so daß bei der Behandlung von Managementprozessen anstelle von Ablauforganisation von Phasenstruktur die Rede ist, weil Stufen oder Phasen unterschiedlicher Aktivitäten voneinander getrennt werden.[6]

---

1) Vgl. Nordsiek 1931, Nordsiek 1931a, Nordsiek 1934, Henning 1934.
2) Vgl. Laux 1980, S. 16.
3) Vgl. Lehmann 1974, Sp. 290.
4) Laux 1980, S. 17. Zu Autoren, die im Deutschsprachigen die Unterscheidung zwischen Aufbau- und Ablauforganisation aufgeben vgl. die Diskussion bei Wild 1966, S. 125f.; Kuhn 1982, S. 87; Reiß 1984.
5) Kuhn 1982, S. 87.
6) Vgl. dazu Kuhn 1982, S. 17; Kreikebaum 1981, S. 96-101.

I. Aggregation von Produkt-Markt-Feldern zu strategischen Geschäftsfeldern

Die Vorteilhaftigkeit der in dieser Arbeit eingeschlagenen Vorgehensweise, den organisatorischen Problembereich unabhängig vom inhaltlich wettbewerblichen und erst im Anschluß daran zu behandeln, wird auch bei der Aggregation von Produkt-Markt-Feldern deutlich. Mit den im vierten Teil der Arbeit formulierten Bedingungen zur Bestimmung von Produkt-Markt-Feldern in verschiedenen Markttypen wurde bereits auch ein wesentlicher Teil des gesamten Aggregationsproblems behandelt, weil die Notwendigkeit der Aggregation auf der einen Seite durch angebots- und/oder nachfragebezogene Interdependenzen zwischen den einzelnen Produkt-Markt-Feldern begründet sein kann. Auf der anderen Seite wird eine zusätzliche Aggregation auch weitgehend voneinander unabhängiger Bereiche häufig in sehr großen und diversifizierten Unternehmen notwendig sein. Die Begründung dafür liegt dann aber in der Leitungsspanne und der Tatsache, daß die Unternehmensleitung für die strategische Planung, insbesondere aber für die am Ende dieser Planung stehenden Entscheidungen verantwortlich ist.[1] Diese unterschiedlichen Begründungen für die Aggregation von Produkt-Markt-Feldern werden im folgenden auch unabhängig voneinander diskutiert.

A. Interdependenzbedingte Aggregation

Aussagen über interdependenzbedingt notwendige Aggregationen sind bereits implizite in den im vierten Teil formulierten Bedingungen zur Bestimmung von Produkt-Markt-Feldern enthalten. Wenn nämlich die angebots- und nachfragebezogenen Verbundbeziehungen gegen eine Vernachlässigung einzelner Produkt-Markt-Felder sprechen, so sind sie auch als ein Indiz für eine interdependenz-

---
1) Vgl. z. B. Kreikebaum 1981, S. 85-87; Kreikebaum 1983, S. 1o6.

bedingte Aggregation anzusehen. Daraus darf jedoch nicht geschlossen werden, daß alle von einem Unternehmen in einem Markttyp bearbeiteten Segmente mit dem Ziel der Formulierung einer gemeinsamen Strategie zusammengefaßt werden können. Die Erarbeitung nur einer, gemeinsamen Strategie wird besonders dann nicht sinnvoll sein, wenn in den einzelnen Segmenten unterschiedliche Wettbewerbsbedingungen herrschen (z.B. unterschiedlich hohe Marktpreise usw.)[1] In solchen Fällen ist eine segmentspezifische Strategie besonders notwendig. Im Extremfall können diese Segmente sogar als eigenständig angesehen werden. Die dafür zu erarbeitende Strategie muß aber auch in diesem Fall die zwischen den Produkt-Markt-Feldern bestehenden Verbundbeziehungen berücksichtigen.

Geht man davon aus, daß die produkt-markt-feldspezifischen Unterschiede auf der übergeordneten Betrachtungsebene berücksichtigt werden, so kann die interdependenzbedingte Notwendigkeit der Zusammenfassung von Produkt-Markt-Feldern in den Markttypen 2-4 angenommen werden. In den Markttypen 5 und 6 reichen diese Überlegungen jedoch nicht aus, wenn ein Unternehmen in Produkt-Markt-Feldern sowohl im anwenderproblemkonzentrierten, problemlösungskonzentrierten und anwendergruppendifferenzierten als auch im anwenderproblemdifferenzierten, problemlösungskonzentrierten und anwendergruppendifferenzierten Markt (Markttyp 5) tätig ist und/oder die Anwenderprobleme mehrerer Anwendergruppen auf der Basis unterschiedlicher Technologien löst (Markttyp 6).[2]

Im Markt vom Typ 5 können die Produkt-Markt-Felder in den beiden Teilmärkten, deren interdependenzbedingte Aggregation vorausgesetzt,
- insgesamt zusammengefaßt werden oder
- eigenständig bleiben, wobei der Überschneidungsbereich

---

1) Vgl. auch Gälweiler 1979b, S. 259 f.; Eick 1982, S. 109.
2) Der Markt vom Typ 1 besteht aus nur einem Segment.

-- den Produkt-Markt-Feldern eines Teilmarktes zugerechnet oder
-- aus der Zusammenfassung herausgekommen und selbst einen eigenständigen Teilbereich bilden kann.

Im Markt vom Typ 6 besteht die Möglichkeit,
- unterschiedliche Anwenderprobleme und/oder
- unterschiedliche Anwendergruppen und/oder
- unterschiedliche Problemlösungen

zusammenzufassen.

Ein Patentrezept zur Lösung dieses Problems existiert nicht.[1] Das Ziel, auf jeder Ebene der Aggregation eine Basis zu finden, die ein Höchstmaß an strategischer Aussagefähigkeit erlaubt,[2] ist nicht operational, so daß die Alternativenwahl in hohem Maß vom Entscheidenden selbst beeinflußt werden kann. Hofer/Schendel sehen die Priorität in den Verbundbeziehungen auf der Angebotsseite: "...segments that rely on the same production technology or facilities usually are grouped together to reduce the managerial problems that would develop if they were split. When such factors are not important, the clustering normally emphazises similarity of markets and distribution systems in order to reduce the conceptual complexity required of the SBU general manager in both strategy formulation and implementation."[3] Hinweise darauf, ob eine Zusammenfassung eher nach Anwenderproblemen, Problemlösungen oder Anwendergruppen erfolgen sollte, sind auch hier in der Analyse der Verbundbeziehungen enthalten. Je gewichtiger die herstellbezogenen Funktionen im Gegensatz zu den absatzbezogenen Funktionen anzusehen sind, desto eher wird c.p. eine Zusammenfassung der Problemlösungen nach Anwenderproblemen im Gegensatz zu einer Zusammenfassung nach Anwendergruppen sinnvoll sein und umgekehrt. Die Bedeutung der einzelnen Funktionsbereiche

---

1) Vgl. Szyperski/Winand 1979, S. 197.
2) Vgl. Abell 1980, S. 239.
3) Hofer/Schendel 1978, S. 60.

wird wiederum beeinflußt von der Anzahl der dort insgesamt zu erstellenden (Teil-)Lösungen, dem Grad ihrer Homogenität/Heterogenität, den dort erzielbaren Erfahrungsraten und dem kostenmäßigen Anteil an der Gesamtleistung. Weil sich diese Größen im allgemeinen im Zeitablauf ändern, ist auch die Basis der Aggregation immer wieder zu überprüfen.

Darauf, daß bei diesen Entscheidungen nicht nur rein sachliche Gründe zu berücksichtigen sind, verweisen Szyperski/Winand und Hofer/Schendel. Während Szyperski/Winand allgemein zu bedenken geben, die Bereiche auch unter dem Gesichtspunkt zu gestalten, daß sie "...neben sachlichen Aspekten auch den persönlichen Erfahrungen und Beurteilungen der betroffenen Führungskräfte gerecht werden können",[1] beziehen sich Hofer/Schendel[2] auf den Zeitpunkt der Einführung einer strategischen Planung. Hier sehen sie besonders die Notwendigkeit aus sozialen und politischen Gründen, zunächst eine intern orientierte Aggregation vorzunehmen. Langfristig müssen dagegen auch wichtige externe Faktoren wie Wachstumsraten, staatlicher Einfluß und veränderte Wettbewerbsbedingungen an Bedeutung gewinnen. Die bereits zu Beginn der vorliegenden Arbeit diskutierte Vorgehensweise im PIMS-Programm macht die praktische Relevanz dieses Vorschlags deutlich, wenn dort auf die "offensichtlichen Gründe" verwiesen wird, aus denen die Mitgliedsunternehmen dazu neigen, die bereits bestehenden organisatorischen Lösungen in der Aufbauorganisation beizubehalten.[3] Auch wenn einer solchen Vorgehensweise letztlich gefolgt wird, ist eine wettbewerbsorientierte Analyse notwendig, um die aus sachlichen Gründen daraus resultierenden Konsequenzen deutlich zu machen.

---

1) Szyperski/Winand 1979, S. 197.
2) Vgl. Hofer/Schendel 1978, S. 60.
3) Vgl. S. 32 dieser Arbeit.

B. Leitungsspannenbedingte Aggregation

Die Anzahl strategischer Geschäftsfelder, als diejenige Struktur von Produkt-Markt-Feldern und/oder deren Zusammenfassung auf der Ebene unterhalb der Unternehmensleitung, wird durch die Leitungsspanne der Unternehmensleitung begrenzt. Dadurch kann es notwendig werden, Produkt-Markt-Feldern über das interdependenzbedingte Maß hinaus zusammenzufassen. Die Leitungsspanne bezeichnet "...die Anzahl der Untergebenen.., die einem Vorgesetzten in direkter Linienbeziehung unmittelbar unterstellt sind."[1] Die Begrenzung entsteht einerseits durch die qualitative und quantitative Kapazität des Vorgesetzten und andererseits durch die Anforderungen der Arbeitsgruppe an das Führungsverhalten.[2] Die Anforderungen an den Vorgesetzten werden durch den Charakter der Aufgaben beeinflußt, weil dadurch die quantitative Beanspruchung des Vorgesetzten, seine Arbeitskapazität,[3] bestimmt wird. Die Anforderungen steigen, mit dem Schwierigkeitsgrad der Probleme, dem darin enthaltenen Ermessensspielraum, ihrer Unterschiedlichkeit, ihren Änderungen im Zeitablauf und den zwischen ihnen bestehenden Zusammenhängen.[4] Die aufgeführten Merkmale lassen erkennen, daß gerade Aufgaben der strategischen Planung die Arbeitskapazität der Unternehmensleitung sehr stark beanspruchen. Die Gesamtzahl strategischer Geschäftsfelder muß deshalb klein genug sein, damit die Leitungsspanne für die Unternehmensleitung und den Planungsstab nicht überschritten wird.[5] Daß dennoch auch für den Bereich strategischer Aufgaben pauschale Aussagen über die Anzahl direkt unterstellter Aufgabenbereiche dem Problem der Gestaltung von

---

1) Hill/Fehlbaum/Ulrich 1976, S. 219. Zu den Unterschieden zwischen Leitungsspanne und Kontrollspanne vgl. Bleicher 1969, Sp. 1531; Hill/Fehlbaum/Ulrich 1976, S. 221.
2) Vgl. Kreikebaum 1975a, S. 29.
3) Vgl. Bleicher 1969, S. 1532.
4) Vgl. Hill/Fehlbaum/Ulrich 1976, S. 222 und die dort angegebene Literatur.
5) Vgl. Hofer/Schendel 1978, S. 60; Bettis 1979, S. 120 f.; Scheel 1981, S. 69.

Leitungsbeziehungen nicht gerecht werden,[1] zeigen die in Berichten und empirischen Untersuchungen enthaltenen Angaben, die eine Spannbreite von 2-50 strategischen Geschäftsfeldern nachweisen.[2] Direkt im Anschluß an die von General Electric vorgenommene Bildung von 43 strategischen Geschäftsfeldern wurden beispielsweise bei General Food sechs[3] und bei Westinghouse[4] 37 Felder für den Zweck der strategischen Planung abgegrenzt. Bettis/Hall[5] haben kein Planungssystem mit mehr als 45 strategischen Geschäftsfeldern beobachtet. Einige Unternehmen begannen nach Bettis/Hall zwar mit über 100 strategischen Geschäftsfeldern, doch wurde die Anzahl drastisch reduziert, wenn das Management die Überbelastung auf der Unternehmensebene feststellte. Diese Ergebnisse werden von Haspeslagh[6] im wesentlichen bestätigt. Er kommt nach einer Untersuchung von zwei großen diversifizierten Unternehmen, die einen sehr hohen Stand der Portfolio-Planung aufweisen und 345 Unternehmen der "Fortune 1000" zu dem Ergebnis, "...that planning companies - small and large alike have endet up, on average, only 30 SBU's".[7] Die in Großunternehmen begonnene Entwicklung hat sich in der Zwischenzeit auch in Mittelbetrieben fortgesetzt. Am Marketing-Pilotprojekt für Mittelbetriebe "Führen mit strategischen Einheiten (SGE)", das vom Dachverband der Schloß- und Beschlagindustrie betreut wurde, waren 10 mittelständische Unternehmen beteiligt. Den Berichten[8] ist allerdings nur zu entnehmen, daß in drei Unternehmen sieben und in 2 Unternehmen je-

---

1) Vgl. zu konkreten Aussagen über die Anzahl der direkt Untergebenen z. B. Hill/Fehlbaum/Ulrich 1976, S. 221; Frese 1979, S. 171.
2) Vgl. auch Bettis/Hall 1983, S. 99.
3) Vgl. o.V. 1973, S. 51.
4) Vgl. o.V. 1975, S. 19.
5) Vgl. Bettis/Hall 1983, S. 99.
6) Vgl. Haspeslagh 1982, S. 60. Zur Übersicht über die Auswahl der beteiligten Unternehmen vgl. Haspeslagh 1982, S. 72 f.
7) Haspeslagh 1982, S. 65.
8) Vgl. o.V. 1981; Schmidt-Offhaus 1983, o.V. 1983.

weils drei SGE eingerichtet wurden.[1]

Eine eher untergeordnete Bedeutung der Aggregation aufgrund der Leitungsspanne lassen die Ergebnisse von Bettis[2] vermuten. Er unterscheidet die von ihm untersuchten Unternehmen in Anlehnung an Rumelt[3] nach ihrem Grad der Diversifikation. Die Ergebnisse zeigt die folgende Tabelle.

Kategorie des Diversifizierungsgrades	Unternehmensschlüssel	Rangfolge des Umsatzes 1977	Anzahl strategischer Geschäftsfelder
Vertikal integrierte Unternehmen, deren jährliche Erträge zu 70-90 % aus dem "Basisgeschäft" stammen (Dominant Vertical)	JKL PQR	4 3	6 14
Unternehmen mit einem Anteil aus dem Basisgeschäft unter 70 % und einer Diversifizierung, die auf den Beziehungen zwischen den einzelnen Bereichen aufbaut (Related Constrained)	ABC GHI	5 6	24 30
Unternehmen, bei denen nicht alle Bereiche miteinander in Beziehung stehen (Related Linked)	MNO DEF	2 1	38 43

Abb. 32: Kategorie des Diversifizierungsgrades, Rangfolge des Umsatzes und Anzahl strategischer Geschäftsfelder der von Bettis untersuchten Unternehmen[4]

Die mit zunehmendem Diversifikationsgrad steigende Anzahl strategischer Geschäftsfelder kann darauf zurückgeführt werden, daß hier eine interdependenzbedingte Notwendigkeit der Aggregation in sehr viel geringerem Maße gegeben ist. Zu berücksichtigen ist bei dieser Schlußfolgerung allerdings der sehr frühe Zeitpunkt der Untersuchung. Bei General Electric beispielsweise wurde 1978 die Struktur strategischer Aufgabenbereiche modifiziert.

---

1) Vgl. o.V. 1981 S. 7.
2) Vgl. Bettis 1979, S. 122.
3) Vgl. Rumelt 1974.
4) Quelle: Bettis 1979, S. 122.

Die 43 strategischen Geschäftsfelder wurden mit dem Hinweis auf die zu große Leitungsspanne zu sechs "Strategischen Sektoren" zusammengefaßt.[1] In der weiteren Entwicklung wurden aber auch unterhalb der Ebene strategischer Geschäftsfelder weitere Planungsbereiche gebildet. Momentan bestehen bei General Electric insgesamt fünf Ebenen: Sector, strategisches Geschäftsfeld, Segment, Produktlinie und Produkt.[2]

Haspeslagh[3] und Bettis/Hall[4] kommen aufgrund der von ihnen durchgeführten Untersuchungen zu dem Ergebnis, daß in den meisten Unternehmen zwei Ebenen als ausreichend angesehen werden können, um den wesentlichen Problemen zu begegnen. Bei sehr unterschiedlichen Situationen in den einzelnen Produkt-Markt-Feldern können von der Unternehmensleitung dann jedoch die Ressourcen nicht aufgrund der dort herrschenden spezifischen Bedingungen zugeteilt werden. Die Notwendigkeit der stufenweisen Aggregation von Informationen entsprechend der Kapazität der Unternehmensleitung führt in solchen Fällen zur Delegation auch strategischer Entscheidungen. Der Rahmen dafür wird aber von der Leitung bestimmt.

Als zweites, neben dem Aspekt der Aggregation, wesentliches organisatorisches Problem war zu Anfang der vorliegenden Arbeit die Integration der Aufgabenbereiche der strategischen Planung in die bestehende Aufbauorganisation bezeichnet worden. Auch hier wurde in Literatur und Praxis der Vorgehensweise von General Electric gefolgt und neben der bestehenden operativen Struktur eine

---

1) Vgl. Allan 1979, S. 6; o.V. 1979, S. 50.
2) Vgl. u.a. Bettis/Hall 1983, S. 98; Wind/Mahajan 1984, S. 99. Die Anzahl erfaßbarer Produkt-Markt-Felder läßt sich bei konstanter Leitungsspanne ermitteln als:
   (Leitungsspanne)$^{\text{Anzahl der Ebenen}}$.
   Eine Leitungsspanne von sechs Aufgabenbereichen ermöglicht es dann bei fünf Ebenen insgesamt 7776 Produkt-Markt-Felder zu umfassen.
3) Vgl. Haspeslagh 1982, S. 65.
4) Vgl. Bettis/Hall 1983, S. 98.

Aufbauorganisation der strategischen Planung in Form strategischer Geschäftseinheiten diskutiert. Dieses Konzept der "dualen Organisation"[1] oder "Sekundärorganisation"[2] soll im folgenden zunächst in seiner Grundstruktur dargestellt, die in der Literatur nur sehr verstreut dafür angeführten Begründungen sollen systematisiert und im Anschluß daran problematisiert werden.

II. Integration strategischer Geschäftseinheiten in die Unternehmensorganisation - Das Konzept der dualen Organisation

A. Darstellung des Konzeptes

Die Darstellung und die Diskussion der dualen Organisation bezieht sich im folgenden, wie allgemein in der Literatur üblich, auf eine divisional organisierte Unternehmung. Damit werden einige Erscheinungsformen der dualen Organisation insbesondere in funktional organisierten Unternehmen nicht explizite behandelt. Obwohl in diesen Fällen über die hier angesprochenen hinausgehende Aspekte in Erscheinung treten, können aber damit die Grundzüge einer dualen Organisation und ihre Problematik diskutiert werden.[3] Für ein divisional organisiertes Unternehmen läßt sich das Verhältnis zwischen strategischen und operativen Aufgabenbereichen wie folgt darstellen:

---

1) Vgl. Szyperski/Winand 1979, S. 2oo.
2) Vgl. Hinterhuber 1983, S. 27o-286; Hinterhuber 1978, S. 427; Dunst 1979, S. 148.
3) Zu Formen der Organisation strategischer Aufgaben im nicht divisional organisierten Unternehmen insbesondere durch Teambildung und Matrixstrukturen vgl. u.a. Henzler 1978, S. 917; Eick 1982, S. 141-164; Schmidt-Offhaus 1983, S. 154 f.; Lessing/Groeger 1983, S. 149-151; Wieselhuber 1983, S. 79; Munari/Naumann 1984, S. 380.

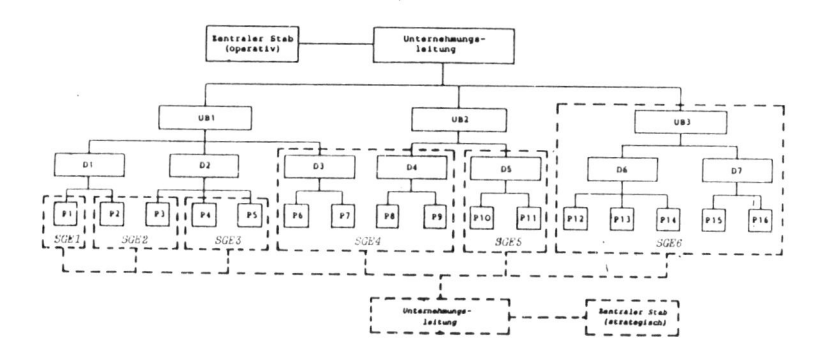

UB = Unternehmensbereich
D   = Division
P   = Produktlinie
SGE = strategische Geschäftseinheit

Abb. 33: Organigramm der dualen Organisation einer divisionalisierten Unternehmung[1]

Die Abbildung macht deutlich, daß sich die strategischen Aufgaben prinzipiell auf das gleiche Objekt beziehen, "...nämlich die Unternehmung als Ganzes, aber in einer anderen Aufgliederung der einzelnen Elemente oder Organisationseinheiten. Diese Aufgliederung ist bedingt durch die von strategischen Entscheidungen jeweils als Ganzes betroffenen Aktivitäten innerhalb einer Unternehmung."[2] Die Größe der Aufgabenbereiche kann, gemessen am Umsatz, untereinander oder im Verhältnis zu den operativen Auf-

---

1) Quelle: Szyperski/Winand 1979, S. 2o3; Dunst 1979, S. 149; vgl. auch Schertler 1982, S. 193.
2) Gälweiler 198oa, Sp. 1891.

gabenbereichen erheblich variieren. Wie die Abbildung zeigt, können sowohl Unternehmensbereiche, Divisionen als auch einzelne Produktlinien als strategische Geschäftseinheiten angesehen werden.[1] Die grundsätzlich möglichen Beziehungen zwischen strategischen und operativen Aufgabenbereichen lassen sich wie folgt zusammenfassen:[2]

1. Eine strategische Geschäftseinheit entspricht einer Einheit der Aufbauorganisation (SGE 1, SGE 5, SGE 6).
2. Eine strategische Geschäftseinheit umfaßt mehrere Einheiten der Aufbauorganisation (SGE 2, SGE 3, SGE 4).
3. Eine Einheit der Aufbauorganisation umfaßt mehrere strategische Geschäftseinheiten (UB 1, UB 2, D 1, D 2).

Zu ergänzen sind diese Kombinationen jedoch um diejenigen Möglichkeiten, die am deutlichsten die Unterschiede zwischen der operativen Struktur und strategischen Geschäftseinheiten zum Ausdruck bringen:

1. Den Fall von "...strategischen Ausgangsentscheidungen und Plänen über neue Erfolgspotentiale (Produkte und Märkte), für die es oftmals im erstmaligen Entscheidungszeitpunkt noch gar keine davon betroffenen Einheiten der (operativen) Aufbauorganisation gibt."[3]
2. Den Fall, in dem "...die als grundlegende Entscheidungsbasis definierte strategische Geschäftseinheit z. B. nur ca. 7o-8o% des Geschäftsvolumens eines Geschäftsbereiches abdeckt, ohne daß das restliche Volumen eine ei-

---

1) Vgl. dazu das Beispiel von General Electric bei Szyperski/Winand 1979, S. 2o4.
2) Vgl. Hinterhuber 1983, S. 274; Hax/Majluf 1978, S. 43 f.
3) Gälweiler 1979b, S. 259.

genständige strategische Geschäftseinheit darstellt oder einer anderen strategischen Geschäftseinheit zugeordnet werden kann".[1]

In der Literatur wird eine Vielzahl von Begründungen angeführt, die für ein duales Konzept der Organisation strategischer und operativer Aufgaben sprechen. Diese Begründungen sollen im folgenden systematisiert und auf ihre Aussagefähigkeit hin überprüft werden.

B. Begründungen

1. Hervorhebung strategischer Aufgaben

Ansoff[2] betont, daß die historische Perspektive allgemein zeigt, daß neue Systeme ihre Vorgänger in der Regel nicht ersetzt, sondern eher erweitert und bereichert haben, so daß die zunehmende Komplexität der zu lösenden Probleme sich auch in zunehmend komplexeren Systemen zeigt. Seit der Mitte der 60er Jahre gewannen die strategischen Aufgaben der Unternehmensleitung zunehmend an Bedeutung gegenüber den operativen Aufgaben, wobei sich die traditionelle Sichtweise der Zusammenfassung, Koordination und Integration der funktionalen Aktivitäten zunehmend als ungeeignet für das Verständnis und die Analyse des sich tiefgreifend ändernden Problemfeldes der Unternehmensführung erwies. Die eigenständige Struktur strategischer Aufgaben führt zur gezielten Hervorhebung und bewußten Abgrenzung und erhöht die Wahrscheinlichkeit, daß strategische Planung kontinuierlich und systematisch erfolgt[3] und nicht als notwendiges Beiwerk des Tagesgeschäftes angesehen wird. Die Trennung beider Auf-

---

1) Gälweiler 1979b, S. 259. Der Unterschied zwischen beiden Strukturen zeigt sich auch dort besonders deutlich, wo aufgrund des engen Arbeitsgebietes einer Unternehmung nur eine strategische Geschäftseinheit besteht und in funktional organisierten Unternehmungen, die sehr unterschiedliche Arbeitsgebiete aufweisen.
2) Vgl. Ansoff 1981, S. 59 f.
3) Vgl. Szyperski, Winand 1979, S. 201.

gabenbereiche führt so zu einer insgesamt erhöhten Transparenz und Handhabbarkeit sowohl der strategischen als auch der operativen Probleme.[1]

Durch die den strategischen Geschäftseinheiten zugrundeliegende veränderte Betrachtungsrichtung wird die Anpassungsfähigkeit der Unternehmung aufgrund der Verbesserung des Prognose- und Planungspotentials erhöht, da Änderungen der Umwelt früher antizipiert werden können, auch weil veränderte Indikatoren benutzt werden. Die veränderte Betrachtungsrichtung ermöglicht zudem erst eine verstärkte Ausrichtung der langfristigen Ressourcenallokation an den Märkten und dem Leistungsvermögen der Unternehmung.

2. Unterschiede zwischen strategischen und operativen Aufgaben

Gälweiler[2] betont die Bedeutung der Unterschiede zwischen den operativen und den strategischen Problemen für die Eigenständigkeit der Aufgabenbereiche. Für ihn werden an sich Planungsaufgaben um so eher in die bereits vorhandene Unternehmensorganisation integriert, je unmittelbarer sich die Wirkungen von Planungsversäumnissen zeigen.[3] Für die Aufgaben der strategischen Planung trifft eine so enge Verbindung aber nicht zu, da hier die Voraussetzung für eine häufig sehr viel später erfolgende Realisierung des Erfolges geschaffen werden.[4] Mit der Steuerungsgröße "Erfolgspotential" wird dabei auch eine

---

1) Vgl. Winand 1982, S. 156.
2) Vgl. Gälweiler 1980a, Sp. 1888.
3) Diese Argumentation betont den sehr engen Zusammenhang zwischen der operativ orientierten Ablaufplanung und der Ablauforganisation. Vgl. Ellinger 1981, Sp. 23 f.
4) Vgl. Gälweiler 1980a, Sp. 1887-1889.

andere verwendet, als sie für den operativen Bereich mit der Steuerungsgröße "Erfolg" notwendig ist.[1] Aufgrund der veränderten Betrachtungsrichtung sind die Informationsträger, die Informationsquellen[2] und auch die Informationswege nicht mit denen identisch, die im Berichtswesen und im internen Informationswesen für den laufenden Geschäftsvollzug maßgeblich sind. Es sind vor allem qualitative Informationen zu verarbeiten, deren Auftreten dazu kaum prognostiziert werden kann. Deshalb werden die klassischen Informationssysteme, die weitgehend standardisiert und formalisiert auf die Aufnahme vergangenheitsorientierter Daten gerichtet sind, nur als sehr begrenzt geeignet angesehen.[3]

3. Negative Wirkungen von Reorganisationsmaßnahmen

In den Berichten über das Vorgehen von General Electric wird angeführt, daß die Notwendigkeit gesehen wurde, "...to preserve the organization and management control systems which had served well."[4] Durch die Erhaltung eigenständiger operativer Bereiche kann man dann einen großen Teil der Schwierigkeiten verhindern, die mit einer Reorganisation verbunden sind, da nun die operativen Strukturen nicht permanent aufgrund strategischer Veränderungen angepaßt werden müssen.[5] Auf diese Weise bleibt

---

1) Vgl. zu den Steuerungsgrößen der operativen und strategischen Führung Gälweiler 1979b, S. 254.
2) Vgl. dazu Aguilar 1967, S. 11; Staehle 1980, S. 144; Aurich/Schröder 1977, S. 36-1o5.
3) Vgl. Picot 1981, S. 569. Zur frühzeitigen Erkennung von Entwicklungen in der Umwelt werden neben den klassischen scanning Techniken neuerdings auch Frühaufklärungssysteme eingesetzt. Vgl. dazu u.a. Aguilar 1967; Rieser 1978; Albach/Hahn/Mertens 1979; Hahn/Krystek 1979;
4) Forsyth 1973, S. 98.
5) Vgl. Henzler 1978, S. 918; Hinterhuber 1978, S. 427; Szyperski/Winand 1979, S. 200; Köhler 1981, S. 31.

die kurzfristige Effizienz der Routineaufgaben gewährleistet,[1] weil den langen Übergangsfristen zwischen Organisationsformwechsel und reibungsloser Funktion der neuen Organisationsform Rechnung getragen wird.[2] Die hierbei entstehenden Probleme durch Veränderungen des Informationssystems, in Form eines enormen Aufwands und dadurch hervorgerufener Widerstände, betonen für die Praxis Gerl/Roventa.[3]

Insbesondere Gälweiler weist darauf hin, daß die Inkongruenz zwischen strategischen und operativen Bereichen "...prinzipiell durch die für beide Organisationsaufgaben maßgebenden, aber notwendigerweise unterschiedlichen Zweckbestimmungen bedingt"[4] ist. Damit wird nicht ausgeschlossen, daß aufgrund strategischer Überlegungen Änderungen der operativen Struktur angeregt werden können. Dies gilt aber unabhängig von der Existenz strategischer Geschäftseinheiten im Rahmen eines formalen Planungssystems. Die Hinweise zur notwendigen Änderung der operativen Struktur können auch außerhalb strategischer Überlegungen entstehen, nur gehört es zu dem Zweck strategischer Analysen, auch solche Hinweise zu einem erheblich früheren Zeitpunkt zu erhalten und nicht erst dann, wenn sich die negativen Wirkungen bereits zeigen.[5]

Die in der Literatur beschriebene Reorganisation bei der Bildung strategischer Geschäftseinheiten läßt auch erkennen, daß es sich hier insgesamt nicht um eine administrative Revolution handelt. Haspeslagh stellte in der bereits zitierten Untersuchung fest, daß in den Unternehmen, die mit einer Überprüfung ihrer Geschäftsfeld-

---

1) Vgl. Zahn 1979, S. 288.
2) Vgl. Drumm 1978, S. 98.
3) Vgl. Gerl/Roventa 1981, S. 855.
4) Gälweiler 1980a, Sp. 1891.
5) Vgl. Gälweiler 1979b, S. 252.

definitionen begannen (70%), zu 75% eine zunächst von den operativen Einheiten abweichende Einteilung strategischer Aufgabenbereiche erstellt wurde. Die letztlich entstandenen strategischen Geschäftseinheiten überschnitten die Linien operativer Einheiten aber nur in 7% der Fälle. Als Begründung für die weitgehende Übereinstimmung operativer und strategischer Aufgabenbereiche sieht Haspeslagh "...strong pressure to define SBUs (strategic business units) quickly and good reason, in practice, to put the units clearly within the boundaries of existing organizational structure."[1]

4. Verbindung strategischer und operativer Aufgaben durch Personalunion der Leitung

"Es besteht kein Zweifel daran, daß die strategische und die operative Planung (vor allem auch inhaltlich) eng miteinander verbunden sein müssen."[2] Aus diesem Grund ist ein duales Konzept der Organisation strategischer und operativer Aufgaben zum Scheitern verurteilt, wenn es nicht gelingt, eine enge Verbindung zwischen den Aufgabenbereichen herzustellen. Um die Durchsetzung und Umsetzung der im Rahmen der strategischen Planung getroffenen Entscheidungen sicherzustellen, werden die strategischen und die operativen Aufgabenbereiche im Konzept der dualen Organisation dadurch verzahnt, daß die für die Strategiearbeit Verantwortlichen in der Regel auch die verantwortlichen Linienleiter sind, so daß das betroffene Management eine Doppelfunktion erfüllt.[3] Dabei ist jede strategische Geschäftseinheit einem Manager zugeordnet, wobei es nicht selten vorkommt, daß dieser zwei oder drei kleinere strategische Geschäftseinheiten zu führen hat.[4] Die Personalunion bei der

---

1) Haspeslagh 1982, S. 65. Ergänzung in Klammern durch den Verfasser dieser Arbeit.
2) Kreikebaum 1981, S. 1o5
3) Vgl. Hinterhuber 1978, S. 427; Szyperski/Winand 1979, S. 2oo; Gerl/Roventa 1981, S. 856.
4) Vgl. Gerl/Roventa 1979, S. 856.

Wahrnehmung strategischer und operativer Aufgaben ermöglicht eine Reihe von Maßnahmen, die Hobbs/Heany anführen, um die inhaltliche Loslösung beider Aufgaben voneinander zu verhindern:[1]

- Überprüfung der Leistungsfähigkeit der Funktionsbereiche vor der Strategieformulierung.
- Vorgabe der wichtigsten Maßnahmen an die Funktionsbereiche bereits bei der Strategievorgabe.
- Partizipation der Spartenleiter und deren Kommunikation nach oben wie nach unten.

Die Betrauung des Managment mit beiden Aufgaben sorgt für eine weitgehende Übereinstimmung von Informationsschwerpunkt und Planungsdurchführung. Darüber hinaus wird die Umsetzung der Pläne in den operativen Einheiten auf diese Weise begünstigt, weil man berücksichtigt, daß allein die Art und Weise wie strategische Pläne erstellt werden, einen Einfluß auf den Implementierungserfolg haben kann.[2]

C. Zur Problematik von Begründungen organisatorischer Lösungen

Die angeführten Begründungen für das Konzept der dualen Organisation lassen diese Alternative der organisatorischen Verankerung strategischer und operativer Aufgaben sehr "plausibel" erscheinen. Darüberhinausgehende Aussagen können jedoch, auch bezogen auf andere duale Lösungen zur Implementierung strategischer Aufgaben in die gesamte Aufbauorganisation eines Unternehmens, nicht getroffen werden. Die zielorientierte Anpassung von Organisationsstrukturen an geänderte oder sich ändernde Um-

---

1) Vgl. Hobbs/Heany 1977, S. 123-126.
2) Vgl. Pfohl 1981, S. 216 f.; Szpyerski/Winand 1979, S. 200; vgl. Munari/Naumann 1984, S. 371. Zum Problem der Widerstände im Rahmen der strategischen Planung vgl. Suffel 1981.

weltbedingungen stellt das Standardproblem der Organisationsplanung dar. Ursache für Anpassungsmaßnahmen sind nicht Änderungen der Umweltbedingungen an sich, sondern, wie im Falle von General Electric, die hierdurch verursachten ökonomischen Auswirkungen.[1] Die betriebswirtschaftliche Organisationsforschung hat bisher der Behandlung des Effizienzgesichtspunktes von Organisationsalternativen relativ wenig Aufmerksamkeit gewidmet.[2] Dessen ungeachtet verhindern aber auch Meß-, Zurechnungsprobleme und die Gültigkeit der ceteris-paribus Klausel eine theoretisch befriedigende Lösung der Effizienzfrage von Organisationsstrukturen,[3] so daß bei der Bewertung von Strukturen nur Plausibilitätsüberlegungen angestellt werden können.[4] Die in den vorangegangenen Ausführungen angeführten Begründungen konnten demzufolge das Konzept der dualen Organisation auch nur "plausibel" erscheinen lassen. Damit kann weder nachgewiesen werden, daß diese Struktur besser ist als andere, noch kann bestimmt werden, ob diese Gründe für die Verbreitung des Konzeptes verantwortlich sind, oder ob man sich nicht bei der Strukturwahl entweder an Unternehmen orientierte, deren Organisationskonzeption eine große Leistungsfähigkeit nur zugesprochen wurde,[5] oder ob die Begründungen nicht letztlich nur das Ergebnis einer ex post Rechtfertigung sind.[6]

---

1) Vgl. Drumm 1980, S. 311; Drumm 1978, S. 93.

2) Vgl. zu Arbeiten, die sich mit einer besseren Abgrenzung des Problems beschäftigen: Georgopoulos/Tannenbaum 1957; Price 1968; Ansoff/Brandenburg 1968; Kreikebaum 1971; Poensgen 1973; Fuchs/Wegner/Welge 1974; Grochla/Welge 1975; Kreikebaum 1975a; Kreikebaum 1975; Thom 1976; Frese 1980, insbesondere S. 32o-339.

3) Vgl. Drumm 198o, S. 312.

4) Vgl. insbesondere die Kriterien bei Ansoff/Brandenburg 1968, S. 358-367; Fuchs/Wegner/Welge 1974, S. 71-82; Frese 1980, S. 329 f.; zur Kritik vgl. Drumm 1980, S. 312

5) Vgl. Kubicek 1980, S. 37; Gabele 1979, S. 183.

6) Vgl. Dalton/Barnes/Zaleznik 1968, zitiert nach Frese 1980, S. 328.

Thesenförmige Zusammenfassung

1. Die Notwendigkeit der vorrangigen Behandlung des inhaltlichen Problembereichs wird auch bei der Aggregation von Produkt-Markt-Feldern zu strategischen Geschäftsfeldern deutlich, da die Aggregation einerseits interdependenzbedingt ist. Mit der Ermittlung von angebots- und nachfragebedingten Verbundbeziehungen für die Bestimmung von Produkt-Markt-Feldern sind die für die Aggregation notwendigen Interdependenzen bereits bekannt und können zur Lösung dieses organisatorischen Teilproblems verwendet werden.

2. Eine über die interdependenzbedingt notwendige Zusammenfassung hinausreichende Aggregation von Produkt-Markt-Feldern kann durch die Leitungsspanne der Unternehmensleitung erforderlich werden. Übersteigt die Anzahl voneinander unabhängiger Zusammenfassungen von Produkt-Markt-Feldern die Leitungsspanne der Unternehmensleitung, ist eine Aggregation auch dieser Felder zu strategischen Geschäftsfeldern erforderlich.

3. Das Konzept der dualen Organisation wird als die bekannteste Alternative der Integration strategischer Aufgaben in die bestehende Organisationsstruktur am Beispiel eines divisional organisierten Unternehmens dargestellt. Dabei wird insbesondere auf die Unterschiede zwischen den strategischen Geschäftseinheiten, als Aufgabenbereiche der strategischen Planung, und den operativen Einheiten der Aufbauorganisation hingewiesen.

4. Mit den Unterschieden zwischen strategischen und operativen Aufgaben, dem Ziel, strategische Aufgaben hervorzuheben, negative Wirkungen von Reorganisationsmaßnahmen zu vermeiden und der Tatsache, daß eine Verbindung strategischer und operativer Bereiche

durch Personalunion der Leitung erreicht werden kann, werden in der Literatur sehr plausible Begründungen für das Konzept der dualen Organisation angeführt.

5. Da mit dem bisher zur Verfügung stehenden Instrumentarium die Effizienz von organisatorischen Maßnahmen allgemein nicht ermittelt werden kann, ist eine Überlegenheit der dualen Organisation über alternative Strukturkonzepte jedoch nicht nachzuweisen.

Sechster Teil

Thesenförmige Zusammenfassung der Arbeit

1. Im Rahmen der Bildung strategischer Geschäftseinheiten ist auf unterschiedlichen Ebenen der Aggregation neben einem inhaltlich wettbewerblichen Problembereich der Bestimmung von Produkt-Markt-Feldern ein organisatorischer Problembereich vorhanden.

2. Die in der Literatur zur Bildung strategischer Geschäftsheinheiten angeführten allgemeinen Anforderungen und situationsspezifischen Kriterien sind fast ausschließlich nur zur Lösung des organisatorischen Problembereichs verwendbar. Der Beitrag, den sie zur Lösung der Bildung strategischer Geschäftseinheiten insgesamt leisten, muß als sehr begrenzt angesehen werden.

3. Zur Beschreibung des Tätigkeitsbereiches von Unternehmen als einer Voraussetzung zur Abgrenzung von Produkt-Markt-Feldern eignen sich insbesondere die Dimensionen Anwenderproblem, Problemlösung und Anwendergruppe, weil darin einerseits alle wesentlichen Anbieter- und Nachfragergesichtspunkte enthalten sind. Andererseits existieren bereits Ansätze zur Konkretisierung dieser Dimensionen auf unterschiedlichen Ebenen der Aggregation.

4. Die zur fundierten Bestimmung von Produkt-Markt-Feldern notwendigen strategischen Orientierungsgrundlagen bestehen im Zusammenhang mit dem Anwenderproblem und der Erfahrungskurve. Als herausragende Elemente müssen dabei die horizontale und vertikale Struktur des Anwenderproblems, die Erfahrungskurve mit ihren Merkmalen und den darin enthaltenen Teilkonzepten, der Marktanteil und das Marktwachstum angesehen werden.

5. Um im Rahmen einer theoretischen Analyse die in der Realität vorhandene Komplexität zu reduzieren, können ähnlich dem Konzept strategischer Gruppen Markttypen gebildet werden. Die hier betrachteten Markttypen entstehen durch die im Markt wirksamen Kräfte Differenzierung von Anwenderproblemen, Adoption von Problemlösungen, Erweiterung des Nachfragerverbundes, Standardisierung und technologische Substitution.

6. Für die einzelnen Markttypen lassen sich auf der Grundlage des Angebotsverbundes, des Nachfrageverbundes, des Marktvolumens und des Marktwachstums allgemeingültige Bedingungen für die Bestimmung von Produkt-Markt-Feldern formulieren. Das Erfahrungskurvenkonzept ermöglicht dabei eine weitgehend formalisierte Darstellung der Zusammenhänge.

7. Sind die Produkt-Markt-Felder eines Unternehmens inhaltlich bestimmt, so müssen sie im allgemeinen aus Gründen ihrer Interdependenz und/oder aus Gründen, die in der Leitungsspanne der Unternehmensleitung begründet liegen, zusammengefaßt werden. Dieser Aspekt stellt den organisatorischen Problembereich bei der Bildung strategischer Geschäftseinheiten dar. Mit der Ermittlung von angebots- und nachfragebedingten Verbundbeziehungen bei der Bestimmung von Produkt-Markt-Feldern sind die bei der Aggregation zu beachtenden Interdependenzen bereits bekannt und können zur Lösung des organisatorischen Problembereichs verwendet werden.

8. Die Integration strategischer Aufgabenbereiche in die bestehende Aufbauorganisation erfolgt in der Regel durch das "Konzept der dualen Organisation". Hierfür werden in der Literatur sehr

plausible Begründungen angeführt. Die Überlegenheit über alternative Strukturkonzepte kann allerdings nicht nachgewiesen werden, da sich die Effektivität und Effizienz organisatorischer Maßnahmen allgemein bisher nicht ermitteln läßt.

LITERATURVERZEICHNIS

ABELL, D. F., Defining the Business: The Starting Point of Strategic Planning, Englewood Cliffs, New Jersey 1980

ABELL, D. F./ HAMMOND, J. S., Strategic Market Planning - Problems and Analytical Approaches, Englewood Cliffs, New Jersey 1979

AGTHE, K. E., Aktuelle Planungsprobleme eines internationalen Unternehmens, in: ZfbF, 1976, 28. Jg., S. 352-361

AGTHE, K. E., Ein neuer Führungsstil: Das amerikanische Management stellt sich der Herausforderung des Strukturwandels, in: ZfbF, 35. Jg. 1983, S. 657-665

AGUILAR, F. J., Scanning the Business Environment, New York 1967

ALBACH, H., Zur Sortimentskalkulation im Einzelhandel, in: Ruberg 1962, S. 13-40

ALBACH, H., Technologische Prognosen, in: Grochla/ Wittmann 1976, Sp. 3861-3877

ALBACH, H., Strategische Unternehmensplanung bei erhöhter Unsicherheit, in: ZfB, 48. Jg. 1978, S. 702-715

ALBACH, H., Kampf ums Überleben: Der Ernstfall als Normalfall für Unternehmen in einer freiheitlichen Wirtschaftsordnung, in: Albach/ Hahn/ Mertens 1979, S. 9-22

ALBACH, H./ HAHN, D./ MERTENS, P. (Hrsg.), Frühwarnsysteme, in: ZfB-Ergänzungsheft 2, 49. Jg. 1979

ALBERS, W., u.a. (Hrsg.), Handwörterbuch der Wirtschaftswissenschaften, 28./ 29. Lieferung, Organisation (I) bis Produktion (IV), Stuttgart - New York 1981

ALLAN, M. G., Strategic Planning With a Competitive Focus, in: McKinsey Quarterly, Autumn 1978, S. 2-13

ALLAN, M. G., Strategic Planning in the Industrial Company, Synopsis of Presentation to Business Week "Second Strategic Planning Conference", o. O., March 1979

ALLAN III, S. A., Corporate-Divisional Relationships in Highly Diversified Firms, in: Lorsch/ Lawrence 1970, S. 16-35

ANDERSON, C. R./ PAINE, F. T., PIMS: A Reexamination, in: AoMR, Vol. 3, 1978, S. 602-612

ANDRAE, M., Wie mehrstufiges Portfolio-Management eingeführt wird, in: Absatzwirtschaft, 24. Jg. 1981, S. 74-79

ANDRAE, M., Portfolio-Management in der Führungspraxis: Information, Motivation, Organisation, Kontrolle, in: Fuchs/ Schwantag 1970, 26. Erg.- Lfg. IX 82, Kennzahl 4837

ANDRAE, M./ BODINAT, H. DE, Moderne Methoden der strategischen Analyse, in: Hm, I/1980, S. 20-31

ANSOFF, I. H., Management-Strategie, München 1966

ANSOFF, I. H., Business Strategy, Harmondsworth 1978

ANSOFF, I. H., Zum Entwicklungsstand betriebswirtschaftlicher Planungssysteme, in: Steinmann 1981, S. 59-83

ANSOFF, I. H./ BRANDENBURG, R. G., A Language for Organization Design, in: Jantsch 1968, S. 349-393

ANSOFF, I. H./ DECLERCK, R. P./ HAYES, R. L., From Strategic Planning to Strategic Management, in: Ansoff/ Declerck/ Hayes 1976, S. 39-78 (zitiert als 1976a)

ANSOFF, I. H./ DECLERCK, R. P./ HAYES, R. L., From Strategic Planning to Strategic Management, London u.a. 1976

ANSOFF, I. H./ LEONTIADES, J. C., Strategic Portfolio Management, in: Journal of General Management, Vol. 4, 1976, No. 1, S. 13-29

ANSOFF, I. H./ WESTON, J. F., Merger Objectives and Organization Structure, in: Review of Economics and Business, Vol. 44, 1962, S. 49-58

ARBEITSKREIS HAX DER SCHMALENBACH-GESELLSCHAFT, Die Produktprogrammpolitik der Unternehmung, in: Koch 1983, S. 96-109

ARBEITSKREIS "LANGFRISTIGE UNTERNEHMENSPLANUNG" DER SCHMALENBACHGESELLSCHAFT, Strategische Planung, in: ZfbF, 29. Jg. 1977, S. 1-20

ARROW, K. J., The Economic Implications of Learning by Doing, in: The Review of Economic Studies, Vol. 29, No. 80, June 1962, S. 155-173

AURICH, W./ SCHROEDER, H. U., System der Wachstumsplanung im Unternehmen, Basel - München 1972

AYRES, R. U., Technological Forecasting and Long-Range Planning, New York u.a. 1969

BAIN, J. S., Industrial Organization, 2nd Edition, New York - London - Sydney 1968

BALES, C. F., Strategic Control: The President's Paradox, in: BH, Vol. 20, 1977, August, S. 17-28

BALLWIESER, W., Unternehmensbewertung und Komplexitätsreduktion, Wiesbaden 1983

BALOFF, N., Extension of the Learning Curve - Some Empirical Results, in: Operational Research Quarterly, Vol. 22, 1971, S. 329-340

BAMBERGER, I., Theoretische Grundlagen strategischer Entscheidungen, in: WiSt, 10. Jg. 1981, S. 97-104

BASS, F. M., The Relationship between Diffusion Rates, Experience Curves, and Demand Elasticities for Consumer Durable Technological Innovations, in: Journal of Business, Vol. 53, No. 3, Part 2, 1980, S. S51-S67

BAUER, E., Marktsegmentierung als Marketingstrategie, Berlin 1976

BAUER, E., Marktsegmentierung, Stuttgart 1977

BAUR, W., Neue Wege der betrieblichen Planung, Berlin - Heidelberg - New York 1967

BECKERATH, E. E., u.a. (Hrsg.), Handwörterbuch der Sozialwissenschaft, Stuttgart 1959 und 1961

BELL, M. L., Marketing: Concepts and Strategy, 2. Aufl., Boston 1972

BENNET, R. C./ COOPER, R. G., Beyond the Marketing Concept, in: BH, Vol. 22, 1979, June, S. 76-83

BERGER, R./ JOHNSSEN, W./ KALTHOFF, O., Fallbeispiele aus der Praxis der strategischen Unternehmensberatung, in: Töpfer/ Afheldt 1983, S. 349-376

BERGHAMMER, J., Produktivität und Erfahrung, in: ZfB, 54. Jg. 1984, S. 210-220

BESTE, T., Fertigungswirtschaft und Beschaffungswesen, in: Hax/ Wessels 1966, S. 111-275

BETTIS, R. A., Strategic Management in the Multi-Buiness Firm: Implementing the Portfolio Concept, Diss. Ann Abor, Mich. 1979

BETTIS, R. A./ HALL, W. K., The Business Portfolio Approach - Where it Falls Down in Practice, in: LRP, Vol. 16, 1983, No. 2, S. 95-104

BIDLINGMAIER, J., Marketing 2, Reinbek bei Hamburg 1979

BIGGADIKE, R., Entry, Strategy and Performance, Working Paper 76-10, Harvard Business School, Boston 1976

BIGGADIKE, R., The Risky Business of Diversification, in: HBR, Vol. 57, 1979, No. 3, S. 103-111

BIGGADIKE, R., The Contribution of Marketing to Strategic Management, in: AoMR, Vol. 6, 1981, S. 621-632

BIRCHER, B., Langfristige Unternehmungsplanung - Konzepte, Erkenntnisse und Modelle auf systemtheoretischer Grundlage, Bern - Stuttgart 1976

BLACKMAN, A. W. jr., The Markets Dynamics of Technological Substitutions, in: Linstone/Sahal 1976, S. 85-107

BLAUG, M., A Survey of the Theory of Process-Innovations, in: Economica, Vol. 30, 1963, S. 13-32

BLEICHER, K., Span of Control, in: Grochla 1969, Sp. 1531-1536

BLOOM, P. N./ KOTLER, P., Strategien für Unternehmen mit hohem Marktanteil, in: Hm, III/ 1983, S. 74-82

BLUM, G./ MÜLLER-BÖLING, D./ SCHMMIDT, F., Annotierte Bibliographie der empirischen Planungsforschung, 2. erweiterte Aufl., Arbeitsbericht Nr. 13 des Seminars für allgemeine Betriebswirtschaftslehre und betriebswirtschaftliche Planung der Universität zu Köln, Köln 1979

BODDE, D. L., Riding the Experience Curve, in: Technology Review, March-April 1976, S. 53-59

BODENSTEIN, G., Der Annahme- und Verarbeitungsprozeß neuer Produkte. Ein Beitrag des Konsumgüterproduzenten in der Markteinführungsphase, Frankfurt 1972

BÖCKER, F., Die Analyse des Kaufverbunds - Ein Ansatz zur bedarfsorientierten Warentypologie, in: ZfbF, 27. Jg. 1975, S. 290-306

BÖHLER, H., Methoden und Modelle der Marktsegmentierung, Stuttgart 1977

BOHLE, G., Wettbewerbsfähig bleiben mit der Mikroelektronik, in: Potthoff 1978, 8. Lfg. V. 81, Kennziffer 1242

BORRMANN, W. A., Wie sichern Sie sich Ihren Erfolg, in: Plus, 6. Jg. 1972, No. 3, S. 17-23

BORRMANN, W. A., Vorgehensweise und Probleme bei der Definition strategischer Geschäftsfelder, in: Töpfer/ Afheldt 1983, S. 206-218

BOSTON CONSULTING GROUP, The Product Portfolio, Perspectives No. 6, Boston u.a. 1970

BOSTON CONSULTING GROUP, The Experience Curve - Reviewed: I. The Concept, Perspectives No. 124, Boston u.a. 1973

BOSTON CONSULTING GROUP, Strategic Sectors, Perspectives No. 166, Boston u.a. 1975

BOSTON CONSULTING GROUP, Cross-Sectional Experience Curve, Perspectives 208, Boston u.a. 1978

BOSTON CONSULTING GROUP, The Rule of Three and Four, Boston u.a., o. J.

BRANCH, B., The Impact of Operating Decisions on ROI Dynamics, in: Financial Management, Vol. 7, 1978, Winter, S. 54-60

BRIGHT, J. (Hrsg.), Technological Forecasting for Industry and Government, Englewood Cliffs, New Jersey 1968

BRITT, ST. H./ BOYD, H. W. Jr., Marketing Management und Organisation, Deutsche Bearbeitung durch Peter Linnert, München 1971

BROCKHOFF, K., Unternehmenswachstum und Sortimentsänderungen, Köln - Opladen 1966

BROCKHOFF, K., Probleme und Methoden technologischer Vorhersagen, in: ZfB, 39. Jg. 1969, Ergänzungsheft 2, S. 1-24

BROCKHOFF, K., Produktlebenszyklen, in: Tietz 1974, Sp. 1763-1770

BROCKHOFF, K., Produktpolitik, Stuttgart - New York 1981

BRONSTEIN, J. N./ SEMENDJAJEW, K. A., Taschenbuch der Mathematik, 10. Aufl., Zürich - Frankfurt 1970

BUCY, J. F., Word Price Leadership, Dallas, Texas 1974

BUZZELL, R. D., Note on Market Definition and Segmentation, Harvard Business School, Cambridge, Mass. 1979

BUZZELL, R. D./ GALE, B./ SULTAN, R., Market Share - A Key to Profitability, in: HBR, Vol. 53, 1975, No. 1, S. 97-106

BUZZELL, R. D./ WIERSEMA, F. D., Successful Share-Building Strategies, in: HBR, Vol. 59, 1981, No. 1, S. 135-144

CANNON, T. J., Business Strategy and Policy, New York u.a. 1968

CATTÖ, V., Market Share and Profits, in: Business Economics, Vol. 15, 1980, No. 3, S. 39-44

CAVES, R., American Industry: Structure, Conduct and Performance, 3rd Edition, Prenctice Hall 1972

CHAMBERLIN, E. H., The Product as an Economic Variable, in: QJE, Vol. 67,1953, S. 1-29

CHENEY, W. F., Strategic Implications of the Experience Curve Effect for Avionics Aquisitions by the Department of Defense, Diss. Purdue University, West Lafayette 1977

CHEVALIER, M., The Strategy Spectre Behind Your Market Share, in: European Business, Vol. 34, Summer 1972, S. 63-72

CHMIELEWICZ, K., Forschungskonzeptionen der Wirtschaftswissenschaft, 2. Aufl., Stuttgart 1979

CHMIELEWICZ, K., Wertschöpfung, in: DBW, 43. Jg. 1983, S. 152-154

CONLEY, P., Experience Curves as a Planning Tool, in: IEEE Spectrum, Vol. 7, 1970, Spring, S. 63-68

CONAUT, J. B., Science and Common Sense, Yale University Press 1951

CRONE, B., Marktsegmentierung, Frankfurt a.M. - Bern 1977

CURNOW, R./ CURRAN, S., Anwendung der Technologie, in: Friedrichs/ Scharff 1982, S. 101-129

DALTON, G. W./ BARNES, L. B./ ZALEZNIK, A., The Distribution of Authority in Formal Organizations, Boston 1968

DAY, G. S., Strategic Market Analysis and Definition: An Integrated Approach, in: Strategic Management Journal, Vol. 2 , 1981, S. 281-299

DAY, G. S./ MONTGOMERY, D. B., Diagnosing the Experience Curve, in: JoM, Vol. 47, 1983, No. 2, S. 44-58

DAY, G. S./ WENSLEY, R., Marketing Theory with a Strategic Orientation, in: JoM, Vol. 47, 1983, No. 2, S. 79-89

DEAN, J., Managerial Economics, Englewood Cliffs, New Jersey 1951

DICHTL, E., Die Beurteilung der Erfolgsträchtigkeit eines Produktes als Grundlage der Gestaltung des Produktionsprogrammes, Berlin 1970

DICHTL, E., Die Bildung von Kosumententypen als Grundlage der Marktsegmentierung, in: WiSt, 3. Jg. 1974, S. 54-59

DINNIS, A. R., Medical Applications of Microelectronics, in: Jack 1982, S. 72-81

DIRRHEIMER, M. J., Marktkonzentration und Wettbewerbsverhalten von Unternehmen: eine empirische Untersuchung ausgewählter Märkte der Bundesrepublik Deutschland, Frankfurt - New York 1981

DUNST, K. H., Portfoliomanagement - Konzeption für die strategische Unternehmensplanung, Berlin - New York 1979

DREXEL, G., Strategische Unternehmensführung im Handel, New York 1981

DRUCKER, P. F., Managing for Business Effectiveness, in: Hamermesh 1983, S. 64-76

DRUMM, H. J., Planungs- und Anpassungsprobleme der Geschäftsbereichsorganisation, in: ZfB, 48. Jg. 1978, S. 87-104

DRUMM, H. J., Grundlagen und theoretische Konzepte der Organisationsplanung, in: WiSt, 9. Jg. 1980, S. 311-316

EICK, K.-G., Segmentierung von Geschäftsfeldern und Geschäftseinheiten - Eine strategische Analyse im Strategie-Struktur-Zusammenhang, Diss. Augsburg 1982

ELLINGER, T., Die Marktperiode in ihrer Bedeutung für die Produktions- und Absatzplanung der Unternehmung, in: ZfhF, N. F., 13. Jg. 1961, S. 580-597

ELLINGER, T., Industrielle Einzelfertigung und Vorbereitungsgrad, in: ZfhF, N. F., 15. Jg. 1963, S. 481-498

ELLINGER, T./ HAUPT, R., Ablauforganisation, zeitliche Aspekte der, in: Grochla 1980, Sp. 22-30

ENGEL, J. F./ FIORILLO, H. F./ CAYLEY, M. A., Market Segmentation, Concepts and Applications, New York u.a. 1972

ENGELHARDT, W. H., Erscheinungsformen und absatzpolitische Probleme von Angebots- und Nachfrageverbunden, in: ZfbF, 28. Jg. 1976, S. 77-90

ENGELS, W., Zwei und Zwei = Fünf, in: Der Volkswirt, 24. Jg. 1970, Nr. 3, S. 33-35

EVERLING, W., Der Verbundeffekt und seine Erfassung, in: BFuP, 15. Jg. 1963, S. 203-214

FELLINGER, E./ ZÜGNER, K., Ausgewählte Konzepte der strategischen Unternehmensplanung - Darstellung, Kritik, Vergleich, Forschungsbericht Nr. 158, September 1980, Institut für Höhere Studien, Wien, Abteilung Betriebswirtschaftslehre und Operatons Research

FENDT, H., Strategische F+E Planung, Vortrag auf der Herbsttagung der Gesellschaft für strategische Planung e.V., 30. September 1983, München

FISHER, J. C./ PRY, R. H., A Simple Substitution Model of Technological Change, in: Technological Forecast and Social Change, Vol. 3, 1971, No. 1, S. 75-88

FLOYD, A., Trend Forecasting: A Methodology for Figure of Merit, in: Bright 1968, S. 95-102

FOGG, D. C./ KONKEN, K. H., Price-Cost Planning, in: JoM, Vol. 2, 1978, No. 2, S. 97-106

FOLEY, B./ MAUNDERS, K., Accounting Information Disclosure and Collective Bargaining, London - Basingstoke 1977

FORSYTH, W. E., Strategic Planning in the 70's, in: Financial Executive, October 1973, S. 96-103

FRANK, R. E./ MASSY, W. F./ WIND, Y., Market Segementation, Englewood Cliffs, New Jersey 1972

FRESE, E., Aufbauorganisation, 2. Aufl., Gießen 1979

FRESE, E., Grundlagen der Organisation, Wiesbaden 1980

FRETER, H., Strategien, Methoden und Modelle der Marktsegmentierung bei der Marktforschung, in: DBW, 40. Jg. 1980, S. 453-463

FRETER, H., Marktsegmentierung, Stuttgart u.a. 1983

FRIEBE, K. B., Innovation durch Mikroelektronik - Bedingungen, Probleme und Förderungsmöglichkeiten, in: VDI-Technologiezentrum 1981

FRIEDRICHS, G./ SCHARFF,A. (Hrsg.), Auf Gedeih und Verderb - Mikroelektronik und Gesellschaft, Wien - München - Zürich 1982

FRUHAN, W. E. jr., Pyrrhussiege im Kampf um Marktanteile, in: Hm, II/ 1980, S. 60-67

FUCHS, J./ SCHWANTAG, K. (Hrsg.), agplan Handbuch zur Unternehmensplanung, 3. Band, Berlin 1970

FUCHS-WEGENER, G./ WELGE, M. K., Kriterien für die Beurteilung und Auswahl von Organisationskonzeptionen, in: ZfO, 43. Jg. 1974, S. 71-82 und S. 163-170

GABELE, E., Unternehmensstrategie und Organisationsstruktur in: ZfO, 48. Jg. 1979, S. 181-190

GABELE, E., Die Leistungsfähigkeit der Portfolio-Analyse für die strategische Unternehmensführung, in: Rühli/ Thommen 1981, S. 45-61

GÄLWEILER, A., Unternehmensplanung und Organisation, in: ZfO, 39. Jg. 1970, S. 285-289

GÄLWEILER, A., Unternehmensplanung, Grundlagen und Praxis, Frankfurt u.a. 1974

GÄLWEILER, A., Der Boston Effekt, in: WiSt, 4. Jg. 1975, S. 197-199

GÄLWEILER, A., Unternehmenssicherung und strategische Planung, in: ZfbF, 28. Jg. 1976, S. 362-379

GÄLWEILER, A., Erfolgreiche Innovationsmöglichkeiten aufspüren, in: FAZ, Nr. 109 vom 12. Mai 1977, S. 3

GÄLWEILER, A., Innovation als Teil der Unternehmensstrategie, in: FAZ, Nr. 122 vom 16. Mai 1977, S. 3 (zitiert als 1977a)

GÄLWEILER, A., Wissen ersetzt nicht den Unternehmer, in: FAZ, Nr. 117 vom 23. Mai 1977, S. 3 (zitiert als 1977b)

GÄLWEILER, A., Steuerung der Kostenhöhe und der Kostenstruktur durch strategische Planung, in: DBW, 37. Jg. 1977, S. 67-75 (zitiert als 1977c)

GÄLWEILER, A., Marketing-Planung im System einer integrierten Unternehmensplanung, Sonderdruck aus "Marketing", o. O. 1979

GÄLWEILER, A., Rationalisierungspotentiale als Faktoren der Kostensenkung, in: Rationalisierung, 30. Jg. 1979, S. 175-179 (zitiert als 1979a)

GÄLWEILER, A., Strategische Geschäftseinheiten (SGE) und Aufbauorganisation der Unternehmung, in: ZfO, 48. Jg. 1979, S. 252-260 (zitiert als 1979b)

GÄLWEILER, A., Determinanten des Zeithorizontes in der Unternehmensplanung, in: angewandte planung, 1. Jg. 1977, S. 95-106, wiederabgedruckt in: Hahn/ Taylor 1980, S. 165-182

GÄLWEILER, A., Planung, Organisation der, in: Grochla 1980, Sp. 1884-1895 (zitiert als 1980a)

GÄLWEILER, A., Portfolio-Management, Produkt/ Markt-Strategien als Voraussetzung, in: ZfO, 49. Jg. 1980, S. 183-190 (zitiert als 1980b)

GÄLWEILER, A., Zum Stand der Unternehmemsplanung heute, in: Rationalisierung, 31. Jg. 1980, S. 31-36 (zitiert als 1980c)

GÄLWEILER, A., Zur Kontrolle strategischer Pläne, in: Steinmann 1981, S. 383-399

GÄLWEILER, A., Unternehmenspolitische Steuerungsgrößen, in: WiSt, 11. Jg. 1982, S. 442-446

GÄLWEILER, A., Anwendung betriebswirtschaftlicher Planungs- und Prognose-Verfahren zur Fundierung strategischer Unternehmensentscheidungen, in: BFuP, 35. Jg. 1983, S. 495-508

GÄLWEILER, A., Erfahrungen mit der strategischen Planung, in: Koch 1983, S. 52-59 (zitiert als 1983a)

GÄLWEILER, A., Zur Abstimmung zwischen Unternehmensstrategie und Finanzierungspotential, in: Töpfer/ Afheldt 1983, S. 246-297 (zitiert als 1983b)

GAITANIDES, M., Produktportfoliomanagement und Planungsrechnung bei dezentraler Organisationsstruktur, in: DU, 34. Jg. 1980, S. 67-83

GALBRAITH, J. R./ NATHANSON, D. A., Strategy Implementation: The Role of Structure and Process, St. Paul u.a. 1978

GALE, B. T., Market Share and Rate of Return, in: RoE&S, Vol. LIV, 1972, S. 412-423

GALE, B. T., "The Existence and Direction of Causality in Cross-Section Analyses of Hypotheses: A Paper in Research Strategy," Proceedings, Business and Economic Statistics Section, American Statistical Association, 1972, S. 314-319 (zitiert als 1972a)

GARDA, R. A., A Strategic Approach on Market Segmentation, in: The McKinsey Quarterly, Autumn 1981, S. 16-29

GEIST, N./ KÖHLER, R. (Hrsg.), Die Führung des Betriebes, Stuttgart 1981

GEORGOPULOS, B. S./ TANNENBAUM, A. S., A Study of Organizational Effectiveness, in: American Sociological Review, Vol. 22, 1957, S. 534-540

GERL, K./ ROVENTA, P., Strategische Geschäftseinheiten - Perspektiven aus der Sicht des strategischen Managements, in: ZfbF, 33. Jg. 1981, S. 843-858

GILMORE, F. F./ BRANDENBURG, R. G., Die Struktur der unternehmerischen Planung, in: Fortschrittliche Betriebsführung/ Industrial Engineering, 12. Jg. 1963, Nr. 4, S. 108-115

GLUECK, W. F., Business Policy, Strategy Formation and Management Action, 2nd Edition, Tokyo u.a. 1976

GÖRRES-GESELLSCHAFT (Hrsg.), Staats-Lexikon, 4. völlig neu bearbeitete und erweiterte Auflage, Bd. 5, Freiburg 1960

GÖTZEN, G./ KIRSCH, W., Problemfelder und Entwicklungstendenzen der Planungspraxis, in: Kirsch/ Roventa 1983, S. 309-354

GRIMM, U., Analyse strategischer Faktoren, Ein Beitrag zur Theorie der strategischen Unternehmensplanung, Wiesbaden 1983

GROCHLA, E. (Hrsg.), Handwörterbuch der Organisation, Stuttgart 1969

GROCHLA, E. (Hrsg.), Handwörterbuch der Organisation, 2. Auflage, Stuttgart 1980

GROCHLA, E./ WELGE, M. K., Zur Problematik der Effizienzbestimmung von Organisationsstrukturen, in: ZfbF, 27. Jg. 1975, S. 273-289

GROCHLA, E./ WITTMANN, W. (Hrsg.), Handwörterbuch der Betriebswirtschaftslehre, 4. völlig neu gestaltete Auflage, Bd. I/1, Stuttgart 1974, Bd. I/2, Stuttgart 1975, Bd. I/3, Stuttgart 1976

GRÖNE, A., Marktsegmentierung bei Investitionsgütern, Wiesbaden 1977

GROH, G., Marktsegmentierung, in: Tietz 1974, S. 1408-1420

GROSCHE, K., Das Produktionsprogramm, seine Änderungen und Ergänzungen, Berlin 1967

GRÜNEWALD, H.-G., Probleme der Praxis bei der Anwendung strategischer Unternehmensplanung, in: Töpfer/ Afheldt 1983, S. 83-106

GRUPPE, G., Personalpolitische Zielsetzungen und Handhabungsstrategien zur Steuerung des technologischen Wandels, in: ZfO, 53. Jg. 1984, S. 335-338

GÜMBEL, R., Die Sortimentspolitik in den Betrieben des Wareneinzelhandels, Köln - Opladen 1963

GÜMBEL, R., Sortiment und Sortimentspolitik, in: Grochla/ Wittmann 1976, Sp. 3563-3573

GÜNTHER, M. Einführung, in: Koch 1983a, S. 9-11

GUNTRAM, U., Eine betriebswirtschaftliche Diffusionstheorie, Bonn 1984

GUTENBERG, E., Grundlagen der Betriebswirtschaftslehre, Band 1: Die Produktion, Berlin u.a. 1973

GUTENBERG, E., Unternehmensführung - Organisation und Entscheidung, Wiesbaden 1962

HAAS, M. O., Planungskonzeptionen schweizerischer Unternehmungen - Versuch einer vergleichenden Darstellung, Bern - Stuttgart 1976

HAHN, D., Strategische Unternehmensplanung - Ein konzentrierter Überblick, in: Wirtschaftsstudium, 10. Jg 1981, S. 223-227 und S. 275-279

HAHN, D./ KRYSTEK, U., Betriebliche und überbetriebliche Führungssysteme für die Industrie, in: ZfB, 49. Jg. 1979, S. 76-88

HAHN, D./ TAYLOR, B. (Hrsg.), Strategische Unternehmensplanung - Stand und Entwicklungstendenzen, Würzburg - Wien 1980

HAMERMESH, R. G. (Hrsg.), Strategic Management, New York u.a. 1983

HAMERMESH, R. G./ ANDERSON, J. M. jr./ HARRIS, J. E., Erfolgreich mit kleinem Marktanteil, in: mm, 1978, Heft 12, S. 131-142

HAMERMESH, R. G./ SILK, R. G., How to Compete in Stagnant Industries, in: Hamermesh 1983, S. 139-150

HAMMER, R., Unternehmensplanung, Lehrbuch der Planung und strategischen Unternehmensführung, München - Wien 1982

HAMPDEN-TURNER, C., Synergy as the Optimization of Differentiation and Integration by the Human Personality, in: Lorsch/ Lawrence 1970, S. 187-196

HASPESLAGH, P., Portfolio Planning Uses and Limits, in: HBR Vol. 60, 1982, No. 1, S. 58-73

HAX, A. L. (Hrsg.), Studies in Operations Management, Amsterdam u.a. 1978

HAX, A. L., MAJLUF, N. S., A Methodological Approach for the Development of Strategic Planning in Diversified Corporations, in: Hax 1978, S. 41-98

HAX, K./ WESSELS, TH. (Hrsg.), Handbuch der Wirtschaftswissenschaften, Band I: Betriebswirtschaft, 2. überarbeitete und erweiterte Auflage, Köln - Opladen 1966

HAYES, R. H./ WHEELWRIGHT, S. C., Die Verknüpfung von Produkt- und Prozeßlebenszyklen, in: Hm, III/ 1981, S. 83-91

HEDLEY, B., A Fundamental Approach to Strategy Development, in: LRP, Vol. 9, 1976, No. 6, S. 2-11

HEFLEBOWER, R. B., Toward a Theory of Industrial Markets and Prices, in: AER, Vol. 44, 1954, May, S. 121-139

HEINEN, E., Betriebswirtschaftliche Kostenlehre - Kostentheorie und Kostenentscheidungen, 4. verbesserte Auflage, Wiesbaden 1974

HENDERSON, B. D., Die Erfahrungskurve in der Unternehmensstrategie, Übersetzung und Bearbeitung von Aloys Gälweiler, Frankfurt - New York 1974

HENDERSON, B. D., Keeping Faith in the Experience Curve, in: Electronic Engineering Times, Monday, May 12, 1980, S. 94-95

HENFLING, M., Lernkurventheorie - Ein Instrument zur Quantifizierung von produktivitätssteigernden Lerneffekten, Gerbrunn bei Würzburg 1978

HENFLING, M., Grundlagen technischer Innovationen in der industriellen Fertigung, Diss. Würzburg 1981

HENNING, K. W., Einführung in die betriebswirtschaftliche Organisationslehre, Berlin 1934

HENRY, H., Corporate Strategy, Marketing and Diversification, in: Taylor/ Hawkins 1972, S. 97-108

HENZLER, H., Strategische Geschäftseinheiten (SGE): Das Umsetzen von strategischer Planung in Organisation, in: ZfB, 48. Jg. 1978, S. 912-919

HILL, W., Die unternehmenspolitische Zielordnung. Mit jedem Planungszyklus muß die Rangordnung neu überprüft werden, in: VDI-Nachrichten, Nr. 7 vom 14. Februar 1968, S. 13

HILL, W., Marketing 1, 4. Auflage, Bern - Stuttgart 1977

HILL, W./ FEHLBAUM, R./ ULRICH, P., Organisationslehre 1, Ziele, Instrumente und Bedingungen der Organisation sozialer Systeme, 2. Auflage, Bern - Stuttgart 1976

HINTERHUBER, H. H., Die organisatorische Umsetzung der strategischen Planung im Unternehmen, in: ZfB, 48. Jg. 1978, S. 425-429

HINTERHUBER, H. H., Wettbewerbsstrategie, Berlin - New York 1982

HINTERHUBER, H. H., Strategische Unternehmensführung, 3. Auflage, Berlin - New York 1983

HOBBS, J. M./ HEANY, D. F., Coupling Strategy to Operating Plans, in: HBR, Vol. 55, 1977, No. 3, S. 119-126

HOFER, C., Research on Strategic Planning: A Survey of Past Studies for Future Effects, in: Journal of Economics and Business, Vol. 78, 1976, No. 3, S. 261-286

HOFER, C. W./ SCHENDEL, D., Strategy Formulation: Analytical Concepts, St. Paul u.a. 1978

HOFFMANN, F., Führungsorganisation, Band II, Ergebnisse eines Forschungsprojektes, in Zusammenarbeit mit Kreder, M. u.a., Tübingen 1984

HOFFMANN, H.-J., Die Evolution von Marktstrukturen, eine theoretische und empirische Untersuchung zur Entwicklung der horizontalen Unternehmenskonzentration, Bern - Stuttgart 1982

HOFSTÄTTER, H. Die Erfassung der langfristigen Absatzmöglichkeiten mit Hilfe des Lebenszyklus eines Produktes, Wien - Würzburg 1977

HOLLANDER, S., The Sources of Diversified Efficiency: A Study of Du Pont Rayon Manufacturing Plants, Cambridge MA. 1965

HOLLOWAY, C./ KING, W. R., Evaluating Alternative Approaches to Strategic Planning, in: LRP, Vol. 12, 1979, No. 4, S. 74-78

HUMMEL, M., Produktion, verbundene, in: Grochla/ Wittmann 1975, Sp. 3081-3089

IMEL, B./ HELMBERGER, P., Estimation of Structure-Profit Relationships with Application to the Food Processing Sector, in: American Economic Review, Vol. 61, 1971, S. 614-627

JACK, M. A. (Hrsg.), The Impact of Microelectronics Technology, Edinburgh 1982

JANTSCH, E., Technological Forecasting in Perspective, (OECD), Paris 1967

JANTSCH, E., Perspectives of Planning, Proceedings of the OECD Working Symposium Forecasting and Planning, Bellagio, Italy, 27th October and 2nd November 1968

JEMISON, D. B., The Contribution of Administrative Behavior to Strategic Management, in: AoMR, Vol. 6, 1981, S. 633-642

JOHNSON, G./ SCHOLES, K., Exploring Corporate Strategy, London u.a. 1984

KAAS, K.-P./ Diffusion and Marketing, Stuttgart 1973

KASTENS, M. L., Outside-In Planning, in: Managerial Planning, March/ April 1974, S. 1-21

KAUFER, E., Industrieökonomie, München 1980

KEPPLER, W., Institutionelle Aspekte einer politischen Planung in Organisationen - Theoretische Grundlagen und eine empirische Untersuchung zur Gestaltung von langfristigen Planungssystemen, Diss. Mannheim 1975

KERN, W. (Hrsg.), Handwörterbuch der Produktionswirtschaft, Stuttgart 1979

KERN, W., Produkte, Problemlösungen als, in: Kern 1979, Sp. 1433-1441 (zitiert als Kern 1979a)

KIEFER, K., Die Diffusion von Neuerungen. Kultursoziologische und kommunikationswissenschaftliche Aspekte der agrarsoziologischen Diffusionsforschung, Tübingen 1967

KILGER, W., Produktions- und Kostentheorie, Wiesbaden 1972

KING, W. R./ CLELAND, D. E., Strategic Planning and Policy, New York 1978

KIRCHHOFF, B. A., Empirical Analysis of Strategic Factors Contributing to Return on Investment, in: Academy of Management: Proceedings of the 35. Annual Meeting of the Academy of Management, New Orleans, 10.-13. August 1975, S. 46-48

KIRSCH, W., Die fortschrittsfähige Organisation. Über einige Grundprobleme der Betriebswirtschaftslehre, in: Wunderer 1979, S. 3-24

KIRSCH, W., Fingerspitzengefühl und Hemdsärmeligkeit bei der Planung im Mittelstand, in: Kirsch/ Roventa 1983, S. 399-421

KIRSCH, W./ BAMBERGER, I./ GABELE, E./ KLEIN, H. K., Betriebswirtschaftliche Logistik. Systeme, Entscheidungen, Methoden, Wiesbaden 1973

KIRSCH, W./ ESSER, W.-M./ GABELE, E., Das Management des geplanten Wandels von Organisationen, Stuttgart 1974

KIRSCH, W./ ESSER, W.-M./ GABELE, E., Reorganisation, München 1978

KIRSCH, W./ ROVENTA, P. (Hrsg.), Bausteine eines Strategischen Managements, Dialoge zwischen Wissenschaft und Praxis, Berlin - New York 1983

KIRSCH, W./ ROVENTA, P./ TRUX, W., Ein Plädoyer für mehr "Individualität" bei der Strategischen Unternehmensführung, in: Kirsch/ Roventa 1983, S. 17-41

KIRSCH, W./ TRUX, W., Vom Marketing zum strategischen Management, in: Kirsch/ Roventa 1983, S. 43-63

KITCHING, J., Winning and Losing with European Acquisitions in: HBR, Vol. 52, 1974, No. 3/4, S. 124-136

KNIGHT, GLADIEUX & SMITH INC., Strategische Faktoren für den Unternehmenserfolg, Düsseldorf 1971

KOCH, H., Aufbau der Unternehmensplanung, Wiesbaden 1977

KOCH, H., Die Entscheidungskriterien in der hierarchischen Unternehmensplanung, in: ZfB, 33. Jg. 1981, S. 1-21

KOCH, H. (Hrsg.), Unternehmensstrategien und Strategische Planung, ZfbF-Sonderheft 15, Wiesbaden 1983

KOCH, H., Dezentrale und zentrale Elemente der strategischen Unternehmensplanung, in: Koch 1983, S. 91-95 (zitiert als Koch 1983a)

KÖHLER, R., Grundprobleme der strategischen Marketingplanung, Institut für Markt- und Distributionsforschung, Universität zu Köln 1980

KOPPELMANN, U., Grundlagen des Produktmarketing, Zum qualitativen Informationsbedarf von Produktmanagern, Stuttgart u.a. 1978

KOTLER, P., Marketing-Management. Analyse, Planung und Kontrolle, Stuttgart 1974

KOTLER, P., Marketing-Management, Analyse, Planung und Kontrolle, 4. völlig neubearbeitete Auflage, Deutsche Übersetzung von Heidi Reber, Stuttgart 1982

KREIKEBAUM, H., Überlegungen zur Geltungsdauer organisatorischer Regelungen, in: ZfO, 40. Jg. 1971, S. 14-18

KREIKEBAUM, H., Die Anpassung der Betriebsorganisation. Effizienz und Geltungsdauer organisatorischer Regelungen, Wiesbaden 1975

KREIKEBAUM, H., Einführung in die Organisationslehre, Wiesbaden 1975 (zitiert als 1975a)

KREIKEBAUM, H., Strategische Unternehmensplanung, Stuttgart u.a. 1981

KREIKEBAUM, H./ GRIMM, U., Strategische Unternehmensplanung. Ergebnisse einer empirischen Untersuchung, Seminar für Industriewirtschaft, Universität Frankfurt am Main 1978

KREIKEBAUM, H./ GRIMM, U., Die Analyse strategischer Faktoren und ihre Bedeutung für die strategische Planung, in: WiSt, 12. Jg. 1983, S. 6-12

KRÖMMELBEIN, G., Leistungsverbundenheit im Verkehrsbetrieb, Berlin 1967

KRÜMMEL, J./ RUDOLPH, B., Strategische Bankplanung, Frankfurt 1983

KUBICEK, H., Bestimmungsfaktoren der Organisationsstruktur, in: Potthoff 1978, 6. Lfg. August 1980, Kennzahl 1412

KÜTING, K., Die Wertschöpfungsgröße - Ein Indikator des einzelwirtschaftlichen Wachstumsphänomens, in: DU, 32. Jg. 1978, S. 137-164

KÜTING, K., Unternehmerische Wachstumspolitik - Eine Analyse unternehmerischer Wachstumsentscheidungen und die Wachstumsstrategien deutscher Unternehmungen, Berlin 1980

KUHLMANN, E., Die Selektion von Segmentierungsmerkmalen, DBW-Depot, Best. Nr. 80-1-3

KUHN, A., Unternehmensführung, München 1982

LAMBORGHINI, B., Die Auswirkungen auf das Unternehmen, in: Friedrichs/ Scharff 1982, S. 131-167

LANGE, B., Portfolio Methoden in der strategischen Unternehmensplanung, Diss. Hannover 1981

LANGE, B., Bestimmung strategischer Erfolgsfaktoren und Grenzen ihrer empirischen Fundierung, Dargestellt am Beispiel der PIMS-Studien, in: DU, 36. Jg. 1982, S. 27-41

LANGE, B., Die Erfahrungskurve als Instrument der strategischen Bankplanung?, in: Krümmel/ Rudolph 1983, S. 142-158

LANGE, B., Die Erfahrungskurve: Eine kritische Beurteilung, in: ZfbF, 36. Jg. 1984, S. 229-245

LAUX, H., Organisation II: Aufbau und Ablauf, in: Albers u.a. 1981, S. 15-26

LEHMANN, H., Aufbauorganisation, in: Grochla/ Wittmann 1974 Sp. 290-298

LENZ, R. C. jr./ LANFORD, H. W., Substitution Phenomenon, No. 4, Technological Forecasting, in: BH, Vol. 15, 1972, February, S. 63-68

LESSING, R./ GROEGER, H., Führen mit strategischen Geschäftseinheiten (SGE), Ansatz, Durchführung und Erfahrungen eines Pilotprojektes für Mittelbetriebe, in: ZfO, 52. Jg. 1983, S. 148-152

LEVITT, T., Kurzsichtigkeit des Management, in: Britt/ Boyd 1971, S. 33-51

LEVITT, T., The Augmented-Product Concept, in: Rothberg 1976, S. 148-162

LEVITT, T., Die Globalisierung der Märkte, in: Hm, IV/1984, S. 19-27

LIEBERMAN, M., The Experience Curve, Pricing and Market Structure in the Chemical Processing Industries, unpublished working paper, Harvard University 1981

LINSTONE, E./ HAROLD, A./ SAHAL, D. (Hrsg.), Technological Substitution, New York u.a. 1976

LITTLE, A. D., Strategisches Management, Konzepte, Realisierung, Erfahrungen, Vortrag im Rahmen der agplan Tagung am 11.12.1980, o.O.

LOFTHOUSE, ST., Cumulated Output and Cost Behavior, in: Management Decision, Vol. 12, 1974, S. 245-254

LORANGE, P., Corporate Planning: An Executive Viewpoint, Working paper, A.P. Sloan School of Management, MIT 1978

LORANGE, P./ VANCIL, R. F., Ein strategisches Planungskonzept aufbauen und realisieren, in: Hm, I/1979, S. 77-86

LORSCH, J. W./ LAWRENCE, P. R. (Hrsg.), Studies in Organization Design, Homewood - Georgetown 1970

LUNDBERG, G. E., Productivitet och räntabilitet, Stockholm 1961

MACKIE, R. D. L., Microprocessors in Industrial Process Control, in: Jack 1982, S. 82-90

MÄNNEL, W., Erscheinungsformen einer betrieblichen Verbundwirtschaft, in: WiSt, 8. Jg. 1979, S. 260-266

MANN, R., Praxis strategisches Controlling mit Checklists und Arbeitsformularen - Einführung eines Frühwarn- und Steuerungssystems, München 1979

MANSFIELD, E., The Economics of Technological Change, New York 1968

MASON, E. S., Economic Concentration and the Monopoly Problem, Cambridge, Mass. 1957

MAUTHE, K. D./ ROVENTA, P., Versionen der Portfolio-Analyse auf dem Prüfstand - Ein Ansatz zur Auswahl und Beurteilung strategischer Analysemethoden, in: ZfO, 51. Jg. 1982, S. 191-204

MC KINSEY, (Hrsg.), Strategic Leadership: The Challenge to the Chairman, London 1978

MEFFERT, H., Marketing, Einführung in die Absatzpolitik, 2. Auflage, Wiesbaden 1977

MEFFERT, H., Unternehmensführung und neue Informationstechnologien, Thesen zur Akzeptanz und zum geplanten organisatorischen Wandel im Unternehmen, in: DBW, 44. Jg. 1984, S. 461-465

MELLEROWICZ, K., Unternehmungspolitik, Band 1, Freiburg i.B. 1963

MENSCH, G., Die Dynamik des technischen Fortschritts, in: ZfB, 41. Jg. 1971, S. 295-314

MENSCH, G., Das technologische Patt - Innovationen überwinden die Depression, Frankfurt a.M. 1977

MILES, R. E./ SNOW, C. C., Organizational Strategy, Structure, and Process, New York u.a. 1978

MISES VAN, L., Markt, in: Beckerath u.a. 1961, S. 131-136

MILLING, P., Der technische Fortschritt beim Produktionsprozeß. Ein dynamisches Modell für innovative Industrieunternehmen, Wiesbaden 1974

MÖLLER, H., Markt, Marktformen und Marktverhaltensweisen, in: Grochla/ Wittmann 1975, Sp. 2604-2617

MORRISON, R. J., Introduction: The Chairman's Predicament, in: Mc Kinsey 1978, S. 5-13

MÜLLER, G., Konzentrationsanalyse zur Geschäftsfeldbereinigung, in: Trux/ Müller/ Kirsch 1984a, S. 459-478

MÜLLER, T., Technologie-Pioniere, Aus Basistechnologien in Zukunftstechnologien, in: Die Umschau, 84. Jg. 1984, S. 218-220 (zitiert als 1984a)

MÜLLER, W., Zum Gerüst der Konkurrenzpolitik, in: Geist/ Köhler 1981, S/. 293-310

MÜLLER-HAGEDORN, L., Das Problem des Nachfrageverbundes in erweiterter Sicht, in: ZfbF, 30. Jg. 1978, S. 181-193

MUNARI, S./ NAUMANN, C., Strategische Steuerung - Bedeutung im Rahmen eines strategischen Managements, in: ZfbF, 36. Jg. 1984, S. 371-384

NEUBAUER, F.-F., Strategien besser absichern, in: mm 1979, Heft 12, S. 154-159

NEUBAUER, F.-F., Das PIMS-Programm und Portfolio-Management in: Hahn/ Taylor 1980, S. 135-162

NEWMAN, H. H., Strategic Groups and the Structure - Performance Relationship, in: RoE&S, Vol. LX, 1978, S. 417-427

NEWTON, J. K., Market Share - Key to Higher Profitability?, in: LRP, Vol. 16, 1983, No. 1, S. 37-41

NIEDEREICHHOLZ, J., Die Berücksichtigung von Lernprozessen in Wirtschaftsmodellen, in: Jahrbuch für Nationalökonomie und Statistik, Band 184, 1970, Nr. 2, S. 114-125

NORDSIEK, F., Aufgabenverteilung und Instanzenbau im Betrieb, in: DBW, 24. Jg. 1931, S. 204-210

NORDSIEK, F., Grundprobleme und Grundprinzipien der Organisation des Betriebsaufbaus, in: DBW, 24. Jg. 1931, S. 158-162 (zitiert als 1931a)

NORDSIEK, F., Grundlagen der Organisationslehre, Stuttgart 1934

OBERENDER, P., Zur Problematik der Marktabgrenzung unter besonderer Berücksichtigung des Konzeptes des relevanten Marktes, in: WiSt, 4. Jg. 1975, S. 575-579

OETINGER, B. v., Wandlungen in den Unternehmensstrategien der 80er Jahre, in: Koch 1983, S. 42-51

OPP, K.-D., Methodologie der Sozialwissenschaften - Einführung in Probleme ihrer Theorienbildung, Reinbek b. Hamburg 1976

OTT, A. E., Technischer Fortschritt, in: Beckerath u.a. 1959, S. 302-316

O.V., GE's Evolving Management System, Internal Presentation, January 18, 1972,

O.V., GE's New Strategy for Faster Growth, in: BW, July 8, 1972, S. 52-58

O.V., The Rebuilding Job at General Food, in: BW, August 25, 1973, S. 51-55

O.V., Strategic Business Units Are Key to GE Organization, in: Business International, Vol. 21, 1974, S. 348-349

O.V., Westinghouse Opts for a GE-Pattern, in: BW, February 3, 1975, S. 18-19

O.V., Nichts geht durch die Lappen, in: mm, 1979, Heft 9, S. 46-57

O.V., The Chip Maker's Glamorous New Generation, in: BW, October 6, 1980, S. 117-122

O.V., Wie Pilotfirmen ihre Konzeptionen verwirklichen, in: Absatzwirtschaft, 24. Jg. 1981, Heft 4, S. 6-15

O.V., Unternehmensstrategien - Spiel ums Überleben, in: Wirtschaftswoche, 36. Jg. 1982, Nr. 20, S. 46-61

O.V., Marketing Pilot Projekt für Mittelbetriebe: Führen mit Strategischen Geschäftseinheiten (SGE), in: ZfO, 52. Jg. 1983, S. 147-148

PAINE, F. T./ NAUMES, W., Organizational Strategy and Policy, Philadelphia 1978

PATEL, P., Praktische Umsetzung des Portfolio-Konzeptes, in: Fuchs/ Schwantag 1970, 25. Erg.-Lfg. V.82, Kennzahl 4838

PATEL, P./ YOUNGER, M., A Frame of Reference for Strategy Development, in: LRP, Vol. 11, 1978, No. 2, S. 6-12

PFEIFFER, W., Allgemeine Theorie der technischen Entwicklung, Göttingen 1971

PFEIFFER, W./ AMLER, R./ SCHÄFFNER, G. J./ SCHNEIDER, W., Technologie-Portfolio-Methode des strategischen Innovationsmanagements, in: ZfO, 52. Jg. 1983, S. 252-261

PFEIFFER, W./ BISCHOF, P., Einflußgrößen von Produkt-Marktzyklen. Gewinnung eines Systems von Einflußgrößen aus den relevanten Ansätzen der Lebenszyklus- und Diffusionsforschung und empirische Tests dieses Systems im Investitionsgüterbereich unter dem Aspekt hemmender Einflußgrößen, Arbeitspapier Nr. 22 des Betriebswirtschaftlichen Instituts der Universität Erlangen - Nürnberg, Nürnberg 1974

PFEIFFER, W./ METZE, G./ SCHNEIDER, W./ AMLER, R., Technologie - Portfolio: Zum Management strategischer Zukunftsfelder, Göttingen 1982, (zitiert als Pfeiffer u.a. 1982)

PFOHL, H.-C., Problemorientierte Entscheidungsfindung in Organisationen, Berlin - New York 1977

PFOHL, H.-C., Planung und Kontrolle, Stuttgart u.a. 1981

PFOHL, H.-C./ RÜRUP, B. (Hrsg.), Anwendungsprobleme moderner Planungs- und Entscheidungstechniken, Königstein/ Ts. 1978

PHILLIPS, L. W./ CHANG, D. R./ BUZZELL, R. D., Product Quality, Cost Position and Business Performance: A Test of Some Key Hypotheses, in: JoM, Vol. 47, 1983, No. 2, S. 26-43

PICOT, A., Strukturwandel und Unternehmensstrategie, in: WiSt, 10. Jg. 1981, S. 527-532 und S. 563-571

POENSGEN, O., Geschäftsbereichsorganisation, Köln - Opladen 1973

POLLI, R./ COOK, V. J., A Test of Product Life Cycle as a Model of Sales Behavior, Marketing Science Institute, Working Paper, November 1967

POLLI, R./ COCK, V. Validity of the Product Life Cycle, in: Journal of Business, Vol. 42, 1969, S. 385-400

PORTER, M. E., The Structure Within Industries and Companies Performance, in: RoE&S, Vol. LXI, 1979, S. 214-227

PORTER, M. E., The Contributions of Industrial Organization to Strategic Management, in: AoMR, Vol. 6, 1981, S. 609-620

PORTER, M. E., Wettbewerbsstrategie, Frankfurt a.M. 1983

POTTHOFF, E., RKW-Handbuch Führungstechnik und Organisation 1. Band, Berlin 1978

PRICE, J. L., Organizational Effectiveness. An Inventory of Propositions, Homewood, Ill. 1968

REICHERT, R./ KIRSCH, W./ ESSER, W.-M., Suchfeldanalyse: Die Erarbeitung neuer Betätigungsfelder für die Unternehmung, in: Trux/ Müller/ Kirsch 1984a, S. 379-428

REICHERT, R./ STINNER, R., Die Bewertung von Programmen, in: Kirsch/ Roventa 1983, S. 205-219

REISS, M., Jenseits von Aufbau und Ablauf, Zur Integration von Aufbau- und Ablauforganisation, Erweiterte Fassung eines Referats, gehalten auf dem 8. Workshop der Wissenschaftlichen Kommission Organisationstheorie im Verband der Hochschullehrer für Betriebswirtschaft e.V., am 14. April 1984 in Schleiden, Betriebswirtschaftliches Seminar der Albert-Ludwigs-Universität Freiburg i. Breisgau, April 1984

RESNIK, A. J./ TURNEY, P. B. B., MASON, J. B., Kontersegmentierung als Marketingalternative, in: Hm, II/1981, S. 20-26

REUTER, K. P., Strategische Programmanalyse - Ein Beitrag zu zukunftsbezogener Unternehmenspolitik, in: BFuP, 34. Jg. 1982, S. 274-284

RIEBEL, P., Kosten und Preise - bei verbundener Produktion, Substitutionskonkurrenz und verbundener Nachfrage, 2. Auflage, Opladen 1972

RIESER, J., Frühwarnsysteme, in: DU, 32. Jg. 1978, S. 51-67

ROGERS, L. D., Essentials of Business Policy, New York u.a. 1975

ROGERS, E. M., Diffusion of Innovation, New York - London 1962

ROHPOHL, G., Eine Systemtheorie zur Technik, Zur Grundlegung der Allgemeinen Technologie, München - Wien 1979

ROTHBERG, R. R. (Hrsg.), Corporate Strategy and Product Innovation, New York 1976

RÜHLI, E., Unternehmensführung und Unternehmenspolitik I, Bern - Stuttgart 1973

RÜHLI, E./ THOMMEN, J.-P. (Hrsg.), Unternehmensführung aus finanz- und bankwirtschaftlicher Sicht, Stuttgart 1981

RUHBERG, C., Handelsbetrieb und Marktordnung. Festschrift für Carl Ruhberg, Wiesbaden 1962

RUMELT, R. P., Strategy, Structure and Economic Performance Boston 1974

RUMELT, R. P./ WENSLEY, J. R. C., In Search of the Market Share Effect, University of California, Los Angeles and London Business School, May 1, 1981

SALLENAVE, J. P., Experience Analysis for Industrial Planning, Lexington, Mass. - Toronto 1976

SALVESON, M. E., The Management of Strategy, in: LRP, Vol. 7, 1974, No. 1, S. 19-26

SANDIG, C., Betriebswirtschaftspolitik, 2. völlig neu bearbeitete Auflage von "Die Führung des Betriebs. Betriebswirtschaftspolitik", Stuttgart 1966

SHARIF, M. N./ KABIR, C., A Generalized Model for Forecasting Technological Substitution, in: Linstone/ Sahal 1976, S. 3-8

SHARIF, M. N./ KABIR, C., System Dynamics Modeling for Forecasting Multilevel Technological Substitution, in: Linstone/ Sahal 1976, S. 21-45 (zitiert als 1976a)

SHEPHERD, W. G., The Elements of Market Structure, in: RoE&S, Vol. LIV, 1972, S. 25-37

SHERMAN, P. M., Strategic Planning for Technology Industries, London u.a. 1982

SHETH, J. N., Marktsegmentierung als relevante Planungshilfe des Marketing, in: Jahrbuch der Absatz- und Verbrauchsforschung, 18. Jg. 1972, S. 129-144

SIMON, H., Produktlebenszyklus und Preisstrategie, in: WiSt, 7. Jg. 1978, S. 116-123

SIMON, H., Preismanagement, Wiesbaden 1982

SMITH, W. R., Product Differentiation and Market Segmentation as Alternative Marketing Strategies, in: Engel/ Fiorillo/ Cayley 1972, S. 30-35

SOSNICK, S. H., A Critique of Concepts of Workable Competition, in: QJE, Vol. 72, 1958, S. 416-423

SPRINGER, C. H., Strategic Management in General Electric, in: Operations Research, Vol. 21, 1973, S. 1177-1182

SUFFEL, W., Das Planungssystem der deutschen Nestlé-Gruppe, in: Fuchs/ Schwantag 1970, 23. Erg.-Lfg. XII. 1980, Kennzahl 4558

SUFFEL, W., Widerstand von Geschäftsbereichsleitern im Entwicklungsprozeß der strategischen Planung, Diss. Frankfurt a.M. 1981

SULTAN, R., Pricing in the Electrical Oligopoly, Vols. I and II, Cambridge, MA: Harvard Graduate School of Business Administration 1974

SUNDHOFF, E., Distributionswirtschaft, Festgabe zum 75. Geburtstag von Rudolph Seyffert, Köln - Opladen 1968

SUNDHOFF, E., Preis- und Mengenpolitik bei verbundener Produktion, in: Sundhoff 1968, S. 301-358 (zitiert als 1968a)

SZYPERSKI, N./ WINAND, U., Strategisches Portfolio-Management: Konzept und Instrumentarium, in: ZfbF, 31. Jg. 1978, Kontaktstudium, S. 123-132

SZYPERSKI, N./ WINAND, U., Zur Bewertung von Planungstechniken im Rahmen einer betriebswirtschaftlichen Unternehmensplanung, in: Pfohl/ Rürup 1978, S. 195-218

SZYPERSKI, N./ WINAND, U., Duale Organisation - Ein Konzept zur organisatorischen Integration der strategischen Geschäftsfeldplanung, in: ZfbF, 31. Jg. 1979, Kontaktstudium, S. 195-205

SCHÄFER-LEHNEN, A., Marktorientierte strategische Planung bei Bausparkassen, Köln 1981

SCHÄTZLE, G., Forschung und Entwicklung als unternehmerische Aufgabe, Köln 1965

SCHEEL, F., Neuere Konzepte des strategischen Portfolio-Managements im diversifizierten Unternehmen, Diss. Berlin 1981

SCHERTLER, W., Unternehmungsorganisation, Lehrbuch der Organisation und strategischen Unternehmensführung, München - Wien 1982

SCHEUCH, F., Logische Struktur und pragmatische Bedeutung der Marktsegmentierung, in: DU, 28. Jg. 1974, S. 213-230

SCHEUING, E. F., Das Marketing neuer Produkte, Wiesbaden 1970

SCHIERZ, JÜRGEN, Nicht mehr nach Gefühl entscheiden, in: mm, 1974, Heft 10, S. 116-122 und Heft 11, S. 82-92

SCHMIDT-OFFHAUS, E., "Führen mit strategischen Geschäftseinheiten" bei Bilstein -ein Erfolgsbericht-, in: ZfO, 52. Jg. 1983, S. 153-156

SCHNEIDER, D., "Lernkurven" und ihre Bedeutung für Produktionsplanung und Kostentheorie, in: ZfbF, 17. Jg. 1965, S. 501-515

SCHNEIDER, D., Geschichte betriebswirtschaftlicher Theorie - Allgemeine Betriebswirtschaftslehre für das Hauptstudium, München - Wien 1981

SCHNEIDER, D., Marketing als Wirtschaftswissenschaft oder Geburt einer Marketingwissenschaft aus dem Geiste des Unternehmerversagens?, in: ZfbF, 35. Jg. 1983, S. 197-223

SCHNEIDER, W., Methodische Grundlagen einer prognostischen Analyse von Art, Umfang und zeitlichem Verlauf neuer Technologien auf der Basis eines abstrakten Bedarfs- und Technikbeschreibungssystems, Diss. Nürnberg, in Vorbereitung

SCHOEFFLER, S., Cross-Sectional Study of Strategy, Structure and Performance: Aspects of the PIMS Program, The Strategic Planning Institute, Presented at the SSP Conference Indiana University, November 1975

SCHOEFFLER, S., SPI Seaks Science, Not Single, Oversimplistic Strategic Variable: Another Look at Market Share, Marketing News 1979

SCHOEFFLER, S./ BUZZELL, R. T. D./ HEANY, D. F., Impact of Strategic Planning on Profit Performance, in: HBR, Vol. 52, 1974, No. 2, S. 137-145

SCHREIBER, U., Psychologische Marktsegmentierung mit Hilfe multivariabler Verfahren, Diss. München 1973

SCHRELLO, D. M., Improving Your Competitive Position, Long Beach, Cal. 1974

STAEHLE, W. H., Management, München 1980

STALP, H.-G., Strategische Geschäftseinheiten, in: ZfB, 48. Jg. 1978, S. 919-924

STAPELTON, E., The Normal Distribution as a Model of Technological Substitution, in: Linstone/ Sahal 1976, S. 47-56

STAUDT, E., Mißverständnisse über das Innovieren, in: DBW, 43. Jg. 1983, S. 341-356

STARK, H., Erfahrungskurven als Gegenstand beschaffungsbezogener Preisforschung, in: Marktforschung im Dienst der Unternehmenssicherung und -entwicklung, 1982, Heft 2, S. 40-45

STEFFENHAGEN, H., Der Strategiebegriff in der Marketingplanung, Ein literaturkritisch gestützter Vorschlag zur Verwendung des Ausdrucks 'Marketing-Strategie', Nr. 82/03, Institut für Wirtschaftswissenschaften der RWTH Aachen, Lehrstuhl für Betriebswirtschaftspolitik und Marketing

STEFFENS, F., Technologie und Produktion, in: Grochla/ Wittmann 1976, Sp. 3853-3861

STEINER, G. A., Strategic Factors in Business Success, New York 1969

STEINER, G. A., Top Management Planung, München 1971

STEINER, G. A./ MINER, J. B., Management Policy and Strategy, Readings and Cases, New York - London 1977

STEINMANN, H. (Hrsg.), Planung und Kontrolle - Probleme der strategischen Unternehmensführung, München 1981

STOBAUGH, R. B./ TOWNSEND, P. L., Price Forecasting and Strategic Planning: The Case of Petro Chemicals, in: Journal of Marketing Research, Vol. 12, 1975, February, S. 19-29

STRÜVEN, P., Das Portfolio, Grundgedanken - Leistungsfähigkeit - Grenzen, in: Fuchs/ Schwantag 1970, 25. Erg. Lfg. V. 82, Kennzahl 4832

TAYLOR, B./ HAWKINS, K. (Hrsg.), A Handbook of Strategic Planning, London 1972

THE STRATEGIC PLANNING INSTITUTE, PIMS, Profit Impact of Market Strategy, A Program of the Strategic Planning Institute, The Strategic Planning Institute, Cambridge Mass. 1977

THE STRATEGIC PLANNING INSTITUTE, PIMS, Profit Impact of Market Strategy, Some Research Findings (1977 Revised Edition), The Strategic Planning Institute, Cambridge Mass. 1977 (zitiert als 1977a)

THOM, N., Zur Effizienz betrieblicher Innovationsprozesse, Köln 1976

TIETZ, B. (Hrsg.), Handwörterbuch der Absatzwirtschaft, Stuttgart 1974

TIETZ, B., Marketing, Tübingen 1978

TIETZ, B., Abschließende Stellungnahme zu "Handel 2000", in: DBW, 44. Jg. 1984, S. 504

TILLES, S., Making Strategy Explicit, in: Ansoff 1978, S. 180-209. Excerpt from Tilles, S., Making Strategy Explicit - A Special Commentary, The Boston Consulting Group, 1966

TÖPFER, A./ AFHELDT, H. (Hrsg.), Praxis der strategischen Unternehmenplanung, Frankfurt a.M. 1983

TRECHSEL, F., Produkt/ Markt-Strategie, Kernstück jeder Unternehmungsstrategie, in: Industrielle Organisation, 47. Jg. 1978, S. 383-387

TRUX, W./ MÜLLER, G./ KIRSCH, W., Das Management strategischer Programme, 1. Halbband, München 1984

TRUX, W./ MÜLLER, G./ KIRSCH, W., Das Management strategischer Programme, 2. Halbband, München 1984 (zitiert als 1984a)

ULRICH, H., Unternehmungspolitik, Bern - Stuttgart 1978

VDI-TECHNOLOGIEZENTRUM (Hrsg.), Technologien sichern unsere Zukunft, Berlin 1981

VERSHOFEN, W., Handbuch der Verbrauchsforschung, Band 1: Grundlegung, Berlin 1940

WACKER, P.-A., Die Erfahrungskurve in der Unternehmensplanung, Analyse und empirische Überprüfung, München 1980

WAKERLY, R. G., PIMS: A Tool for Developing Competitive Strategy, in: LRP, Vol. 17, 1984, No. 3, S. 92-97

WASSON, C. R., Dynamic Competitive Strategy and Product Life Cycles, St. Charles 1974

WELGE, M. U., Profit-Center Organisation, Wiesbaden 1975

WELGE, M. U., Synergie, in: Grochla/ Wittmann 1976, Sp. 3800-3810

WESTON, F., Structure, Performance and Behavior, in: Weston/ Petzmann 1969, S. 67-78

WESTON, F./ PETZMANN, S., Public Policy Toward Mergers, Pacific Palisades 1969

WIESELHUBER, N., Phasen und Prozeß der strategischen Planung, in: Töpfer/ Afheldt 1983, S. 55-82

WILD, J., Grundlagen und Probleme der betriebswirtschaftlichen Organisationslehre, Entwurf eines Wissenschaftsprogramms, Berlin 1966

WILD, J., Grundlagen der Unternehmensplanung, Reinbek b. Hamburg 1974

WILLECKE, F.-U., Wettbewerbspolitik, Tübingen 1980

WILLECKE, R. J., Markt, in: Görres-Gesellschaft 1960, Sp. 538-543

WINAND, U., Strategische Geschäftseinheit (SGE), in: DBW, 42. Jg. 1982, S. 154-155

WIND, Y./ MAHAJAN, V., Portfolios für Produkte und Geschäftsbereiche, in: Hm, II/ 1984, S. 95-105

WIND, Y./ ROBERTSON, T. S., Marketing Strategy: New Directions for Theory and Research, in: JoM, Vol. 47, 1983, No.2, S. 12-25

WITTEK, B., Strategische Unternehmensführung bei Diversifikation, Berlin - New York 1980

WÖLM, D., Marktsegmentierung im Tourismus, in: Marketing, Zeitschrift für Forschung und Praxis, 3. Jg. 1981, S. 99-107

WOO, CAROLYN Y. Y., Strategies of Effective Low Share Business, Diss. Purdue University 1979

WOO, CAROLYN Y. Y./ COOPER, A. C., Erfolg trotz kleinen Marktanteils, in: Hm, III/ 1984, S. 72-75

WOOLLEY, K. M., Experience Curves and Their Use in Planning, Ph.D. Diss., Stanford University 1972

WRIGHT, R. V. L., A System for Managing Diversity, Athur D. Little Inc., Cambridge, Mass. o.J.

WRIGHT, T. P., Factors Affecting the Cost of Airplanes, in: Journal of Aeronautical Sciences, Vol. 3, 1936, S. 122-128

WRIGLEY, L., Divisional Autonomy and Diversification, unpublished DBA Thesis, Harvard Business School, Boston, Ann Arbor 1970

WUNDERER, R. (Hrsg.), Humane Personal- und Organisationsentwicklung. Festschrift für Guido Fischer zu seinem 80. Geburtstag, Berlin 1979

YELLE, L. E., The Learning Curve: Historical Review and Comprehensive Survey, in: Decision Science, Vol. 10, 1979, S. 302-328

ZAHN, E., Strategische Planung zur Steuerung der langfristigen Unternehmensentwicklung. Grundlagen einer Theorie der Unternehmensplanung, Berlin 1979

ZAKON, A., Growth and Financial Strategies, in: Taylor/ Hawkins 1972, S. 259-277

ZÖRGIEBEL, W., Technologie in der Wettbewerbsstrategie, Strategische Auswirkungen technologischer Entscheidungen untersucht am Beispiel der Werkzeugmaschinenindustrie, Berlin 1983